〈68年5月〉と私たち

「現代思想と政治」の系譜学

［編者］王寺賢太・立木康介

読書人

〈68年5月〉の原光景

京都大学人文科学研究所「Archives.Mai68」掲載
西川長夫撮影・西川祐子所蔵の写真から

I

一九六八年五月一日：メーデーのデモ

I - 1

C G T
cgt
LES TRAVAILLEUSES AVEC LA
cgt
RESPECT ET EXTENSION DES LIBERTES SYNDICALES
cgt
RESPECT ET EXTENSION DES LIBERTES SYNDICALES

CGT
UNION
SYNDICATS DE PARIS

I - 4
I - 5

Ⅱ　五月六日〜九日：カルチェ・ラタンの学生叛乱

Ⅱ - 1
Ⅱ - 2

Ⅱ - 3
Ⅱ - 4

Hôpital
Cochin

Ⅱ - 6
Ⅱ - 7

Ⅲ　五月一四日：カーン大学

Ⅲ - 1
Ⅲ - 2

Ⅳ

五月一五日前後：「バリケードの夜」のあとさき

Ⅳ - 1
Ⅳ - 2

V

五月一三日以降：〈5月〉のソルボンヌ

(SORBONNE À CÔTÉ)
EN GRÈVE
RENOVATION
PREMIÈRE FOIS DEPUIS 1848
DÉPOUSSIÈRE
uge

Journée internationale
de la Palestine
MEETING de SOLIDARITE
MUTUALITE

VIETNAM
UNISTES DE FRANCE
jcr
jcr

OUIS PASTEUR
PROLETAIRES DE TO
LES PAYS UNISSEZ

LA SORBONNE N'EST PAS
UN LIEU DE TOURISME
POLITISEZ-VOUS!!
PSU
LE
CHRIST
SEUL
REVO
LUTIO
NNAIRE
TOMBEAU

V - 9
V - 10

SALLE 2
"CEUX QUI FONT LES RÉVOLUTIONS À MOITIÉ N'ONT FAIT QUE SE CREUSER UN TOMBEAU"
(ST JUST)

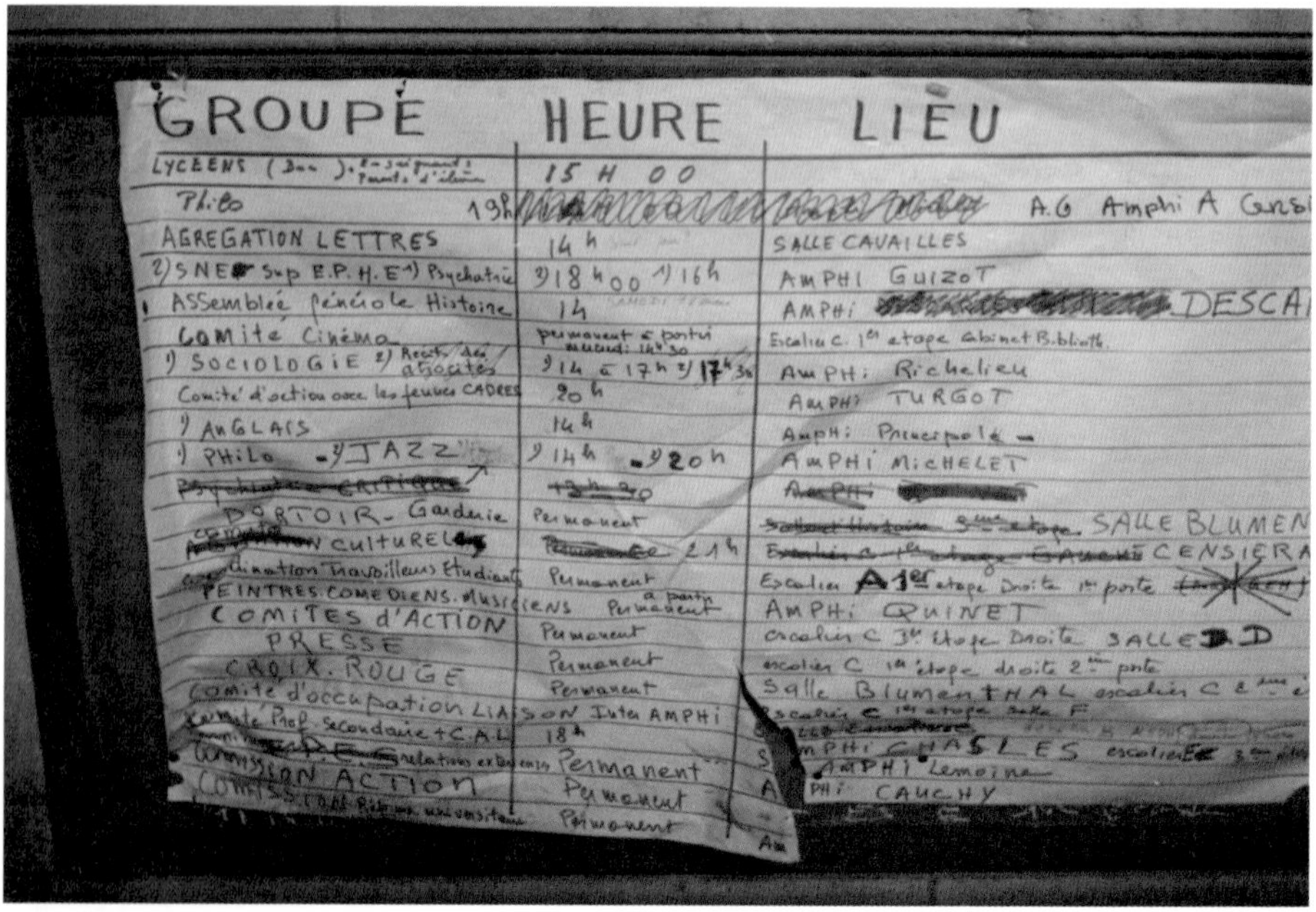
GROUPE
HEURE
LIEU
LYCEENS
15 H 00
AGREGATION LETTRES
14 h
SALLE CAVAILLES
AMPHI GUIZOT
ASSemblée générale Histoire
Comité Cinéma
SOCIOLOGIE
AMPHI Richelieu
Comité d'action avec les jeunes CADRES
20 h
AMPHI TURGOT
ANGLAIS
14 h
PHILO
JAZZ
AMPHI MICHELET
DORTOIR - Garderie
Permanent
SALLE BLUMEN
CULTUREL
CENSIER
PEINTRES COMEDIENS MUSICIENS
COMITES d'ACTION
PRESSE
AMPHI QUINET
CROIX. ROUGE
Permanent
Comité d'occupation LIAISON Inter AMPHI
Salle Blumenthal
Permanent
AMPHI CHASLES
AMPHI Lemoine
AMPHI CAUCHY

Ⅵ　五月一五日以降：オデオン座開放

DEFENDU
FUMER
L'EX ODÉON EST UNE TRIBUNE LIBRE !..
LA RÉVOLUTION N'EST PAS SEULEMENT CELLE
DES COMITÉS MAIS AVANT TOUT LA VÔTRE.
LE COMITE D'ACTION
RÉVOLUTIONNAIRE
ACCUEILLE TOUTES LES
LIEU - PAROLE
ALIÉNÉE ?
COMITES
1. COORDINATION
3. INFORMATION
SECURITE
PRESSE

OCCUPATION
HACHETTE

Ⅶ　五月二四日前後：バリケード闘争ふたたび

Ⅶ - 1
Ⅶ - 2

Ⅶ - 3
Ⅶ - 4

Ⅶ - 6
Ⅶ - 7

Ⅷ　五月二七日：シャルレッティ・スタジアムの集会

C.F.D.T.-RNUR-FLINS

Ⅸ

六八年六月：〈5月〉の痕跡

Ⅸ - 1
Ⅸ - 2

〈68年5月〉の原光景——解説

京都大学人文科学研究所「Archives.Mai68」掲載
西川長夫撮影・西川祐子所蔵の写真から
http://www.zinbun.kyoto-u.ac.jp/archives-mai68/photos.php
〔文中（?）とあるのは正確な特定ができなかったものを表す〕

I　一九六八年五月一日：メーデーのデモ

〈68年5月〉のフランスでは、労働運動と学生運動が期せずして同時に昂揚した。一九五三年七月一四日の革命記念日の労働総同盟（CGT）主催のデモが、警官隊のアルジェリア人隊列への発砲と七名の死者を生む弾圧を招いて以来、フランスではメーデーのデモは禁止されていた。CGTとフランス共産党（PCF）が呼びかけ、統一社会党（PSU）が賛同した六八年のメーデーのデモは、一四年ぶりに復活した行事だった。西川長夫・祐子夫妻が、このデモに立ち会ったのには、そんな背景もあったのだ。主催者発表一〇万人、警察発表二万五〇〇〇人の参加者たちは、共和国《レピュブリック》広場からバスティーユ広場に向けて、ボーマルシェ通り沿いに進んだ。隊列は地区や業種毎に分かれ、いずれも賃上げや労働時間短縮、社会保障改悪反対などの要求を記したプラカードや横断幕を掲げているが、ヴェトナム反戦・南ヴェトナム解放の訴えも目立つ（ヴェトナム社会主義共和国とアメリカ合衆国の和平に向けた最初の予備交渉が行われたのも、この五月のパリだった）。隊列には、CGT構成員やヴェトナム人参加者のみならず、フランコ政権下のスペインや軍事独裁政権下のギリシアからの亡命者の姿も見られた。ただしこのデモには、フランス民主労働連盟（CFDT）や「労働者の力」（FO）など非共産党系の第二・第三組合は不参加。学生活動家を主力とする新左翼諸党派の「極左小集団《グルピュスキュール》」とCGT・PC系の護衛部隊の衝突もあった。バスティーユ広場でのデモ参加者たちの議論には、複数の潮流のつば迫り合いもうかがわれる。

I-1　五月一日　ボーマルシェ通り

「労働者の団結」「組合の自由」「移民の選挙権保障」「五月一九日の選挙のために」などの文字が躍る大横断幕。その背後に翻る赤地に黄色の星の旗は、ヴェトナム社会主義共和国（北ヴェトナム）国旗。

I-2　五月一日　ボーマルシェ通り

CGTのデモ参加者たち。手前のプラカードには「女性労働者はCGTとともに」「組合の自由の尊重と拡大を」「社会保障の防衛を」「労働時間短縮　四〇時間」などの文句が見える。背後の横断幕は「ブーローニュ＝ビヤンクール組合地区連合」のもの。オ・ド・セーヌ県ブーローニュ＝ビヤンクールのルノー工場はCGTの一大拠点で、五月一三日以降のフランス全土におけるゼネストの拡大に乗じ、一七日以降、工場の完全操業停止、労働者による工場占拠に入る。新左翼諸党派の学生たちも熱烈に支持したその闘争は、〈68年5月〉の労働運動のシンボル的存在となった。

I-3　五月一日　ボーマルシェ通り

パリのCGT系労組連合の隊列。横断幕の脇には「CGT」「FSM」とある。「FSM」は一九四五年、共産党が創設した「世界労働組合連盟」

Fédération syndicale mondiale」の略号。〈68年5月〉のあいだ、西川さん夫妻はしばしば、白黒とカラー——後者のフィルムはまだ高価だった——二台のカメラを携行して街に出ている。

I・4　五月一日　ボーマルシェ通り
横断幕には「ヴァカンスの権利を」。

I・5　五月一日　ボーマルシェ通り
学生の参加者たち。横断幕には「学生は雇用労働者・失業者・移民労働者の統一された闘争を支持する」というスローガンが見える。組合主催のデモでは少々挑戦的か。この日のデモでは、ナンテールの三月二二日運動の支持者たちが赤旗・黒旗を掲げて隊列に加わろうとしてCGT・PCFの護衛部隊に撃退されたり、共産主義青年同盟（マルクス＝レーニン主義）（UJC・m－l）のメンバーが割って入るのに成功したりしているが、フランス全国学生同盟（UNEF）も組織的に参加しており、これはその隊列だろう。西川長夫さんは『パリ五月革命 私論』で、この写真を二七日のデモのものとみなしているが、背景はボーマルシェ通り。

I・6　五月一日　バスティーユ広場（?）
ヴェトナム社会主義共和国国旗（前列）、南ヴェトナム解放民族戦線旗（後列）を掲げる人々。ヴェトナムの民族衣装を身に着けている。背後の建物には「36」「40」（?）の表示が見える。バスティーユ広場、現在の新オペラ座近辺か。

I・7　五月一日　バスティーユ広場
議論する若い男。よく似た光景は、五月七日のダンフェール＝ロシュロー広場でも見られるが、背後の建物、CGTの横断幕、男たちの服装から言って、この写真はメーデーのバスティーユ広場での一コマ。

II　五月六～九日：カルチエ・ラタンの学生叛乱

〈68年5月〉の学生運動は、五月三日、ソルボンヌでの学生集会をパリ大学区長が警察力で排除し、ソルボンヌとサンシエ分校の授業の中断を決定したのに反発して一気に昂揚した。三日の集会の主催者は、UNEF・革命的共産主義青年団（JCR）[トロツキスト]・革命的学生連盟（FER）[トロツキスト・ランベール派]・大学アクション運動（MAU）。その主旨は、ナンテール校封鎖とダニエル・コーン＝ベンディット以下、三月二二日運動の学生八人のパリ大学規律委員会への出頭命令に対する抗議にあった。同時に、噂されていた極右学生団体「西洋」（Occident）——のちのウルトラ経済自由主義者アラン・マドランや、サルコジ側近パトリック・ドヴェジャンを含む——の襲撃に備える意味合いもあったらしい。この弾圧は、その後の警察によるソルボンヌ封鎖とカルチエ・ラタン占拠も相俟って、ただちに多くの学生・教員に大学自治の伝統を脅かす暴挙として受けとられた。

この暴挙に対する抗議行動としてカルチエ・ラタンのデモが始まる。ダンフェール＝ロシュロー広場から、サン・ミシェル通りをセーヌ河畔まで辿るのが定番のコースだった。その口火を切ったのが、ナンテールの学生八人がソルボンヌの規律委員会に出頭した六日夕刻、UNEFと全国高等教育職員組合（SNE・Sup）が主催したデモである。警察はこのデモに暴力的弾圧を加え、カルチエ・ラタンでは学生と警官隊の衝突が未明まで続いた。逮捕者四二二名、けが人六〇〇名近く。この弾圧に対してUNEFがふたたび呼びかけたのが、西川さんが参加した翌七日夕刻のデモだった。ダンフェールからカルチエ・ラタンへ、さらにエトワール広場へと向かう予定だったが、警官隊がリュクサンブール公園南でサン・ミシェル通りを封鎖。デモの主力はポール・ロワイヤルからモンパルナス通りに入り、そこからコンコルド広場を経てエトワール広場に至った。参加者は三万人とも五万人とも言われる。デモ自体は平穏に終わったが、この日も夜半からモンパルナス付近でデモ参加者と警官隊の衝突が始まり、未明まで続いた。

UNEFとSNE・Supは八日にも、ソルボンヌ封鎖解除と逮捕学生の解放を求めて、アル・オ・ヴァンの理学部（現ジュシウ、「ソルボンヌ大学」）で集会を開催、そこからリュクサンブール方面に向かうデモを組織する。ソルボンヌ突入を避けよという組織者側の要請に、デモ参加者たちは少なからぬ不満を覚えたらしい。翌九日、ソルボンヌ広場の自然発生的集会で、UNEFのジャック・ソヴァジョとSNE・Supのアラン・ジェスマールは自己批判。支持表明に駆けつけた当時の共産党の代表的知識人アラゴンは、コーン＝ベンディットら学生たちの野次を浴びた。

II・1　五月六日（?）スフロ街

共和国保安機動隊（CRS）によるカルチエ・ラタン制圧のありさま。同じシリーズの写真を見ると、まだ店舗が開いており、五月二四日でなければ、ゼネスト突入前の五月初旬の写真と思われる。六日夕のデモに対して暴力的弾圧を行った機動隊は、以降「CRS＝SS」という罵倒を浴びる。CRSはパンテオンを背にリュクサンブール公園の方向に下っている。写真で背後に見えるのは、かつてパイエ街の角にあったフランス大学出版局（PUF）の文庫本専門店。

Ⅱ・2　五月七日（?）ダンフェール＝ロシュロー広場

「ベルフォールのライオン」像によじ登った学生たち。ダンフェール＝ロシュローは、普仏戦争時にベルフォールの籠城戦を指揮したフランス軍人の名。

Ⅱ・3　五月七日　ダンフェール＝ロシュロー広場

赤いセーターを着た女は、五月七日刊行の『アクシオン』第一号を小脇に抱えている。『アクシオン』は〈5月〉を代表する新聞で、UNEF・三月二二日運動・JCRの合同機関紙として創刊され、この日のデモの最中に五万部をさばいたという。一面には「弾圧に立ち向かえ！」との題字が躍り、のちに「革命的同性愛者戦線」を結成するギイ・オッケンガムが「われわれはなぜ戦うのか」という記事を寄せていた。

Ⅱ・4　五月七日　ダンフェール＝ロシュロー広場

写真右側の男の手には『人民の大義』。これも六八年五月に創刊された政治新聞で、UJC・mlのロラン・カストロを中心に刊行された（第一号は五月一日刊）。UJC・mlは高等師範学校のアルチュセール周辺のマオイスト学生を中心とする党派で、当初、強固な労働者本隊論から、〈5月〉の学生運動には背を向けていた。ただし、ある種の「人民戦線」路線を追求する動きはあり、〈5月〉の昂揚とともに、二三日発行の第二号からは積極的に運動に加担している。六八年秋以降、三月二二日運動とUJC・mlの一部が合流してできた「プロレタリア左派」の機関紙となり、七〇年代初めの弾圧に際しては、サルトルが擁護の先頭に立った。

Ⅱ・5　五月七日　ポール・ロワイヤル交差点付近

ダンフェール＝ロシュロー広場から北上してきたデモの隊列は、オプセルヴァトワール（天文台）通りの出口辺りまで来て、サン・ミシェル通りに進めず、たむろすることになったようだ。何人か肩車されたり、信号機によじ登ったりしている人たちが見えるのは、行く先を定めかねてのことか。しかし、デモの参加者たちの表情は一様に穏やかで、五月の夕暮れの散歩を楽しんでいるようだ。ここからデモの隊列は、ちょうど西日が差し込むモンパルナス通りの方向に進んだ。

Ⅱ・6　五月七日　ダンフェール＝ロシュロー通り

ダンフェール＝ロシュロー通りを北上するデモの隊列。急ごしらえのせいか、プラカードや横断幕が少ないのもこのデモの特徴だが、まさにそれゆえに「あれでは散歩と同じだ」（コーン＝ベンディット）という批判も浴びたらしい。

Ⅱ・7　五月八日（?）エドモン・ロスタン広場

オデオン劇場裏、リュクサンブール公園そばのロスタン広場に翻る赤旗と黒旗。横断幕には「学生は労働者の反失業闘争を支援する」とのスローガン。アル・オ・ヴァンから出発してサン・ジェルマン通りを西に向かい、トゥルノン街からオデオン裏に出たこの日のデモは、警察との衝突を避けるため、ソルボンヌ広場を迂回した。西川さんによれば、演説中の男はコーン＝ベンディット。

Ⅱ・8　五月八日（?）メディシス通りからサン・ミシェル通りに出る辺り

リュクサンブール公園の東北角、おそらくスフロ街五六番地（西北角）のファスト・フード店ウィンピー（Wimpy）の二階から撮影したもの。八日のデモは、ロスタン広場からポール・ロワイヤルに向かったから、この地点を通ったことはまちがいない。同アングルの他の写真には、フランス共産党の学生組織でありながら、当時親イタリア共産党の潮流も強かった共産主義学生同盟（UEC）の横断幕と、多くのヴェトナム反戦のプラカードが見える。

Ⅲ　五月一四日：カーン大学

西川さん夫妻は五月一〇日、パリを出て、ルーアン西部ラ・ヴォパリエールの友人を訪ねた。その結果、二人はパリの事態がその外でどのように受けとられているかを知ることになる。この間、カルチエ・ラタンでは一〇日夜から翌一一日未明にかけて、最初の「バリケードの夜」が勃発。一一日には学生組合のUNEF、教職員組合のFEN（「国民教育職員連盟」：初等・中等教職員組合）、SNE・Sup、それに共産党系のCGT、非共産党系のCFDTという労働組合の第一・第二のナショナルセンターが共同で、一三日以降のゼネストを提起する。学生運動と労働運動の合流である。週明け、ゼネストが始まった一三日にはルーアンからパリに帰る列車はなく、そのままオンフルール、カーンを周遊（～一四日）。こうして一三日、政府の譲歩によってソルボンヌで学生たちの占拠・開放が始まるときに西川さんは立ち会いそびれたが、ノルマンディ滞在中に立ち寄ったオンフルールではカフェでストに入った労働者たちが祝杯を挙げるのを見かけ、カーン大学では学生集会に出会している。カーン大学では、すでに六八年一月の文学部新校舎開設の際、同大学を訪れた国民教育相に会見を拒否された学生たちが警察と衝突を起こしていた（同月には、工場労働者によるストライキ・工場占拠や、組合のデモ隊による市内の打ち壊しも起こっている）。五月には、第二期課程（修士課程相当）新設とナンテールの学生処分撤回を求める社会学専攻の学生たちが、六日以来、当時の専攻長クロード・ルフォールらの支持も得てストに入り、それが文学部・理学部にも波及する。写真の翌日一五日には、教員・学生が構成する「暫定総会」が社会学専攻・文学部の自主管理に入っている。

Ⅲ・1　五月一四日　カーン大学

六八年一月開設の文学部新校舎。入口に大勢の学生たちが群れている。手前には、補助輪つきの自転車でキャンパス内を走り回る子供たち。

Ⅲ・2　五月一四日　カーン大学

文学部新校舎入口階段。中央で爪をかむ女に目が留まるが、この地方大学の集会にアジア系と思しき学生の姿が混じっているのも印象に残る。もちろん、西川さん夫妻もアジア人の夫婦としてこの場に居合わせていた。

Ⅳ　五月一五日前後：「バリケードの夜」のあとさき

ノルマンディーからパリに帰った西川さん夫妻は、一五日以降、カルチエ・ラタン通いを再開する。まず目についたのは、五月一〇～一一日にかけての最初の「バリケードの夜」の生々しい痕跡である。フランスでバリケード闘争の歴史は古く、とりわけ一九世紀には、一八三〇年の七月革命、一八四八年の二月革命、一八七一年のパリ・コミューンと、都市民・労働者が蜂起するたびに繰り返しとられてきた戦術でもあった。最初の「バリケードの夜」のあと、この夜の闘争の中心となったゲ・リュサック街（高等師範学校のあるユルム街からサン・ミシェル通りに通ずる道）は、学生活動家たちには「五月一一日街」と呼びならわされた。一一日、外遊先のアフガニスタンから帰国したポンピドゥー首相は、深夜に緊急のテレビ演説を行い、学生側の主張に対する譲歩を表明する。「五月一一日街」はそのささやかな勝利の記念碑だったのだ。

Ⅳ・1　五月一五日頃　カルチエ・ラタン

ソルボンヌ近く、キュジャス街とヴィクトル・クーザン街の交差する辺りか。黒焦げの車を見て微笑む、パリの子供たち。フランスの小学生にとって〈68年5月〉は、いち早くやってきた夏休みだった。

Ⅳ・2　五月後半　ムシュー・ル・プランス街からサン・ミシェル通りを望む

ムシュー・ル・プランス街は、リュクサンブール公園からサン・ミシェル通りを北に少し上ったところにある、オデオン座方面に延びる道。ゲ・リュサック街にも近い。二四日前後の第二の「バリケードの夜」以降でなければ、五月中旬の写真だろう。いまやフランス風の「日本料理店」が立ち並ぶ通りだが、六八年五月にはSNE・Supの拠点があったらしい。正面の赤い庇は、サン・ミシェル通りとスフロ街の西北角のウィンピー。フランスで最初のファスト・フード店の一つで、今でも同じ位置にはハンバーガー・ショップがある。

Ⅳ・3　五月後半　カルチエ・ラタン

「舗石の下には砂浜」――実際、舗石を剝ぎ、都市の表皮を一皮めくれば、パリは文字通りセーヌ河畔の「砂浜」である。五月後半、この「砂浜」

の上でゼネストが拡大し、人々は突如として労働からも日常生活の規律からも解放される。

V　五月一三日以降：〈5月〉のソルボンヌ

　学生によるソルボンヌ占拠は一三日夜に始まる。それに先立つ一一日土曜日深夜、ポンピドゥー首相は緊急のテレビ演説で、週明け一三日からのソルボンヌ封鎖解除とカルチエ・ラタンからの警察隊の撤退、関連逮捕者の釈放を予告していた。しかし、学生・大衆の運動はこの譲歩で沈静化するどころか、ますます盛り上がる。短期間のうちに事態はもはや単なる「大学紛争」の域をはるかに凌駕していたからだ。同じ一一日には、学生と教職員の諸組合、そして相対立する労組のナショナルセンターCGTとCFDTが一致して、ゼネストを呼びかけていた。そのゼネストの始まる一三日のパリでは、共和国《レピュブリック》広場からダンフェール＝ロシュロー広場まで——メーデーのデモの出発点からカルチエ・ラタンのデモの出発点へ——、参加者一〇〇万人の怪物的なデモが行われる（六八年当時のパリ市の人口は約二六〇万人）。ソルボンヌ占拠は、このデモのあとソルボンヌにとって返した学生たちによって開始された。六月一七日まで一月超に及ぶ占拠・開放の始まりである。

　一四日以来、ソルボンヌでは占拠委員会メンバーが毎日選出され、フランス全土の大学・地区・企業と軌を一にして、数多くの行動委員会が作られた。日夜開かれた集会では、学年末の六月を控えて切迫する国家試験の阻止から大学の組織や運営、さらには革命戦略までもが、学外からの参加者とともに議論される。一五日には学生主導でオデオン座占拠も始まった。一六日にUNEFが示したプログラムは、「学生権力」の確立、学部自治、芸術・メディアへの闘争の拡大、そして「学生の戦いと労働者・農民の戦いの結合」を謳っていた。ソルボンヌの中庭には新左翼諸党派の「スタンド」が林立し、壁面は集会の告知や貼り紙で埋まり、構内では自主授業やピアノ演奏、芸術作品の展示など、目白押しの企画が続く。この間、一三日以来のゼネストは拡大を止めず、二〇日には一〇〇〇万人がストライキ——あるいは労働継続不能な状態——に入る未曾有の事態となる（当時のフランスの総人口は約五〇〇〇万人）。パリでは交通機関が全面的にストップし、ガソリンが不足し、最終的には都市インフラ（電気・ガス・銀行・食料供給・ゴミ収集等々）維持にも支障を来たすに至った。

　一五日以降、西川さんは占拠・開放中のソルボンヌにも足繁く通っている。この一時期の写真は、ある種無時間的で、時系列をはっきりさせるのは難しい。二一日には占拠委員会に出向いて撮影許可まで取っているが、それ以前から撮影はしていたようだし、それ以後も許可証の提示を求められることはなかったというからなおさらだ。ここでは、貼り紙などの情報から時系列を推定しながら、テーマ別に写真を配列しておく。

V-1　五月一五日頃　ソルボンヌ広場コント像周辺

このオーギュスト・コント像は、六八年当時、ソルボンヌ大学のソルボンヌ広場側の門前に広場に向かって正対していた（西向き）。現在は、広場側の門に向かって左手に南向きに置かれている。台座に貼られているのは、「一九六八年五月一五日火曜日一八時」の集会「残虐さを語るRécit des atrocités」の告知。六日以降逮捕され、釈放されたばかりの学生たちの弾圧批判の集会だろうか。台座の上、人民帽とカーキ色の服を身に着けた若い男は、五月一三日刊の『アクシオン』第二号を売っている。

V-2　五月二一日頃　ソルボンヌ中庭

ごった返すソルボンヌの中庭。ソルボンヌの敷地に入ると、講義室・講堂のある本館に入る前にまずこの中庭を通り抜ける。赤旗が立ち、壁面は貼り紙で埋まっている。赤旗に付された貼り紙は五月二四日の「反帝国主義大集会」の告知。二一日にはUNEFの呼びかけで「大学三部会」が開催されているから、その折の写真か。以下、新左翼諸党派の「スタンド」の写真が続くのも、そのせいかもしれない。〈68年5月〉の被写体は圧倒的に「白人」が多いが、この群衆には黒人もマグレブ系と思しき人物の姿も見える。

V-3　五月一五日頃　ソルボンヌ広場大学入口付近

「一八四八年、一八七一年以来初のホコリ落とし」「改良審議会はわれわれだ」「教師たちもわれわれについている」「改装のためストライキ中」「学校は生徒なしには存在しない」などの貼り紙が見える。

V-4　五月二一日頃　ソルボンヌ中庭

写真中央、後ろ姿の女の水色のセーターと赤旗のコントラストが美しい。なにか書いている女の左手にはタバコ。奥に見えるのは、ソルボンヌの礼拝堂入口。

V-5　五月二一日頃　ソルボンヌ中庭

お揃いの赤いセーターを着込んだカップル。傍らの毛沢東とスターリンの肖像が目を引く。その下にはマルクス・エンゲルスの肖像。あきらかに毛沢東主義の「修正主義批判」（フルシチョフ=ソ連共産党批判）のアイコンである。黄色の貼り紙は五月一五日の「国際パレスティナデー」連帯集会の告知。オレンジ色の貼り紙には、毛沢東と思しき一節。「若い革命家が真に革命的か否かを判断するにはどうするか。基準はただ一つである。その若者が労働者・農民大衆と結びつくことを欲しているか……」（左側）。「我らが若き知識人たちは、労働者・農民大衆と交わり、彼らを動かし、組織しなければならない。我々は労働者・農民からなる主要勢力をもたなければ、勝利することはできない……」（右側）。これは単なるマオイストのプロパガンダというより、ゼネストの拡大を背景にソルボンヌ占拠を続けていた学生たちにとっては、自明の理だったかもしれない。

V-6　五月二一日頃　ソルボンヌ中庭

壁面の赤青二色のストライプに黄色い星の旗は、南ヴェトナム解放民族戦線、通称ヴェトコンの旗。トロツキーとゲバラの肖像も見える。右手扉脇の立看板には「〔C〕UBA」の文字。トロツキスト党派JCRの貼り紙である。フランスのインテリの祝祭でもあったソルボンヌ占拠が、ロシアやラテンアメリカやアジアの革命家たちの肖像をアイコンとしたのは意味深長だ。左手に一端が見えるのは、UECの機関紙『クラルテ』の横断幕だが、そこにも「ヴェトナム」の一語がある。

V-7　五月二一日頃　ソルボンヌ中庭

眉間にしわを寄せた、まだあどけなさの残る学生。背後の貼り紙から判断すると、これはUJC-ml系の大衆運動団体「反帝国主義運動ヴェトナム底辺委員会」のスタンドである。

V-8　五月末頃　ソルボンヌ中庭

ソルボンヌ中庭南側、礼拝堂右手（西側）にあるパストゥール像に「ケルト会議」の旗が立て掛けられている。黄色の貼り紙には、英語で「あなたの国の民族主義運動（Nationalist Movement）を支持し、ケルト青年会議に参加せよ」とある。「ケルト会議」は「ブルターニュ独立」にとどまらない「ケルト人」の民族主義運動。第三世界主義的な非西欧の革命的アイコンとともに、〈5月〉に地域主義の運動が登場しているのは興味深い。後年、「フランスの解体」「国民国家批判」へと深まってゆく西川長夫さんの思索の一つの転機も、そのあたりにあったかもしれない。

V-9　五月二一日頃　ソルボンヌ中庭

パストゥール像脇に腰掛ける二人の若い女。赤いシャツと黄色のセーターが隣のポスターとお揃いになっている。ポスターは、マルクス・エンゲルス・レーニン・スターリン・毛沢東をあしらった、フランス共産党（マルクス=レーニン主義）（PCMLF）系のもの。赤と黄色のペアルックは、親中国派的「修正主義批判」のシンボルだったらしい。タバコを指に挟んだ赤いシャツの女の眼光は鋭い。傍らには五月二四日の集会の告知。ソルボンヌの中庭ではよく目立つPCMLFだが、学生運動に同伴はしたものの、〈68年5月〉に目立った活動は見られなかった。

V-10　五月末頃　ソルボンヌ中庭

パストゥール像と対をなし、礼拝堂向かって左手（東側）にあるヴィクトル・ユゴー像。赤旗と黒旗のペアは三月二二日運動のシンボル。黒旗には「自由か死か」という革命期以来のスローガンが記されている。台座の貼り紙には「ソルボンヌは観光地ではない。政治化せよ!!」とある。だが、ここでもその文句に重ねて、フランス南部の地域主義運動「自由オクシタニー」のステッカーが貼られている。その下にPSUのポスターが見えるのは、この反ジャコバン主義的左派政党が、〈ポスト68年〉のフランスで「地方分権」の旗を振り、「社会派リベラル」の先駆となるのを思うと予言的か。礼拝堂入口、柱の黄色の貼り紙には「闘争する労働者を支持せよ」、右端の壁の落書きは「ひとりキリストのみが革命的である」。礼拝堂にかこつけたシャレだろうが、〈68年〉前後

V -12. ソルボンヌ占拠中の時間割

グループ	時間	場所
高校生(Bac)＋教師　生徒の親	15h00	
哲	~~14h~~[鉛筆書きで「何曜?」]	A.G.[＝総会]
19h		
文学　教授資格	14h	カヴァイエス講義室
2)SNESup E.P.H.E.　1)精神医学	2)18h00　1)16h	ギゾー講堂
史学　総会	14　[鉛筆書きで「18日水曜日」]	~~デカルト~~DESCA…講堂
映画　委員会	水曜14:30から常時	C階段2階　司書室
1)社会学　2)~~残虐さを語る~~	1)14hから17h　2)~~17h30~~	リシュリュー講堂
女性管理職との行動委員会	20h	テュルゴ講堂
1)英語	14h	大講堂
1)哲　2)ジャズ	1)14h　2)20h	ミシュレ講堂
~~批判的精神医学~~	~~13h30~~	~~キネ講堂~~
仮眠所—託児所	常時	Blumen…[＝ブリュマンタル]講堂
文化~~アクション~~委員会	~~常時~~　21h	~~C階段2階左側~~CENSIERA…[＝サンシエ分校]
労働者-学生　連携	常時	A階段2階右側最初の扉…
画家・役者・音楽家	[空白]から常時	キネ講堂
諸行動委員会	常時	C階段4階右側…講義室
報道	常時	C階段2階右側二番目の扉
赤十字	常時	ブリュマンタル講堂　C階段
占拠委員会　講堂間連携		B階段　講堂…
高校教師＋CAL委員会	18h	シャール講堂
行動　専門委	常時	
大学改革　専門委	常時	

にはキリスト教徒の「極左主義者gauchistes」も少なからず現れている。

V-11
五月一五日頃　ソルボンヌ中庭
教員と学生か、なにか話し合っている。学生の後ろには由緒正しいスローガンが――「革命を中途でやめる者は、おのれの墓穴を掘るだけに終わる（サン・ジュスト）」。主体名は「憤怒派《アンラジェ》委員会」。フランス革命期にサン・キュロットの支持を得た急進派にちなむ（〈68年〉にはサド全集刊行で知られるジャン＝ジャック・ポヴェールを発行人とする政治諷刺新聞「憤怒派 enragé」も好評を博した）。壁の貼り紙には、それぞれ場所と催しが記されている。「イデオロギー：教育による弾圧」といったタイトルとともに、「試験」や「古典・近代文学」の教員参加のシンポジウムの告知も。占拠開始後まもなくの撮影か。

V-12
五月一五～一八日頃　ソルボンヌ校舎内
ソルボンヌ占拠開始後、最初の週の時間割・場所割表。おそらく校舎内で撮影されたもの。時間割・場所割と言っても、とりあえずのものだったことは、書いては消し、書いては消しした痕からもうかがわれる。上に訳を掲げる。

Ⅵ　五月一五日以降：オデオン座開放

五月一五日夜に始まったオデオン座の占拠と開放は、ソルボンヌ、そして写真はないが、数々の政治的ポスターの発行所となったボナパルト街の美術学校の占拠とともに、〈68年5月〉のカルチエ・ラタン闘争の文化的シンボルとなった。俳優養成学校の生徒たちが主導したオデオン座占拠は、当日午後ナンテールで決定され、三月二二日運動からはポール・ヴィリリオも占拠に加わったらしい。当時オデオン座の支配人は、役者兼演出家のジャン＝ルイ・バロー。バロー指揮下の六〇年代のオデオン座は、クローデル、イヨネスコ、ベケット、デュラス、ジュネといった同時代の芝居や、西川さん夫妻が五月にわずかに先立って立ち会い、感激した近松の『曾根崎心中』の人形浄瑠璃上演（四月末～五月初の「世界演劇祭」の一環）を催す、「革新的」で「国際的」な劇場として知られていた。しかし、オデオン座占拠に向かった学生たちに言わせれば、そんな「革新性」、「国際性」をパリの文化的市民に向かって「ウリ」にする国立劇場自体が、「ブルジョワ的」かつ「反革命的」にほかならない。長引く交渉の過程で、四〇〇〇人にふくれあがった学生たちを前に、最終的にバローも「一人の役者」として学生たちに賛同を表明し、こうして六月一八日まで一月以上に及ぶ、オデオン座占拠・開放が始まった。以後、バローはこの占拠のあいだ――劇場の管理者としての配慮もあったのだろう――、時の文化大臣アンドレ・マルローの要請も拒否して学生たちに同伴し、オデオン座からの学生たちの排除後、六月には更迭される。このオデオン座占拠も、役者・音楽家・劇場関係者等の全面的なストライキとともに展開した。

西川さん夫妻は、二〇日には占拠・開放中のオデオン座に入り、この「元劇場」と化した「自由な演壇」で、満場の来場者たちのなか、老若男女、学生から劇場など訪れたことのなさそうな労働者まで、さまざまな人たちが次々に語り出し、「革命」や「ブルジョワ性」、あるいは五月の運動の現状について、議論する場に居合わせている。オデオン占拠・開放は国立劇場という「表象」＝「代表」の特権的装置の只中で、〈68年5月〉が舞台と客席、見る者と見られる者、代表する者と代表される者の秩序を転倒するものであることをはっきりと示す出来事だった。その意味で、客席にカメラを向ける西川さんの視線自体が、このオデオン占拠・開放という出来事のまったき一部分なのだ。

Ⅵ・1　五月一六日頃　オデオン座正面

オデオン街から劇場を望む。占拠開始とともに、オデオン座正面には赤旗と黒旗が掲げられた。これは占拠後ごく初期の写真だろう。写真奥にはまだバスが走っている。横断幕には「学生・労働者諸君！　オデオンは開かれている!!!」。占拠開始後、ファサードの「フランス国立劇場」という碑名の前には「元 Ex」という落書きが付され、オデオン座は「元フランス国立劇場」と称された。

Ⅵ・2　五月二〇日　オデオン座入口

劇場入口壁面。劇場の掲示板の上に貼られた貼り紙。右側の貼り紙の上段には「想像力が権力をとる／街路で／大学で／工場で／学校で」。左側には、「日本　四月二九日から五月四日　五月六日から一……〈以下判読不能〉」という正規のプログラムの上に、「発明すること、それは未来の権力を握ることだ」という貼り紙が重ねられている――プログラムは参加者のお好きに！　というわけだ。

Ⅵ・3　五月二〇日　オデオン座舞台

中央一番高いところ、横断幕には「元オデオン座は自由な演壇になった！…／革命は委員会だけのものではなく、なによりもあなた方自身のものだ」とある。その右脇には諸委員会のリスト、左脇には「革命行動委員会は面白い提案を歓迎し、委員会の仕事への参加を乞う」。舞台中央、ちょうど客席に向かって話している壇上の人物たちの脇には、「LIEU DE PAROLE ou bien Lieu de parler ALIÉNÉE　？　疎外された言葉《パロール》の場　それとも発話《パルレ》の場？」と見える。話す者と聞く者、行為する者と見る者の分割自体が、「疎外」にほかならないが、まさにその分割の只中に、新しい発話の場が出現しようとしている、ということか。その一方で、舞台左脇に大きく掲げられた「禁煙」の文字が可笑しいが、そこには「禁止することを禁止する」というスローガンで知られた〈68年5月〉の「開放」＝「解放」と「自主管理」のあいだの緊張もうかがえる。

Ⅵ・4　五月二〇日　オデオン座客席

二階席から身を乗り出す来場者たち。

Ⅵ・5　五月二〇日頃　サン・ジェルマン通り七七番地（オートフイユ街角）

五月後半のオデオン界隈の情景を伝える写真。アシェット社社屋にかけられた「占拠中OCCUPATION」の大垂れ幕。手前にはパリ大学医学部（現パリ大学）。当時多くの同業他社を次々と傘下に置きつつあったアシェット社でも、ストライキと従業員による職場占拠が行われたらしい。いまや観光客向けの服飾品店が立ち並ぶサン・ジェルマン通りで、同じ建物にはアパレルメーカーと化粧品販売チェーンが入っている。

Ⅶ　五月二四日前後：バリケード闘争ふたたび

学生運動に労働運動が同期して一気に昂揚した〈68年5月〉だが、下旬には次第に両者の分裂も明らかになる。二〇日、UNEFとCFDTの共同声明が謳う「自主管理」を、CGTは「無内容」と切って捨てる。二二日、ヨーロッパ行脚に出かけたコーン＝ベンディット（一九日〜、二八日に密かにパリ帰還）の再入国を内務大臣が禁止した際にも、ただちに抗議行動をとった学生たちに対し、共産党とCGTは「ドイツ人アナキスト」の擁護に加わろうとはしなかった。

国民議会で政府問責決議案が否決された二二日以降、政府はこの分裂につけ込むように反転攻勢に出る。すでに二三日には、サン・ミシェル噴水付近でCRSと学生たちの激しい衝突が起こる。二四日、CGTが労働条件の改善と政府・経営者との交渉を求めてセーヌ両岸で集会とデモを行い（参加者一五万人）、翌日以降のグルネル街での政府主催の諸労働組合と経営側代表の交渉の前触れとなったのに対し、UNEF、SNE-Sup、CAL（高校生行動委員会）、三月二二日運動、JCRなど学生・教員団体は、リヨン駅からバスティーユ広場への行進を計画、コーン＝ベンディットの再入国禁止に抗議し、共産党とCGTの日和見を揶揄し、ド・ゴール退陣を声高に叫んだ（参加者三万人）。しかし、デモは行く手を遮るCRSとバスティーユ広場の手前で衝突、学生たちはバリケード闘争で応じるが、すでに対策を練っていたCRSに押し戻されてしまう。同日には、三月二二日運動のメンバーらがパリの為替取引所を襲撃し、反資本主義闘争を鼓舞しているが、ポンピドゥーは学生たちをパリ西部（高級住宅街と政治経済の中心部）に泳がせ、ブルジョワたちの危機感を煽ることを狙っていたというから、統治者はいっそう老獪だったかもしれない。その後、カルチエ・ラタンに戻った学生たちは、ふたたび深夜までCRSとバリケード闘争。〈68年5月〉でもっとも暴力的な一日とも言われるこの二四日から二五日にかけては、フランス全土で学生・警官各一名の死者も出ている。

もっとも、〈68年5月〉のダイナミズムは、労働組合との「交渉」によっても、学生運動に対する暴力的弾圧によっても、容易には抑え込まれなかった。二四日、この間沈黙を守ってきたド・ゴール大統領は、この月最初のテレビ演説を行い、国民の「参加」を謳い文句に、大学改革と経済改革を約束、その任務を自分に委ねるかいなか国民投票で問うことを提案する。だが、そんな政治家の小手先の延命策では、学生運動も労働運動もまったく沈静化の兆しを見せない。

Ⅶ・1　五月二二〜二四日頃（?）　地下鉄クリュニー駅付近
サン・ミシェル通りとサン・ジェルマン通りの交差点、現クリュニー＝ソルボンヌ駅付近。サン・ミシェル通り交差点東側から撮影。横断幕には「SDSとドイツ青年の闘争に連帯する」とある。「SDS」（ドイツ社会主義学生同盟）は本来、西ドイツのドイツ社会民主党系の青年組織だが、〈68年〉当時は急進化。ベルリンSDSのリーダーとして名高いルディ・ドゥチュケは四月に極右青年の狙撃を受けていた。学生たちがコーン＝ベンディットの再入国禁止に際して、一活動家を弾圧する国家と「ドイツ人アナキスト」を忌避する共産党の双方に対して、「われわれはみなユダヤ系ドイツ人だ」というシュプレヒコールを挙げたことはよく知られている。

Ⅶ・2　五月二二〜二五日頃（?）　ロワイエ＝コラール一方通行路
ロワイエ＝コラール一方通行路は、リュクサンブール公園近く、「五月一一日街」＝ゲ・リュサック街から南に折れる通り。警官たちを群衆が取り巻いている。〈5月〉を通じてバリケード闘争の激しかった地区で、時期の確定は難しいが、警察と群衆の対峙の一コマとしてここに掲げる。

Ⅶ・3　五月二四〜二五日頃　サン・ジェルマン通り　パリ大学医学部前
写真Ⅵ・5に掲げた、占拠中のアシェット社の西側、医学部正面玄関付近。薄暮のなか、バリケードに手を加える人たちが見える。バリケード闘争の前か、後か。

Ⅶ・4　五月二五〜二六日頃　サン・ジェルマン通り　パリ大学医学部前
写真Ⅶ・3を西側から撮った写真。同日か翌日あたりの撮影か。焼け焦げたシトロエンが一枚の絵のようだ。背景に写った「O」の文字は、西隣のアシェット社の「占拠中OCCUPATION」の「O」である。

Ⅶ・5　五月二五日頃　ヴォジラール街からソルボンヌ広場を望む
ソルボンヌのドームと大きなバリケード跡、その傍らを通る黒服の老女。焼かれ、ひっくり返されたワゴン車は、サン・ミシェルの電気用品店のもの。〈68年5月〉は、焼かれた車が都市のバリケードの素材とされたはしりでもあった。車窓には「学生は労働者に連帯する」という貼り紙。いささか皮肉だが、SNE

・Supのリーダー、ジェスマールの車も焼かれたというから、バリケード闘争は敵とする所有者を選ばないと言うべきか。ただし、〈5月〉の闘争で焼かれた車にかんしては、保険がきかないという風評が立ち（実際にどのように処理されたか不明）、一般市民の学生叛乱に対する警戒心を増したらしい。

Ⅶ・6　五月二五日頃　ゲ・リュサック街
ゲ・リュサック街をリュクサンブール公園方面に下る軍隊のトラック。物々しいが、これは学生叛乱の鎮圧そのものではなく、バリケード撤去を任務とする工兵隊の出動風景らしい。西川さんは、この軍隊の出動について、当時まだ徴兵制があった（九〇年代末に撤廃）フランス共和国の市民は比較的平静に眺めていたと記している。ただし、平時にこれだけの数の兵士がパリ市中に現れるのは稀で、十分に威嚇効果はあっただろう。二四日のテレビ演説で、ド・ゴールはすでに「内戦」の一語を発していた。

Ⅶ・7　五月二五日頃　ゲ・リュサック街
出動する軍隊。背後にはリュクサンブール公園の緑が見える。

Ⅷ　5月27日：シャルレッティ・スタジアムの集会

第二の「バリケードの夜」のあとほどなく、二七日には、諸労組・経営側双方の代表のあいだで「グルネル合意」が暫定的に成立する。最低賃金の三五％アップをはじめとする労働者の賃上げと、労働組合の権利拡大を柱とする合意である。しかし、この合意について意見聴取を試みたCGT執行部に対し、ブーローニュ＝ビヤンクールのルノー工場を筆頭に、主要下部組織はストライキと工場占拠の継続を選択。「全面的勝利までストを続行しよう」がスローガンだった。ふたたび警察の弾圧に直面した学生たちも、ソルボンヌ占拠やカルチエ・ラタン闘争を止めない。とはいえ、政府からも、共産党系組織からも、一般からも上がった学生たちの暴力闘争に反対するキャンペーンは、運動内部に綻びを生みつつあったらしい。

二七日に開催されたシャルレッティ・スタジアムの集会は、〈68年5月〉の昂揚と分裂、そしてその昂揚をいかに政治的革命に結びつけるかの困難を一挙に提示するもののように思える。UNEF、FEN、SNE・Sup、PSUが呼びかけたこの集会に、CFDTは参加するが、共産党とCGTはボイコット。三月二二日運動も組織としては不参加を決める。けれども、パリ五区ゴブランから出発して一三区南端のシャルレッティ・スタジアムに至るデモも、三万人超を集めたスタジアムでの集会も、きわめて熱気に満ちたものであったことは、その場に居合わせ、参加者が駆け回るスタジアムの情景を活写する西川さんの『パリ五月革命 私論』の記述からもうかがえる。当日、UNEFのソヴァジョが発した「これはまだ始まりにすぎない、戦いを続けよう」という文句は参加者に繰り返し唱和され、CGTと共産党を脱退してPSUに加わった元CGT幹部アラン・バルジョネは、「革命は可能だ。しかし我々の組織化を急がねばならない、いますぐにだ」とぶち上げたらしい。

ただし、その昂揚のなかでPSUの重鎮マンデス＝フランスは沈黙を守った。その後ド・ゴールが仕掛けた六月の総選挙であえなく落選するマンデス＝フランスの運命は、この躊躇によって決定づけられたように見える。同日、SNE・Supのリーダー、ジェスマールは組合書記長を辞任し、政治活動に専念することを宣言。その後、七〇年代に「プロレタリア左派」のマオイスト活動家として投獄まで経験したあと、八〇年代に社会党に入党、九〇年代には文部行政にコミットすることになる政治家のキャリアを歩み始める。こうした主要登場人物たちの紆余曲折からは、〈68年5月〉の爆発をいったいどんなかたちで政治的に「組織化」することができたのか、そもそもそのとき「政治」とは何でありえたのか、という問いを取り出すこともできるだろう。

Ⅷ・1　五月二七日　シャルレッティ・スタジアム
写真奥の赤い横断幕はCFDTの支部のもの。中央の白い横断幕には「CGT」の文字が見える。上層部のボイコット指令にしたがわず、この日の集会に参加したCGTの同盟員らしい。スタジアム背景に見えるのは、国際大学都市の学生寮、インド館（左）とモロッコ館（右）。バルコニーから学生たちが見物している。六八年当時、西川さん夫妻はこの国際大学都市のオランダ館に住んでいた。

Ⅷ・2　五月二七日　シャルレッティ・スタジアム
男たちに肩車され、黒旗を打ち振る

女。潑剌となにか叫んでいる。〈68年5月〉の記録には、同様の構図で赤旗や黒旗を打ち振る女のイメージが散見される。ドラクロワ作の『民衆を導く自由の女神』でも知られるフランス共和国の象徴的アイコン、「マリアンヌ」を下敷きにするもの。この写真の集団はアナキストだが、共和国伝統のイコノロジーには意外と従順だったらしい。

IX　六八年六月：〈5月〉の痕跡

〈68年5月〉の昂揚のなかで「革命」の一語まで口にされながら、一月後の六月三〇日の総選挙ではド・ゴール派が圧倒的な勝利を収めるという、急転直下の展開を見せたことはよく知られている。この転機としてしばしば強調されるのが、五月三〇日にド・ゴールが行った二回目のラジオ演説であり、ド・ゴール派総動員のシャンゼリゼにおける一〇〇万人デモの組織である。この二回目の演説で、ド・ゴールは先の国民投票の提案を撤回し、大統領としての留任、ポンピドゥー首相の維持、そして国民議会の即日解散と直近の総選挙を力強く宣言した。それ以上にこの演説は、「長いあいだ周到に組織されてきた諸集団」（数々の「極左小集団」である）と「いまやこの点に関してはライヴァルもいるとはいえ、全体主義の企図をもつ一政党」（共産党である）を明確に内なる敵として名指し、「共産主義的全体主義の独裁」の危機に対する「公民的行動」を呼びかける、事実上の戒厳令であり、宣戦布告だった。実際ド・ゴールは演説に先立って、軍の支持もとりつけている。この演説では、件の内なる敵たちが、「フランス人民が意思表示することを妨げ、生きることを妨げる」者、そして「学生が学び、教師が教え、労働者が労働することを妨げる」者として断罪されていた。ド・ゴールが大弾圧に訴えてまで防衛しようとした秩序は、各自が自分に割り当てられた「本分」を守り、その「本分」の命ずる務めを果たすことで「フランス人民」全体に奉仕する、資本主義的かつ共和主義的な分業体制だったのだ。フランス共和国にとって〈68年5月〉が脅威となったのは、それがこの分業体制とは異なる「意思表示」と「生」の可能性を示したからだった。

六月に入り、ド・ゴールの宣戦布告は着実に実行に移された。グルネル合意と警察による弾圧の下、ストや工場占拠は次第に縮小し、共産党も総選挙を受け入れる。一方、一二日には、フランス全土でデモが全面禁止され、JCR、三月二二日運動、UJC・ml、PCMLF以下、一一の極左小集団に大統領令で解散が命じられた。党派メンバーの多くは逮捕・投獄。それを承けて、一四日にはオデオン座で、一六日にはソルボンヌで、警察は占拠解除を断行する。ソルボンヌの占拠解除の際には、構内の一斉清掃が行われ、一切の貼り紙が剥がされ、壁の落書きがことごとく消去されたという。国家は〈68年5月〉の痕跡まで消し去ろうとしたのだ。

西川さん夫妻は六月一八日、スト続行中のナンテールに赴き、その帰途カルチエ・ラタンに立ち寄っている。本項の二つの写真は、おそらくその頃撮影された六八年六月のオデオン座とソルボンヌの様子である。

IX-1　六月一八日頃　オデオン座正面
オデオン通りには警察のバスが二台止まり、オデオン座のファサードと円柱は金属製の格子らしきもので覆われている。占拠解除後しばらくしての写真だろう。

IX-2　六月一八日頃　ソルボンヌ広場
ソルボンヌ広場入口は警察のバスで封鎖されている。手前にはCRSの隊列。写真奥、コント像の周囲の壁には、貼り紙を剝ぎ取ったり、落書きを消去したりした白い斑点が残っている。かろうじてコント像の台座に落書きの痕が見えるが、判読はできない。

（文・構成＝王寺賢太）

〈68年5月〉と私たち——「現代思想と政治」の系譜学

目次

【凡例】

・注釈は＊で示して傍注として左頁端に掲載した（各章最終頁が偶数頁で終わる場合は、同頁の左端）。

・参照文献のうち邦訳があるものは、原著と邦訳書の書誌情報を傍注に掲げる。ただし、各論者が原文から翻訳した引用文は、原著のみを掲げる。邦訳がある場合は邦訳書の参照頁も併記した。

・参照・引用が多数におよぶ文献については、最初の登場箇所に書誌情報を掲げ、そのあとは、原則として編著者名・文献名のみ掲げた。

まえがき

二〇一八年は〈68年5月〉の五〇周年にあたる。本書は、この年の五月から六月にかけて京都大学人文科学研究所で開かれた「人文研アカデミー 連続セミナー〈68年5月〉と私たち」で発表された一〇名の論考を収め、同時に京大人文研のウェブアーカイヴ「Archives.Mai68」で公開されている西川長夫撮影・西川祐子所蔵の〈68年5月〉の写真の一部を再整理の上掲載する書物である。

ここで〈68年5月〉とは、なによりもこの日付のフランスで学生運動と労働運動が期せずして同時に爆発的に拡大し、一〇〇〇万人規模のゼネストが二週間以上にわたって続いた未曾有の出来事を指している。巻頭の西川長夫さん撮影の写真は、メーデーのデモとカルチエ・ラタンの学生叛乱から、ソルボンヌ占拠とオデオン開放へ、そして断続的な警官隊との衝突を経て最終的な弾圧へと至る〈5月〉の出来事の展開を、パリの街路に溢れ出た人々と晴れわたる青空のカラー写真とともに、実に鮮やかに伝えてくれる。だが、それだけではない。〈68年〉は、フランスのみならず、日本の全共闘運動をはじめ当時の「西側」各国で学生たちの異議申し立てが席巻した年でもあり、ヴェトナム反戦＝反アメリカ帝国主義の運動が世界中で昂揚する一方、「プラハの春」を軍事介入によって鎮圧したソ連への幻滅が一層深まった年でもあった。ちょうど中国では、毛沢東による「プロレタリア文化大革命」の指令に呼応して、紅衛兵たちが党幹部を吊し上げていた頃だ。第二次世界大戦後の世界を二分しつつ秩序づけてきた米ソ冷戦体制は、その頃、大きく揺らぎ始めていた。〈68年〉が、資本主義圏と社会主義圏の平和共存体制自体の転覆を図る「新左翼」運動〈非・反共産党主流派の左翼運動〉勃興の嚆矢とみなされてきたのも、今日では〈89年〉以降のソ連・東欧の社会主義圏崩壊にはるかに先駆ける出来事とみなされるのも、そのせいである。けれども、この出来事が〈68年5月〉という日付によって名指されるほかないという事態そのものが、現在にまで及ぶその大きな余波が、あくまで内実の不確定なものにとどまり続けていることを示唆してもいる。

ただちに付け加えておくなら、本書は〈68年5月〉の総体を歴史学的に再構成する書物ではないし、いまやその痕跡さえ消し去られつつあるように見えるかつての学生運動や新左翼運動の昂揚を、ノスタルジックに回顧する書物でもない。本書の寄稿者はみな、〈68年〉にはまだ学生でさえなく、大半は生まれてさえいなかった哲学・思想の研究者である。その「私たち」にとって、〈68年5月〉は政治的な大事件であると同時に、一九六〇〜七〇年代のフランスで興隆し、フランスでは「68年の思想」、日本では「現代思想」と総称された、構造主義・ポスト構造主義の思想潮流の中心に置かれた出来事でもあった。というよりも、ラカン、アルチュセール、フーコー、ドゥルーズ＝ガタリといった本書で呼び出されるさまざまな名を結びつけ、一つの思想運動として捉えようとする際に、私たちが特権的な指標として取り上げたのが、〈68年5月〉なのだ。

実際、構造主義・ポスト構造主義の思想潮流は、「人間」や「主体」のステータスとともに「共同性」や「集団」〈国家・社会・党等々〉の存立条件を問い直し、さらには「客体」についての普遍的な真理を語ると称する「学知」や「認識」そのもののあり方をラディカルに問い詰めようとした。だからこそそれは、大学人にとっては、大学と国家・資本主義の関係を問い直し、「学知」の担い手としての自身の仕事を根本的に考え直す契機にもなったのだし、左翼運動にとっては、資本主義の内在的矛盾によって駆動される歴史の弁証法の認識にしたがって前衛党が先導する階級闘争の果てに革命を展望する、既存のマルクス主義の枠組み自体に疑義を突きつけることにもなったのだ。そもそも、〈68年5月〉の不意打ちを抜きにしては、六〇年代から七〇年代にかけて起こった「歴史」から「出来事」への思想的主題の移行も理解できないだろう。原因と結果の因果性にしたがって主体と客体の関係の変化を差配する「歴史」から、因果的連関そのものを断ち切り、既存の主体と客体の輪郭自体を根底から揺るがせる「出来事」への移行である。〈68年5月〉はそんな「出来事」であったからこそ、現在に及ぶその余波も容易に内実を確定することのできないものにとどまっているのだと言うべきだろう。いずれにせよ、こうして〈68年5月〉を「現代思想と政治」の両極にまたがる出来事として位置づけ、「現代思想と政治」の関係自体を問うための手がかりとすることで、私たちは半世紀ほど前の過去の一時点と現在を往還する一つの視座を設定したのである。

実際、本書の寄稿者たちはみな、五〇年の時の隔たりと政治的・文化的流行の盛衰を超えて、〈68年5月〉の出来事と同時代の思想の双方に触発されながら、自分自身の現在について考えてきた。その「私たち」にとって、〈68年5月〉は、単に学術的な「研究対象」ではなく、必ずしも自分自身が生きたわけでもないのに、ある意味で、それぞれの生き方、それぞれのスタイルの選択を強いるような出来事だったと言える。だとすれば、「〈68年5月〉と私たち」を問うことは、「私たち」自身の現在を、直接的にせよ間接的にせよ、また肯定的にせよ否定的にせよ、今なお規定し続けているある切断面を〈68年5月〉に認め、その切断面の側から現在を問い直すこと、フーコー風に言えば「系譜学」的に問うことにほかならない。その〈68年5月〉が、「現代思想と政治」の交錯点に置かれた出来事である以上、「〈68年5月〉と私たち」について問うことはまた、〈68年5月〉から「私たち」の「思想と政治」の現在について問い直し、逆に「私たち」の現在の「思想と政治」から〈68年5月〉を問い直すことを求める。〈68年5月〉後の私たちの現在において、政治と思想はどのような関係を取り結んでいるのか。哲学・思想の研究者として、ではその研究はどのように政治にかかわりうるのか。本書は、そんなたえざる往復運動を通じて、〈68年5月〉を現在において反復し、その反復を介して、本書の読者を含む新たな「私たち」を生み出す契機となることを望んでいる。

本書のもととなった連続セミナーは、京都大学人文研と人文研の共同研究班「フーコー研究——人文科学の再批判と新展開」の共催で行われた。「フーコー班」は、二〇一八年四月から、小泉義之を班長に迎え、立木康介を副班長として組織されている「公募研究班」(人文研の全国共同利用・共同研究拠点としての一事業)である。同時に、この「フーコー班」そのものが先行するもう一つの公募研究班「ヨーロッパ現代思想と政治」(市田良彦班長・王寺賢太副班長、二〇一一～二〇一五年)を継承・発展させたもので、本書の寄稿者はいずれも、「現代思想と政治」班以来の継続的な共同研究への参加者でもある。「現代思想と政治」班の成果としては、いずれも市田・王寺共編、平凡社刊で『現代思想と政治——資本主義・精神分析・政治』(二〇一六年)と『〈ポスト68年〉と私たち——「現代思想と政治」の現在』(二〇一七年)という二つの論集が刊行されているから、本書は市田班の三番目の成果報告であり、小泉班の最初の成果報告でもあるという性格をもっている。とはいえ、連続セミナー成立までの経緯は、発案者である立木康介のあとがきに譲るとしても、当初立木と私が、『〈ポスト68年〉と私たち』の寄稿者に先の論集の成果を一般向けに語り直してもらおうと、いささか安易な目算を持っていたことは記しておこう。だが、優れた精神は繰り返しを嫌う。連続セミナー初回の佐藤淳二と小泉義之の講演以来、ハイテンションな新論考の発表が続き、結果的にこうして密度の高い新論集が生まれることになった。まずは常に変わらぬ熱意をもって連続セミナーに取り組んでくれた寄稿者の面々に感謝しなければならない。

ちなみに、「人文研アカデミー連続セミナー2018「〈68年5月〉と私たち」」のプログラムは以下の通り。最終日には、日本の〈68年〉についての一連の論考で知られる絓秀実さんにゲストコメンテーターとして参加していただいた。なお、初回の佐藤淳二・小泉義之講演は、二〇一八年六月一日付『週刊読書人』紙上に載録後、『週刊読書人ウェブ』で公開されている(いずれも本書収録にあたって増補改訂)。

二〇一八年五月一〇日
佐藤淳二「68年から人間の終わりを考える——人でなし、あるいはｉＰＳやらＡＩやら」
小泉義之「１９６８年後の共産党」
五月一七日
上尾真道「68年5月と精神医療制度改革のうねり」
立木康介「精神分析の68年5月——「ラカン派」の内と外」
五月二四日
佐藤嘉幸・廣瀬純「ドゥルーズ＝ガタリと68年5月——佐藤・廣瀬著『三つの革命』をめぐって」
五月三一日
田中祐理子「〈学知ってなんだ〉：エピステモロジーと68年」
王寺賢太「京大人文研のアルチュセール——68年前後」
六月九日
布施哲「イギリスのポスト68年」
市田良彦「68年のドンキホーテ」
ゲスト・絓秀実

最終回を除いては平日夜の開催であったにもかかわらず、この連続セミナーには毎回熱心な聴衆の方々が詰めかけ、講演のあとには聴衆との活発な質疑応答が続いた。録音の不備もあって、日本の左翼運動の現状やフランス現代思想についてのそのやりとりを載録できないのが残念だが、あらためて御来場いただいた方々に御礼を申し上げたい。

本書の編集を引き受けてくれた明石健五さんは、連続セミナー初回に東京から足を運び、〈68年5月〉を主題とする講演会に七、八〇名もの聴衆が集まる状況に、京都だからこそできること、という感想を洩らしていた。本書のいくつかの論考からも知られるように、京都大学はまぎれもなく日本の〈68年〉の一つの震源地であり、その余波は長く京都の大学と街を揺るがせ続けてきた。しかし、いまやその京都大学も「産官学連携」の旗振り役となり、大学当局はキャンパス外構の立看板設置禁止や吉田寮の寮自治解体を強行しつつある。連続セミナーが開催された二〇一八年五月は、ほかでもない外構の立看板設置禁止の適用が開始された月でもあった。それもまた〈68年5月〉後の私たちの置かれた現在の一面である。本書が、単なる学術講演会の記録とは異質の緊張感をそなえているとしたら、そんな場所と状況の特異性に由来するところもあるにちがいない。

「〈68年5月〉と私たち」の連続セミナー開催中、京大人文研のエントランス・ホールでは、西川長夫撮影・西川祐子所蔵の〈68年5月〉の写真と、夫妻から人文研が寄贈を受けた「西川長夫・祐子旧蔵 パリ五月革命文庫」の資料の写真複写が展示された。本書巻頭のグラビアページには、その際使われた写真がすべて含まれている。「パリ五月革命文庫」は、西川さん夫妻がフランス滞在中に遭遇した〈68年5月〉のさなかで収集した諸党派の新聞・機関誌・冊子・ビラなど一次資料と、その後も継続的に収集した〈68年5月〉にかかわる研究文献を中心とする二次資料をあわせたコレクションで、長夫さんが『パリ五月革命 私論——転換点としての68年』(平凡社新書初版、二〇一一年/平凡社ライブラリー「決定版」二〇一八年)を執筆した際に用いた資料の集成である。このコレクションは、二〇一二年二月五日、京大人文研と「ヨーロッパ現代思想と政治」班が共催した「人文研アカデミー シンポジウム「日本から見た68年5月」」(於・京大百周年時計台記念館)に長夫さんをお招きしたことを縁として、京大人文研に寄贈された。シンポジウムで行われた長夫さんの長崎浩との対談は、そののち市田良彦の解説を付し、「〈対論〉「私」の叛乱」として『思想』二〇一五年七月号に発表されている。

この「パリ五月革命文庫」は、現在京大人文研図書室に所蔵され、一般の利用者にも閲覧可能となっているが、「ヨーロッパ現代思想と政治」班では、並行して文庫の一次資料を網羅的にPDF化し、二〇一三年夏以来、ウェブアーカイヴ「Archives.Mai68」で公開してきた。その公開にあたって、長夫さんの許可も得てウェブ上に同時掲載されたのが、本書巻頭の写真を含む〈68年5月〉の写真群である。その一部は、長夫さん自身の注釈・考察とともに、すでに『パリ五月革命 私論』にも収録されている。ウェブアーカイヴ収録のためには、当時共同研究班の班長を務めていた市田良彦か、人文研研究員だった箱田徹（現・天理大学教員）を介して、二〇一二年の京大でのシンポジウム開催の際に長夫さんから入手した画像データを利用させていただいた。この画像データ自体はおそらく、二〇〇九年秋の名古屋大学で西川さん夫妻所蔵の写真と資料をもとに開かれた「写真と資料から見る「パリ五月革命」」の展示を組織した方々のもとで作成されたものだ。なおウェブアーカイヴ構築にあたっては、当時人文研で勤務していた玉井啓介さん（現・京都工芸繊維大学）の献身的な御協力をいただいた。

ただし、写真のウェブアーカイヴ収録にあたっては、当初からいくつか問題があった。一つは写真の権利関係が不分明だったことであり、もう一つの問題は、画像データの分類番号をそのまま踏襲した写真の分類がきわめて不正確だったことだ。しかし、三〇〇枚以上の写真の一つ一つについて正確な撮影の場所と日時を確定するのは簡単なことではない。不正確を知りつつ、見切り発車的にウェブアーカイヴ構築を急いだのは、私の責任だった。その後、二〇一三年秋には西川長夫さん自身が逝去されたこともあり、私はいつか写真の再分類に手をつけなければと気に懸けながら、そのままに放置してしまっていた。

今回の連続セミナー開催に際して、西川祐子さんから御連絡をいただいたことは、私にとっては長年の懸案に取り組む好機となった。祐子さんも、長夫さんの『決定版 パリ五月革命私論――転換点としての1968年』に付すために御自身の「私論」の準備をされるなかで、「Archives.Mai68」にまつわる懸念を解消しておきたいと考えておられたからだ。権利上の問題にかんしては、写真の所有権と著作権は西川祐子さんに帰属することを確認し、その上で、従来通りの人文研のウェブアーカイヴ上での公開と、本書『〈68年5月〉と私たち』への掲載を快くお認めいただいた。しかし、より大きな問題は写真の再整理である。祐子さんの手許には、フランス滞在中に撮影された写真のネガフィルムが一〇〇本以上残されているので、すべてをあらためて焼き増しすれば、より正確な分類を行うことができたかもしれないが、時間と予算の限定のため、その選択は現実的ではなかった。次善策として、すでに手許にある写真と画像データから可能な限り撮影場所と日時の確定を試みることにしたのはそのせいである。祐子さんは大変な労力を費やして、六八年当時の日録を参照しながら、一つ一つの写真について撮影場所と日時を推定した克明なリストを作成して下さった。それを承けて、私が個々の画像データを精査し、あらためて長夫さんの『私論』と祐子さん作成のリストと付き合わせ、もっとも真実らしい分類を試みた結果が、本書巻頭のグラビアページである。本書刊行と並行して「Archives.Mai68」掲載の写真セクション総体の再構築も現在進行中であり、こちらはふたたび玉井啓介さんに御助力をいただいて、二〇一九年春完成予定となっている。

巻頭の「〈68年5月〉の原光景——西川長夫撮影・西川祐子所蔵の写真から」では、おおよそ時系列に従って写真を九つのセクションに大別し、それぞれのセクションに〈68年5月〉の推移を示すイントロダクションを付した。略述にすぎないけれども、ともすれば「祝祭的な学生叛乱」とか、「社会全体の大きな変化の端緒」として片づけられがちな〈68年5月〉の出来事を、政治過程に焦点を合わせて記述することを心がけている。別途、個々の写真についても注釈を付した。今回の再分類の性格上、写真の時系列に関してはどうしても不確実な部分が残る。その不確実な部分は明示しながら、写真から読み取れることを私の知見や解釈も交えて記してみた。だから一連の注釈の内容は、必ずしも撮影者がその場で「見た」もの、「経験した」こととは一致しない。しかし、どこまでもパーソナルな写真であるだけに、注釈の仕事は、撮影者である西川さんのその時々の視点や関心に思いを馳せることなしには不可能であったのもまたたしかなことだ。

実際、〈68年5月〉に立ち会った人は多くとも、その場に居合わせた誰もその外に立つことを許さぬ、行方の知れない「出来事」の渦中にあって、「なにか」が起こっていることをいちはやく感知し、その記録をとり、資料を収集することができた人はそれほど多くない。写真を精査しながら、私は繰り返しそのことに感嘆させられた。しかもその写真は、メインの被写体ばかりではなく、そこかしこにとらえられた細部を通して、〈68年5月〉と私たちのあいだの近さと遠さを考えさせてくれる。それも西川さんの鋭敏かつ繊細な感覚のなせるわざにちがいない。西川さん夫妻は、いずれもかつて京都大学で桑原武夫に直接の教えを受け、その後研究者となってからも長く人文研の共同研究に参加し続けた、「私たち」にとっての「先輩」である。しかしそんな制度的経緯以上に、お二人は、〈68年5月〉のただなかで、それを自分自身に起こった「出来事」として引き受け、政治と思想について問い直し始めた最初の人々だったのだ——そこからは、長夫さんの国民国家批判の仕事も、祐子さんの女性学の先駆的仕事も生まれている。その意味で、西川さん夫妻はまぎれもなく本書の寄稿者たちの「先輩」なのだ。だから、本書巻頭の写真と解説も、「〈68年5月〉と私たち」という主題をめぐって、その「先輩」たちと本書の寄稿者のあいだで五〇年の歳月を隔てて行われた一種の共同研究のような性格をもっている。共同研究の場の議論を風通しの良いものとするために、「班員」のあいだでは「先生」という呼称を使わず、「さん」付けとするという戦後人文研の「美風」にしたがって、このまえがきと写真への注釈で、私があえて「西川さん」で通させていただいたのもそれゆえである。この場であらためて、「パリ五月革命文庫」を人文研に寄贈して下さった故・西川長夫さんと、本書への写真の収録を快諾され、写真の再整理のために実に寛大なお力添えをいただいた西川祐子さんのお二人に、心からの敬意と感謝を捧げたい。本書刊行が、京大人文研の「パリ五月革命文庫」に一人でも多くの方が関心を寄せ、それを存分に活用するきっかけとなるなら、編者たちにとってこれ以上の喜びはない。

多くの方々のお力添えを得たとはいえ、本書が一冊の書物のかたちをとったのは、なによりも、人文研の連続セミナーに早くから注目し、出版の提案をいただいた『週刊読書人』の明石健五さんの御陰である。個人的なことを記して恐縮だが、実を言えば、私が〈68年5月〉について初めて書いたのも、ちょうどパリに留学していた二〇年前、〈68年5月〉の三〇周年の月に、明石さんから依頼を受けてのことだった。その長年の友人に、本書の産婆役を引き受けてもらえたことは、本当に幸福なめぐりあわせだったと思う。

今回知ったのだが、六八年六月、警察がソルボンヌから学生を強制的に排除した際、統治者側は同時に清掃部隊を導入して、構内のあらゆる貼り紙を剝がし、一切の落書きを消し去ろうとしたらしい。彼らは〈68年5月〉の痕跡さえ根絶やしにしようとしたのだ。しかし、そんな小手先のやりくちで、ひとたび起こった出来事を私たちの現在から排除することはできない。さまざまな思いの込められたこの書物が、「〈68年5月〉と私たち」をあらためて問おうとする一人でも多くの心ある人たちに届くことを祈っている。

王寺賢太

二〇一九年立春　京都にて

〈68年5月〉と私たち

I

〈68年〉から人間の終わりを考える

佐藤淳二

1 出来事の「パンテオン化」に抗して

〈68年〉から五〇年、フランスで回顧する催しやマスコミの特集が相次いでいる。本当には思い出せない記憶や、本当は忘れてしまいたい記憶を、英雄を祀る記念碑に祭って棚上げにするように、お決まりとしては、学生に占拠されたカルチェ・ラタンのバリケードの風景とか、ボードレールやランボーの詩を子供時代から暗唱させられるお国柄か、やけに格好よく決まった落書きの言葉が盛んに「記憶」と称されて吹聴される。しかし、舗石の下の砂浜だろうとなんだろうと、いうまでも無く手軽な商品として消費されているだけだ。フランスでは、国家に貢献した「偉人」は、共和国大統領の雄弁な演説と厳粛な儀礼の後に、かのパンテオン廟に祭られる。[*1]〈68年〉も五〇年の歳月の後に、マスコミの賑やかな儀式を通じて、「不可視のパンテオン」に祭られつつあるのだろう。それは、いうも陳腐だが、ちょうどゲバラの肖像がTシャツの図柄となり、全共闘運動の映像や書物が、昔懐かしの復古ファッションとして巷に流通するのと同じだろう。他方で、当事者たちはその多くが活躍中であり、社会学的で外部的な「アカデミックな議論」に不快感を抱いたり、全く忘却（抑圧？）したり、意識的に自己否定したりと、個々の「事情」の中で若い世代の議論を見ているのだろう。だが、「消費者」でもなく、「当事者」でもない人間は、どうするのか？　消費でも証言でも物語でもなく、過去の偉大な出来事に、どのようにすれば向き合うことができるのだろうか？　この出来事と現在をどう接続できるのか？　まずは、「歴史」の観点から語る（かのようにして）しか言葉にはできない。「歴史」の無限と想定される観点からは、真も偽も、誤謬も正しさも、不正も正義も、そして狂気も理性も、すべて等しい要素と見なされる。もちろん、そのように無限に遠い視点からの語りとは、後追い的に「テクスト」から構成されると弁明したところで、所詮「右」も「左」もなく、端的に「政治」を消滅させる欲望を告白するものという批判をもはや免れるわけにはいかない。視点や語りではなく、問題は現実に現れる「主体」だということだが、「主体」が余りに多義的で議論の多い言葉だとすると、ずばりと「意味」をこそ問わねばならないのだといっておこう。だとすれば、ここでなされるべきことは、「現実そのもの」「現実それ自体」の「意味」を問うことであり、「現実」がもっていた極端な姿――現実的でないその現実――を、つまりは意味の「論理」を現すことであろう。となれば先ず、自分にとって見えていたもの、立ち現れていた〈68年〉を語る必要があるのかもしれない。

この文章を現在書きつつある人間は、一九六八年に満一〇歳で、東京都区部とはいえ北の周縁部に居住する小学生だった。区立小学校に適応するのがやっとという有様で、子供なりに「生活」で手一杯だった。普通のサラリーマンの家庭の中では、〈68年〉の記憶は皆無に近い。ただ、近所に警察官宿舎があり同級生も何人か暮らしていたが、ある晩、その敷地に火炎瓶が投げ込まれて赤々と炎が見えた。それがいつのことだったか、六八年頃だっただろうが、正確には思い出せない。一瞬の驚きに過ぎなかったのだろう。〈68年〉の出来事とは、世代的生育的かつ都市地政学的に、主体次元ですれ違っていたのだ。

従って、安田講堂攻防戦（一九六九年一月）、よど号ハイジャック（一九七〇年三月）、その後のあさま山荘事件

（一九七二年二月）と続く大事件のいずれも、それぞれテレビのスペクタクルでしかなかった。そんな小学生にとっても圧倒的な出来事は、三島由紀夫の割腹自殺だった。その日（一九七〇年一一月二五日）、三島たちは、正午過ぎに自死している。その日は平日だから、学校から帰って初めて、テレビのニュースで市ヶ谷のバルコニー上で演説するあの姿を見たはずだ。だがおかしなことに、記憶の時間は前後関係を無視している。どうしても生中継でその場面をテレビで見たという記憶になっているのだ（割腹という結末に至らなければ、揉み消されたかもしれない事件だから、それがTV生中継されたとはとても思えない以上、これはまったく記憶の捏造だと思われるが、事件がそれほど印象深かったのかもしれない）。そして、当日の朝日新聞夕刊に息を呑んだ。一面をほぼ埋める総監室の写真。その写真の片隅に、三島由紀夫と彼の同志、彼らの首が二つ並べて置かれてあるのが見えた。凶暴な映像だった。

まだ続きがある。その数日後、近所が何となく慌ただしくなった。近くの家のお父さんが行方不明になったという。その家の子供たちも、家に籠もってしまった。間もなくそのお父さんは、遺体で発見された。三島の後を追ったとの噂だった。その当時かなりの人が、三島事件の後に自死したらしい。あの「首」の衝撃がもたらした「効果」なのだろうか。ともあれ、三島のあの首は、大江健三郎がどこかで書いていたように思うが、日本のある時代の一部を、残酷な力で、掠め取ってしまったのかもしれない。少なくとも、政治なるものが血なまぐさいものであること、死と血が政治と切り離せないことを直観させられたように思う。あの夕刊の桁外れに大きな

＊1　若さが売り物のマクロン大統領になってからますます強まるこの傾向は、少し前のサルコジ時代から際立ってきていた。この流れを強烈に批判しつつ、〈68年5月〉の本質を説く基本文献として、クリスティン・ロス『68年5月とその後——反乱の記憶・表象・現在』箱田徹訳、航思社、二〇一四年（原著は二〇〇二年だが、訳書には二〇〇八年のロスの論考が補われている）を参照。

（と当時思えた）写真に、小学生なりの臭覚が働き、その臭いを忘れられなくなった気がするからだ。いうまでもなく、日本の哲学や政治理論は、血塗られた昭和の前半が終わってから、大規模に合理性、近代性を議論した。そして更に、あの「首」の呪いを祓うためにか、コミュニケーションや熟議や合意形成が唱道されたし、それは今も続いている。だが、少なくともある年齢から上の世代の少なからぬ人は、あの「首」や、続いて大学をはじめあちこちで流され続けた「内ゲバ」の血、そういったものの臭いが、どこかに漂っていることを感じるだろう。確かに、それはネガティヴな遺産であり、何かで上書きされて消されるべき記憶なのかもしれない。だが、「地霊《ゲニウス・ロキ》」とはいわないまでも、微かな臭いとして日本の政治空間に残らざるを得ない何かがあるのだ。ちょうど、南欧の子供たちが、祭りの闘牛の血の臭いを記憶するように、この国の政治にいまだに、何かが澱のように、身体の次元で血と供犠を要求しているのかもしれない。闘牛としての政治。一つの闘牛の終わった後の世代として、しかし同時に、あの臭いはもはや若い人々とは——少なくとも、次の闘牛が来るまでは——共有できないという前提から、この文章を書いている。

　それから中学生になり、引っ越しをした。西新宿の超高層ビル群が建設の真最中だった。新しい住居のベランダからは、京王プラザホテルや建設中の住友（三角）ビルが見えた。超高層ビルは、途方もない賃料を生み出す現代の錬金術だ。泡立つ錬金術と共に、新宿は変貌を運命付けられていたのだ[*2]。高校に通い出すと、新宿西口地下から階段を上がって、都バスに乗るようになった。横切ったのは「広場」とは名ばかりで、地下交番前に広がる無害な通路だった。「騒乱」の痕も、フォークの歌声も、とうの昔に西新宿から消え去り、ここでも〈68年〉とはすれ違った。戦後民主主義の「広場」への希望はとうの昔に潰え、〈68年〉の「解放区」の幻影も洗浄されていたということだ。土地錬金術の帰結として、程なく日本はバブル経済を経験し、街の変化自体はその後も緩急を伴いながら止むことはない。こうした過程のどこかで、血の臭いどころか、かつての記憶そのものが、都市から除去され、消えた。その後の世代には、もう何の関わりもない臭いや「首」といった身体の次元で、過去とのつながりを求めてもまったく無駄だろう。当たり前だが、「出来事」と五〇年隔てられた現在、出来事と共有できるつながりを求めるとしたら、その出来事とわれわれ、それぞれの論理を交差させる以外ないはずだ。わたしの身体も、一度論理で蒸留されるべきものなのだ。こうして、問いかけるべきは、何よりもまず、出来事の論理であり、そして、その後の経過の論理ということになる。

2　〈68年5月〉の論理

ならば〈68年〉に生じた出来事とは、いかなる論理に拠るものだったのか？　最初にはっきりと確認しておきたいのは、第一にそれが革命と危機の論理だということだ。〈68年5月〉と呼ばれる状況は、現実に革命状況だったのであり、高度資本主義の中心をなす国、かつての帝国主義の代表的国家で生じた本質的な危機だった。それは、断じて壁の落書き、洒落たスタイルの警句、そういった叙情に縮減することはできないし、そう縮約してはならない。なるほど、当時のフランスでは、大学生数の急激な増加によって、エリートの切符としての「大学生」という肩書きが、空手形になったという不満は、事実としてあっただろう。[*3] しかし、そのような社会心理学的な、あるいは歴史学的な説明では見えてこない、むしろ隠蔽されてしまう本質的とも言い得る事態がある。それは、高度資本主義国で前代未聞の大衆ゼネストが炸裂したことだ。一〇〇〇万人ともいわれるスト参加者に

＊2　新宿住友ビル（通称三角ビル）の竣工は一九七四年三月だが、第一次田中角栄内閣発足（一九七二年七月）と繋げて考えれば、都市の時代を作る「錬金術師」たちの実体が、透けて見えよう。

＊3　柴田三千雄・樺山紘一・福井憲彦編『世界歴史大系フランス史3』山川出版社、一九九五年所収の梶田孝道「戦後フランスの国家と社会変動」を参照。

よる広範な労働者ストの高揚である。総人口五〇〇〇万の国で、一〇〇〇万人がストに突入するというのは、現実的な危機の表現でなくてなんだろうか。比較できるのは、あの一九八九年の一一月の光景くらいだろう。堅牢を誇った秘密警察国家だったDDR（通称東ドイツ）が、瞬く間に消滅したあの時、東ベルリンでは警官も兵士も制服のまま職責を放棄し、すべての市民と共に目的もなくそぞろ歩きで街路を埋め尽くしていたのだ。近代国家が消滅するのはこんなにも簡単なのだという、あの衝撃的なシーンに〈68年〉のフランスは限りなく近かったといえよう。都市が巨大地震に襲われた時はもちろんだが、二〇一八年の北海道での地震に続く大停電（「ブラック・アウト」）でそうだったように、たとえ建物に直接被害がなくとも、機能を失った都市では、人々は浮き足立ち、街路に出て浮遊する。一種のパニックに襲われるのである。都市や国家の堅牢な相貌が失われ、機能不全に陥った建物や行政組織は、無意味なものとしてただそこに佇むだけになる。人々は、社会で身につけた役割の意味を失い、居場所の拘束から離れ、まるで無重力の空間の中のように、あてどなく移動しだす。それまでのセンサーが失われて、すべての物の見方が変わってしまい、周囲のそれまでの顔は失われる。つまり、〈68年5月〉は、このような初源的現象的意味で、すでに一つの「革命」であり、すべてのものの見え方が変わる「出来事」だったのだ。

もちろん、広場を埋め尽くし、一つの方向を向き、隊列を組んで行進し、治安部隊と衝突するという「集中」モデルの革命があり、このモデルが近代では支配的だった。いまさらいうまでもなく、この「集中」モデルの革命は、組織されざる層、都市生活から逸脱した人々を一九世紀以来、抑圧もしてきたのだ。[*4] だが、溢れ出た人々、逸脱者・異常者たちを、「集中」に回収することが、結局多くの場合は目指されていただろう。そうではない在り方、「革命」の別の方向性が、〈68年5月〉で示されたのだ。そのこと自体もまた一つの「革命」であったといえよう。それは、そぞろ歩きの革命性の発見であり、労働組合や党によって組織された労働者の運動ではなく、むしろ規律や規範から溢れ出てしまった、未組織の大衆が一挙に大量に現れ、その出現それ自体で、国家と社会そのものを土壇場に追い込んだという「革命」ではなかったのか。だとすれば、そこで垣間見えたものとは、国家も社会も消滅するブラックホールだったのだ。ただし、殆どの「革命」参加者は、その虚無を前にして尻込みし後ずさりした。その恐るべき深淵を、眩暈なしに覗き込めたのは、ほぼ例外的な思想家たち——フーコー、ドゥルーズその他の例外者たち——だけだったろう。時間が過ぎたことを無駄にしないためには、われわれは、この深淵を眩暈なしに、つまりは論理によってそれを覗き込めるようにならねばならない。だからこそ、いまこそ〈68年5月〉の思想の論理を検討すべきなのだ。

そこで、この革命が何をもたらしたのかという問いに移ろう。それを今日は、「人間の終わり」の思考として考えたい。人間の終わりは、狭い意味だとフランシス・フクヤマの書名[*5]に見られるように、生理学の進歩で技術化された人間生命の現状を意味する。テクノロジーに管理される生命としての人間、ポスト・ヒューマンの問題は、現在の状況の中心に深く関与、遺伝子操作どころか、iPSの技術によって再生可能な「理想的」身体をわ

＊4　日本でこの問題での古典的研究を一つ挙げるなら、良知力『向こう岸からの世界史——一つの四八年革命史論』ちくま学芸文庫、一九九三年であろう。現在にあってむしろこの研究が興味深いのは、良知の生き生きと描き出すところの、排除された運動家たちが、反女性的で人種主義的だという点ではなかろうか。M・フーコー『社会は防衛しなければならない』石田英敬・小野正嗣訳、筑摩書房、二〇〇七年所収の「一九七六年三月一七日講義」では、パリ・コミューンをはじめとしてすべての一九世紀的社会主義が、「生権力」に無自覚であったがために人種主義的であったと、厳しく批判されている。付言すると、フーコーがいいたいのは、「人種」が「生かすべきもの」と「抹殺すべきもの」を分けるために発明された装置だということなのだ。ごく分かりやすくいうとすると、「人種」なる同一性の幻想・迷信・神話があるから「抹殺」が起きるのではなく、ある特定の差異（それはどのような差異でも対象となり得る）を「抹殺」「殲滅」することが必要な時に、その根拠・理由として「人種」が持ち出されるのである。

れわれは間もなく手にするとされている。加えて人間の思考も人工知能（AI）に凌駕される点（シンギュラリティー）が到来すると、さかんに語られる。身体も脳も、マシンとなりテクノロジー化される状況にあるいまこそ、人間という観念を〈68年5月〉との連関の中で考えるべきであろう。

3 「現在」の論理

〈68年〉から現在までを一つの時代とするには、それを支えるだけの論理が必要だ。この連関を、人間という観念、より正確には、「人間の終わり」という観念を手がかりに明らかにしたい。

「人間の終わり」とその三つの論点

人間の終わりには、三つの要素が絡み合っていると考えられる

(1)歴史的政治的「人間」　歴史の終わり
(2)経済的合理的プレーヤーとしての「人間」　疎外の終わり
(3)身体としての「人間」　科学による終わり

この三つの終わりが、複雑に絡み合いながら、六〇年代の終わりに姿を現し、特にフランスで先鋭な形をとったということ、これがここでのテーマだ。

(1)歴史の終わり

欧州の左翼の歴史を簡単に振り返ると、事態はより鮮明になるだろう。ロシア革命以降、今はなきソヴィエト

連邦と社会主義圏は、対ファシスト戦争勝利という威光を放ち、スターリン、毛沢東、金日成その他の指導者たちを勝利の後光が包んでいた。しかし転換点はすぐに訪れた。周知のように、一九五三年三月のスターリンの死去、続く一九五六年二月のソ連共産党第二〇回大会におけるフルシチョフのスターリン批判だ。このスターリン批判に続いて大きな事件が生じた。一九五六年一〇月に、ハンガリーの共産党独裁体制が揺らぎ、ソ連軍が軍事介入・侵攻したのである。この事件は、世界中の共産党とそのシンパ層に深刻な動揺を引き起こした。日本における旧左翼のソ連擁護と新左翼の分派、あるいは組織と無関係な独自な歴史観・社会政治観を構築する動きの顕在化など、今日にまで続く共産党とその対抗勢力の分岐点ともなったこと、六〇年安保でそれが鮮明になっていったことは、知る人も多いだろう。ハンガリーがすぐ近くだったヨーロッパでの影響はもちろん深刻で、ミッシェル・フーコー、ロラン・バルトあるいはエドガー・モランなどといった錚々たる現代思想のスターたちが、ハンガリー事件を契機にして共産党を去ったのである（アルチュセールは党に留まるがこれはまた別の問題だろう）。

〈68年5月〉は、ハンガリー事件後、いわばポスト・ハンガリーだったことを銘記しておこう。重要なのは、ソ連公式の思想たる弁証法的唯物論が一気に色褪せたという点だ。それは簡単にいってしまえば、次のような物語だった。マルクスの『資本論』で資本主義は矛盾していることが証明された。しかるに、矛盾したものは存立しない。従って、資本主義は歴史の必然の中で必ず崩壊するのであり、その後は世界史の歩みとともに社会主義と共産主義が合理的な世界、矛盾なき世界として到来する。矛盾は段階を踏んで解消されるという弁証法的な歴

＊5　フランシス・フクヤマ『人間の終わり』鈴木淑美訳、ダイヤモンド社、二〇〇二年は、飛躍的に進むバイオテクノロジーによって、従来の「人間」の価値や尊厳が大きく毀損される危険を警告する書物だが、健康という規範の常識的議論に終わった感がある。ただし、この書物ではまだ危惧されていただけだが、米国の抗鬱剤をはじめとする薬物への過剰依存の危険は、よく知られているように現在の米国で深刻さの度を深めている。

史観、大文字の歴史の物語である。ソ連は、世界史の歩み、進歩の橋頭堡である以上、帝国主義に対して防衛されねばならない、というよりコンパクトな物語がいくつも付随して、物語の数だけ分派が細分化されたのである。

合理性がいつか到来するという歴史への信念が失われた時に、その喪失を埋めたのは何だったのか？　それが、人間という観念だったのではないか。これはマルクス主義の歴史では、疎外論革命や初期マルクスという問題としてかつて盛んに議論された。これも簡単に振り返っておこう。ソ連をはじめとする共産党は世界史の合理的な進歩を前提するから、論理的連関のすべてを見通せる「党」が想定される。だから「党」は、絶対無謬のものとして現れていた。ところが、若きマルクスが一八四四年に残した草稿『経済学・哲学草稿』（一九三四年にアドラツキーの編集でようやく刊行された）を見ると、どうも様子が違う。そこでは資本と人間主体（とりわけ何ものでもないもの、ゾンビともゼロ記号ともいえるようなプロレタリアート）との生々しい歴史、搾取と疎外の歴史が展開すると構想されていたからだ。

「党」の無謬性、ソ連の進歩性の神話が崩壊したハンガリー事件以降、この初期マルクスが一つの拠点とも思想的根拠地ともなって、共産党公式思想に対抗する批判が展開されることになった。いや、その前にいち早く戦争直後の一九四六年に「マルクス主義と哲学」という疎外論、人間論を展開したメルロ＝ポンティの名を挙げておくべきだろう。そこで彼は、世界でも最も早い時期に『経・哲草稿』を中心に本格的な哲学的思索を遂行し、主観性の哲学ではなく間主観性・共同主観性の戦闘的で特筆すべき哲学を見出していたのである。一言でいえば、大文字の歴史ではなく、一人一人の身体に根ざした人間の解放こそが重要だと、そういう人間主義が世界史主義、弁証法的唯物論に対抗して現れ、ハンガリー事件後に一気呵成に影響力を拡げていったのだ。人間主義的マルクス主義が、左翼の世界を席巻することになった。

だが、モーリス・メルロ＝ポンティといってもピンとこない若い読者も多いだろう。もしその名前を知っていても、それは現象学や「見えるものと見えないもの」といったところに限定されて結びつけられているかもしれない。そこで、繰り返しを恐れず、補って説明し直そう。いうまでもなくモーリス・メルロ＝ポンティは、ジャン＝ポール・サルトルと同年代のフランスの哲学者だが、サルトルの政治的文学的活躍が極めて華々しく、またその思想的影響が巨大であったために、夭折したメルロ＝ポンティの政治理論における影響力の方は、霞んでしまったのかもしれない。特に、日本で。だが、メルロ＝ポンティは、フランスにおけるトロツキー派との関係からしても、また、極めて鋭利な一群の思想家（ポストモダン思想で有名なジャン＝フランソワ・リオタール、精神分析と政治理論のコルネリウス・カストリアディス、政治理論のクロード・ルフォールなどが代表的だろう）に深い影響を及ぼした点からしても、その政治思想には現時点で顧みられるべき点が少なくないだろう。[*6]

こういう観点からは、同じ著者の『ヒューマニズムとテロル』（原著一九四七年）、『弁証法の冒険』（原著一九五五年）、さらに論文集『シーニュ』（原著一九六〇年、邦訳一九六七／七〇年）の「序文」も、それぞれスターリニズム批判に止まらず政治の広い分野での考察という点で重要だろう。ここで敢えて『意味と無意味』[*7]（原著一九四八年）に収められた「マルクス主義と哲学」を取り上げたのは、この論文が戦争直後という時期に、コンパクトに人間主義的マルクス主義の論点をまとめているからである。この論文は、「科学」としてのマルクス主義を唱えていた当時の仏共産党主流からの批判に応えたものだが、「ラディカル（急進・根本的）」であるとは、「人間

＊6　近年の学術的メルロ＝ポンティ研究全般については、松葉祥一・本郷均・廣瀬浩司編『メルロ＝ポンティ読本』法政大学出版局、二〇一八年を見られたい。

＊7　メルロ＝ポンティ『意味と無意味』滝浦静雄・粟津則雄・木田元・海老坂武訳、みすず書房、一九八三年。なお、この『意味と無意味』を、その後のフランス現代思想の展開と絡めて見事に描き出したものといえば、坂部恵「意味と無意味　メルロ＝ポンティの主題による変奏」（初出二〇〇一年、『坂部恵集4』岩波書店、二〇〇七年所収）である。

的」であるということだというマルクス『ヘーゲル法哲学批判』の一節を冒頭に掲げて展開される、人間主義的マルクス主義の「宣言」である。その中心にあるのは、「人間的対象」という初期マルクスの概念（『経済学・哲学草稿』）をフッサールに学んだ現象学によって徹底化した発想の転換である。一言でいえば、裸体の自然的対象は知覚の現象レベルからそもそも存在せず、人間の関わるものはすべて人間が共同で作り出した意味の関係性の中に、いわば着衣の対象（「人間的対象」）として現れるということなのだ。初期マルクスが発見した「人間的対象」を作りだしているのも、やはり人間自身である。人間といっても、個別の個人、孤立した人ではなく、人々の共同、個人を超えた超越的主観性としての「共同主観性・間主観性」、これこそが「人間的対象」を作っているのだと、メルロ＝ポンティは一九四七年に結論づけていたのだ。「間主観性」とは、「各自が他人によってつくり出されもすれば、また他人をつくり出しもしながら、自己を実現しつつある人間たちの継時的かつ同時的な共同体」[*8]のことだと、メルロ＝ポンティは喝破する。人間はその置かれた状況によって作り出されるものではあるが、その状況とまったく一致するわけではない。なぜなら、人間は自分を作り出す状況をもまた、自分で作り出せるからである。人間は、状況の中に埋没するだけではないし、またこの状況のまったくの外にいるわけでもない。言い換えれば、このような「間」は、人間の社会には必ずある。もちろん、資本主義の社会にもそのような関係性は存在する。存在するどころか、恐らくはもっとも高度に進化した姿で潜んでいるはずであり、その潜在的な可能性こそ「人間」ないし「人間的対象」を制作する力（ポテンシャル）と考えられる。この力は、資本主義的な社会体制によって拘束され、十分に展開されていないから、それを十全に「解放」することが求められる……。これが当時の人間主義的マルクス主義の輝ける到達点だった。だが、ここでいわれる「状況」は、あまりにも簡単に「歴史」や「世界史」と同一視されてしまった。「人間」は「歴史」によって作られ、「歴史」は「人間」によって作られる。この弁証法が、広く支持された時間はそう長くはなかった。

実際、時代も一九六〇年代ともなると、「歴史」や「世界史」への信頼は、社会主義諸国と冷戦体制という現実の前に、無残なまでに輝きを失ってしまったのだ。「人間」とその「歴史」の弁証法が輝いて見えたのは、西欧では、第二次大戦後からせいぜい一〇年ほどでしかなかったといえよう。東西対立と冷戦の過程で、メルロ＝ポンティをはじめとして多くの知識人が、マルクス主義から急速に離れていった。この〈68年〉に直接繋がる時期に、フランスを中心に人間主義の限界を指摘する声が上がり、それにとって代わる思想が求められていったのだ。歴史に棲みつき、歴史に働きかける主体性をこそ人間の本質としていた人間主義は、考えてみると徹頭徹尾、歴史とその弁証法に囚われ続けていたともいえる。色褪せた「人間」に対して、「歴史」から距離をとるものとして「構造」や言語の「システム」が脚光を浴びた。人間主義は、意識的主体的に歴史を作り出せるというが、現実の人間は、言語体系という不可視のものや社会の隠されて意識に昇ることのないシステムによって作られ、多くの部分が規定されてしまうものではないのか？　そう構造主義が、鋭い批判の矢を放ったのである。それを何よりも象徴するのが、フーコー『言葉と物』（一九六六年）の有名なフィナーレである。

人間は、われわれの思考の考古学によってその日付の新しさが容易に示されるような発明にすぎぬ。そしておそらくその終焉は間近いのだ。〔……〕人間は波打ちぎわの砂の表情のように消滅するであろう……。[*9]

「人間」は輝くどころか、砂のように苦く儚いものに変わり果てたのだ。この名高い一節でフーコーが消えるといった「人間」は、人間科学の知、言語学、歴史学、経済学、生物学、心理学などなどの諸科学が、矛盾した資本主義社会の中で経済的人間として合理的計算のもとに動く、そういう市場経済のプレーヤーとしての人間で

＊8　前掲訳書『意味と無意味』、一八九頁。
＊9　フーコー『言葉と物』渡辺一民・佐々木明訳、新潮社、一九七四年、四〇九頁。

あり、文系・理系の学問知を統合する地盤として哲学が想定した人間的本質なるものだった。要するに、人間主義では、人間に本来の姿を想定し、それを疎外から解放することが目的だったのだ（人間主義的マルクス主義の「共同主観性」も、大きく分類すればこの中に入る）。しかし、構造主義以降は、そのような本質とされる人間など虚構であり、せいぜいのところ物語の登場人物程度の身分に格下げされたのである。歴史の皮肉というべきか、この経済的合理性を生きるプレーヤーとしての人間、それがいまや市場経済しかないというポスト冷戦、ソ連崩壊後の資本主義の圧倒的覇権のもとでは、またもや人間の「本質」とされるに至っている。人間というのは利潤を追求するものだ、と。次にこの点を論じておこう。それは、〈68年〉に対する資本の側からの闘争とその勝利を物語ることになる。

(2)資本による「疎外革命」

第二の論点は、〈68年〉で露わになった人間の終わり、その意味での疎外の終わりという点に関わる。極く図式的な話にしてしまうと、人間の疎外は、現在克服されつつあるが、問題は、それが資本の力によるというところにある。この問題は、次に論じる科学による人間の解体という論点と表裏一体なのだ。

そもそも人間主義の原点が初期マルクスであり、一八四四年の『経済学・哲学草稿』であったとすれば、そのポイントは、一言でいうと、資本と対立するものとしての「人間」という論理である。資本は、利潤率の最大化を求めて絶えず移動し、何にでも姿を変え、無際限に加速し、無制限に市場という平滑な平面を運動する。これに対して、労働力たる人間は、商品を作る商品ではあるものの、身体という制約から逃れることができない。人間は、休息し睡眠時間を確保し、食事し、みずからを再生産しなければ確実に死ぬ。過労死という限界から出ることは、出来ない。一方で資本は、スーパーマンのように移動し、魔法使いのようにあらゆるものに変身する。資本は、人間に制約を超えるよう平気で要求する。資本には想像力が欠如し、無痛であるから他人の痛みに無頓着であり容赦ない。資本は人でなしとなる運命にある。だから人間は、資本に振り回され、エネルギーをひたすら貪り食われてしまう。なぜか? 人間が、商品なしでは生きていけなくなっているからであり、分業のネットワークに委ねられ、骨の髄まで商品の滋養で生きているからだ。これが「疎外」と呼ばれる事態に他ならない。疎外は、ネットワーク依存症であり商品中毒症であるが、現代はその最果ての状況に至っていることは明らかだろう。その根源は、資本と人間の勝負にならない対立、無限と有限が戦うようなフェアでない関係にある。資本の前では、人間は剝き出しになり、商品のネットワークにバラバラにちぎられて吸収されざるをえない。

人間主義は、このような資本のネットワークから「人間」の本質を解放することを目指した。話を急いで現代に戻そう。六〇年代になると、精神分析やハイデッガーの存在思想の影響も大きいのだが、何といっても構造主義の衝撃によって、構造すなわちネットワークから離れたところに人間の本質なるものがあるのか? という疑問が広く共有されるようになっていた。

〈68年5月〉は、人間の本質がネットワークの外のどこかにあるのでもなく、かといってネットワークに解消されるのでもない、どこにあるかが問題となるということを明らかに見せてくれた。ネットワークが自分自身を生産するとして、その自己関係が定位する平面とは何か? この問題こそ、現代思想のパラドックスであり、その鍵となる。思えば〈68年〉でストに参加した一〇〇〇万人の多くは、組織されていなかった。党との密接な関係のもとに、労働者が生産拠点で評議会などを組織し、社会の基盤としての労働者の団結によって敵の暴力装置を打ち破るといった古典的な革命の姿とは、まったくといって良いほど無縁な「革命」だったのだ。高度に発達した資本主義国家では、もはや古典スタイルの革命理論こそが破産しているのではないか、それが見えてきた瞬間、それが〈68年5月〉であった。だからこそ、もはや組織や党に所属したくない、ネットワークからのパラドックス的な差異の中にこそ、人々は生きる場所を求めたといえるだろう。

だから〈68年〉の革命の後で、ダニエル゠コーン・ベンディットら、多くの学生リーダーが政治家に転身し、あるいはネオリベラリズムやネオ保守主義などなどを標榜しもしたが、それはそれなりに当時に見えてきたもの、彼らがその時見たものをその後の人生で表現したのかもしれない。そこで表現されてきたものは、人間を拠り所とした左翼の破産を継いだのは、資本による革命だということだろう。なぜなら資本こそが、左翼の破産を解体吟味し、それを栄養素として吸収し尽くしてきたからである。人間が資本に付き従い得ないこと、すなわち「疎外」という深刻な事態を、資本こそがより深く理解し、その克服を生き残りの至上命題として捉え返したのである。つまり、身体の制約を生物学生理学的などのテクノロジーによって克服する課題として「疎外」を捉えたといえよう。現在のわたしたちの目の前に展開するテクノロジー、iPSやらAIやらが、資本による疎外革命の橋頭堡として姿を現したのだ。

⑶科学あるいは人間の終わり

人間をいかにして完全な商品とし、資本にどこまでもついてくることのできるオブジェと改良するかは、もはやブラックユーモアではなく、日々シリアスな課題になっている。誇張報道を差し引いても、間違いなく中国では徹底して情報化された電脳コントロール社会が到来している。日々報じられるあらゆる事象をそのまま受け取ることはできないが、とにもかくにも、中国という巨大な国土と人口を有する国家が、強大な国家権力によって資本市場の実験――人間を資本そのものとするための最先端実験――を行っていることは間違いない。もちろん、実験のツケの支払いは、遅かれ早かれ残酷な犠牲を強いる形で（地球上全体の！）人々に、必ず回ってくるのだろうが……。

もちろん、中国は、この五〇年に日欧米が経験した変動を、二一世紀の二〇年間に圧縮して再現する「ショーウィンドウ」であり、その最新ディスプレイに他ならない。それは、米国のこの五〇年の姿と重なるのだ。例えば、八〇年代になってリドリー・スコット監督の映画『ブレードランナー』が世界的に大ヒットしたことは、記憶されている人も多いだろう。この映画の原作フィリップ・K・ディック『アンドロイドは電気羊の夢を見るか』（朝倉久志訳、早川書房）は、SF小説を代表する名作だが、原著のアメリカにおける出版年が一九六八年だというのも、興味深いものだ。やはりこのころすでに、ディックのような人には、五〇年後の世界が見えていたのかもしれない。実際、クローン技術かiPS細胞技術かで作られたと今となっては思える人造人間たち（「レプリカント」と印象深く呼ばれている、人間のシミュラークルということだが）が労働を引き受ける未来世界では、人間とロボット、自然と人工を区別する線を引けなくなっていたのだ。原作では、一九六〇年代のドラッグ体験から、未来社会では自分の気分もボタン一つで薬物コントロールできるように描かれている。ここから、神経系薬物への過剰依存という米国の現在の深刻な状況までは、一直線かと思えるほどだ。一九六八年のこのSF小説は、やはりほぼ五〇年後の世界を隅々まで夢見ていたのだろう。

この五〇年とはこの観点からすると、どのような半世紀だったのだろうか。日欧米に始まり現在の中国に凝縮されて現れる、この五〇年の時間は、一言でいえば、資本が生き残りのために自己変革するダイナミックな過程であった。〈68年〉の反人間主義の顕在化は、資本の側にもっとも先鋭化して現れ、この五〇年をリードし続けたといっていい。〈68年〉の教訓をもっとも忠実に実践したのは、資本そのものであったかもしれない。人間を疎外から「解放」すること、その身体的な制約を取り払うこと、これが〈68年〉以降の資本の至上命題ではなかったのか。

繰り返すが、〈68年5月〉は、組織から離脱すること、しかも絶対に離脱するという現象を世界に広めた。絶対に、というのは、組織から個人になるというのではない。組織も個人もない空間へと、絶対に離れるという意味だ。それは、神からも、その近代版である国家や「党」からも離脱するという絶対的な無政府主義であり、アンチ前衛党であり、統治手段としての労働組合の拒否であり、ポリス・統治の全面的拒否、このような課題をわたしたちに突きつけている。ポスト〈68年〉の時代に、多くの活動家や五月のリーダーたちが、「小さな政府」

を唱えるネオリベラリズムに合流し飲み込まれていったのも、あながち「転向」とばかりはいえないのだろうといったのはこういう意味においてだ。彼らは資本と軌を一にして疎外を克服せんとしたともいえるのだ。

このような脱国家、脱組織、脱前衛党（脱知識人）の時代は、科学知による大再編の時代だった。それがまさに、ポスト〈68年〉と私たちの関係ということになるだろう。〈68年〉の頃にはまだ極めて限られた人々にしか見えなかったことが、いまや私たちの前にある。科学技術の進展であり、人工知能の現実化に至るデータ処理の飛躍的進歩、そしてiPS細胞技術などの再生医療を通路にしての、生命工学の進展つまりは生命と機械、動物、環境の技術的接合の進展である。例えば、まだ二〇世紀なら、マルクスとエンゲルスの『ドイツ・イデオロギー』に述べられた人間生活の理想に共感もできただろう。それは、分業の職種への固定化を乗り越えて、一人がネットワーク全体のどこにでも現れ得るというユートピアだ。

私は今日はこれを、明日はあれをし、朝は狩をし、そして午後は漁をし、夕方には家畜を追い、そして食後には批判をする――猟師、漁夫、牧人あるいは批判家になることなく、私の好きなようにそうすることができるようになるのである。[*10]

技術が人間の道具であるならば、そしてその道具を完璧につかいこなすことが出来るならば、私たちは身体の制約を超えて、無限のエネルギーと労苦としての労働から解放される。これがマルクスの初期の一貫したテーマである身体の制約の克服である。そういう夢をかつては見ることができたということだ。しかし、これは私たちがマシンに取り込まれ、技術に包摂されるということをいまや意味する。技術は道具ではなく、われわれこそが、技術のデータであり素材であり原料となったのである。

リン・ランドルフの有名な絵（『サイボーグ』一九八六年）を思い出してほしい。データ化されて、機械や動物と一体化した女性を超えた女性、ジェンダーの制約を乗り越えた人類がそこに描かれていた。そしてこの絵こそ、いまや「リアル」なのだ。考えてもみよう、宇宙ステーションから地上を見るカメラには、わたしたち一人一人は六〇億分の一の単位で動いている粒子として映る。一〇億分の一はナノの世界だが、いまやこの水準でテクノロジーは粒子を制御している。私たちをそのような単位で統計処理するビッグデータの時代とは、人間をナノテクノロジーで管理する時代を意味する。（「優生思想」や「人種主義」などの問題を議論することなく、ひたすら礼賛されている）生命工学や幹細胞技術が、これに加わるといったいどういうことになるか、想像するのはそう難しくないかもしれない。人間の疎外は、人間をアンドロイド化し、身体のリミットから解放することで、克服される。資本のネットワークへと人間は最終的に吸収されるのだろう。科学による人間の終わりである。一言でいえば、人間は死ぬことを奪われるのであり、死から疎外されるのである。

4　終わりに――「論理」から「現実」へ

〈68年5月〉は、確かに現代史を分かつ分水嶺であった。それ以前に、希望を託された「人間的マルクス主義」は、〈68年〉前後から生まれた「人間」と「歴史」への懐疑によって、急速に色褪せていった。「五月革命」それ自体も、人々を歴史と決断へと集中させるような「広場」（古代ギリシアのアゴラをモデルとするもの）と共に、目的も定かでなく、集中というより分散する「街路」のイメージを現実化した。五〇年前から前面に出てきたものは、いったい何かと問われるならば、本稿での答えは、それは「人間の終わり」だったということになる。

＊10　マルクス／エンゲルス『新編輯版ドイツ・イデオロギー』廣松渉・小林昌人編、岩波文庫、二〇〇二年、六七頁。

先に述べたように、一九六六年の『言葉と物』のラストで、フーコーは、「人間」を砂浜に描かれた顔のように、やがて消えるものと述べた。このイメージは鮮烈だが、しかしフーコーが何をそこでいわんとしているのか、いささか叙情的で、明瞭に把握することは難しい。しかし、その後一〇年を経て、フーコーはコレージュ・ド・フランスの講義の中で、その「人間」を明確に規定し直している。例えば、一九七八年一月二五日の講義を、フーコーが次のように締め括くる時、「人間」は新しい「人口」という概念に鋳直されていたことがわかる。

そこから、次の帰結が生じます。つまり、人間という主題設定——人間を生きものとして、労働する個人として、語る主体として分析する人文科学を通じてなされる主題設定——は、権力の相関物として、また知の対象としての人口の出現から出発して理解しなければならないということです。人間——十九世紀のいわゆる人文科学から出発して思考され定義されたような人間、十九世紀の人文主義において考察されたような人間——はつまるところ、人口の一つの形象に他ならないのです。さらに言えば、権力の問題が主権の理論において定式化されたとすれば、主権を前にしては人間は存在しえず、存在しえたのはただ法権利の主体という法的概念だけだったということになりますが、その反対に、主権と向きあうものとしてではなく、統治や統治術と向きあうものとして人口があったとすると、人間と人口の関係はちょうど、法権利の主体と主権者の関係に等しいと言うことができると思います。[*11]

『言葉と物』で示されていた「人間」の概念は、生物学・生理学的な規定と、経済学的に労働を担う個人という規定と、言語学における言語主体という規定とが交差したものであり、人間科学（人文科学）という基盤の上の幻の像であった。いまや、この人間はその身分を変えて、生政治と統治技術から説明される「人口」を本体とする「形象」となった。だから、かつての叙情的な姿だった「人間」が、身もふたもない数字、人口数として表現されるというだけのことではないのだ。「人口」は、それ自体が自分のあり方を誘導する（公的権力も私的家族も、自分たちの人口の増減を「管理」するから）、主体かつ対象、主体＝客体なのである。[*12] それは理性を持って、自分の目的を理解し、行動を制御する主体が、法関係の平面で政治に参加し、主権を構成するというのと同じことなのだ。生命の再生産の平面では、「人口」は、自分たちの未来を探り、決めていく力を持つから、理性を持つのと変わらない——少子高齢化、労働人口の減少、結婚年齢の変化などなど、これらに効果のある施策や方法を検討し、要求し、参加し、実効性を与えるのも、「人口」そのもの、それを構成している各人すべてだからである。こうして、「人間」の終わりは、「人口」のはじまりとなる。統治の歴史における、主体にして対象である新しい異質な概念が構築されたことになる。〈68年〉に始まる思想的ドラマは、「人間の終わり」という現実から出発し、「生政治」の概念構築で一つの頂点に達したといえよう。このドラマは、現在のわれわれに直接関わり続ける力を、五〇年の長きにわたって維持しているだけでなく、さらにこれからの日々までも巻き込みつつあるのだ。

あの三島由紀夫たちの「首」からずいぶん時間が経った頃に、初めてロサンゼルスに行った。当時の着陸直前のサービスとして、客席前方のスクリーンにカメラが捉えたロス市街の光景が実況で映し出された。それは昼間の到着で明るかったのだが、映像を見た瞬間に既視感を抱いた。映画『ブレードランナー』の冒頭のシーンと同じ光景なのだ、それで初めて見たはずの風景が二度目のような気がするのだと、すぐに分かった。映画では、夜景だった。汚れきった大気に向かって、建物から巨大な炎が間歇的に噴き出し、滑空しつつ空港に向かう飛行体

＊11　M・フーコー『安全・領土・人口、コレージュ・ド・フランス講義　1977-1978年度』高桑和己訳、筑摩書房、二〇〇七年、九五-九六頁。

から、人造人間（レプリカント）の視線がロサンゼルスの光に注がれていた。恐らく同じ空港に接近する自分の視線が、絶望的な状況におかれた人造人間の視線と重なるのを感じていたことになるか。ほんの一瞬に過ぎなかったが、珍しく、他人の視線とすれ違わなかったのかもしれない。

〈68年〉とすれ違うにせよ、一致するにせよ、国家から離脱する大衆の動き、物理的な意味に近い運動と、技術進展の奇妙な一致、それをめぐる人間と資本の壮大なドラマが、〈68年5月〉から政治空間に現れ、われわれをずっと絶えず運び、飛翔していることに変わりはない。この飛翔体は、様々な破壊を俯瞰しつつ、みずからの最終的な破局に向かっているのかもしれない。いったいどうしたらいいのか？　偶然のどんでん返しを期待するのは、どのような科学めかした理屈が貼り付けられていても、所詮は哲学的ファンタジーに過ぎず、もちろんのこと論外だ。根底的に何かを変えるために、われわれに出来ることは、何か？　それは、新しい「センサー」の発明である。

センサーは、データの収集装置だが、新しいセンサーが発明されると、それによってこの世界の見え方がまったく異なってくる。新しいセンサーによって、それまで考えもつかなかった実験方法が想像（思考実験）され始める。見え方が変わるだけではない。実験は、単なる現象ではない。それは現実なのだ。世界はわれわれによってすでに改変され続けているが、どう改変されているか、実は当のわれわれは、よく知らない。われわれが何をしているのか、そしてわれわれのしでかしたことで何が、現実に結果しているのか、実験だけがそれを教えてくれる。古いセンサーだけでは、何もわからない。センサーをまったく更新することだけが、新しい世界の姿を見ることを、そしてそのどこにわれわれが存在しているのか、知ることを可能にするのだ。

資本の壮大で残酷な実験とは別の次元で、芸術や哲学思想という新しい「思考実験」を遂行することであろう。論理から現実への実験を、われわれは続けなければならない。それに可能性があることを確認してくれたのが、まさに〈68年5月〉だったのであり、それが真に「革命」の名に値する所以なのだ。

*12　フーコーによれば、人口は新しい概念である。「政治的主体としての人口は、それ以前の数世紀の法思想・政治思想にとってはまったく異質な、新たな集団的主体です。それがここで、この分断によって複雑な姿を現そうとしているのです。すでにおわかりのとおり、人口は対象としても姿を現します。しかじかの効果を獲得するために、この対象に対して、この対象に向けて、この対象の上へとメカニズムが導かれる。しかし、人口は主体として［も］姿を現す。というのも、これこれのしかたで自己操導するように求められる当の主体はまさにこの人口だからです」（一九七八年一月一八日の講義、前掲訳書『安全・領土・人口』、五二頁参照）。人口は、単に対象ではなく、主体でもあるという二重体とされていることがわかる。

II

〈68年〉以後の共産党

——革命と改良の間で[*1]

小泉義之

1　図書館、炎上せず（一九六八年）

一九六八年一一月一二日の東京大学総合図書館をめぐる攻防について、『朝日新聞』の記事「学生同士が乱闘——共闘会議、図書館封鎖できず」は、次のように報じている。

十二日夜、全学封鎖をめざす全学共闘会議（反代々木系）などの学生たちと、封鎖に反対する東大闘争勝利行動委員会（代々木系）などの学生たちが、総合図書館前で約三十分間角材などではげしく乱闘、約四十人の負傷者を出した。封鎖はされなかったものの、教官首脳陣はほとんど姿をみせず、大学当局は、新体制となっても収拾への手がかりをつかめないまま、ついに学生と学生による流血事件という最悪の事態となった。／反代々木系の学生約千人は、同日午後四時ごろから安田講堂内で「全学封鎖貫徹総決起集会」を開き、闘争態勢強化、全学バリケード封鎖の方針を再確認した。同六時半ごろ、工学部一号館を封鎖した。これに対し、代々木系も学生約三百人が他大学の学生の応援を得て、ヘルメットで武装、夕方から図書館前にすわり込み、早くから流れていた反代々木系の図書館封鎖に備え「実力阻止集会」を開いた。／午後八時半すぎ、反代々木系は代々木系学生に角材をふるってなぐり込んだ。代々木系も用意の角材で抵抗、乱闘となった。牛乳ビンや発煙筒も飛び、叫び声やなぐりあう音が、構内横の本郷通りまで響いた。[*2]

これ以前に、すでに共産党は明治大学や法政大学で組織的暴力を行使していたが、それはいわば夜陰に乗じて行使されており、マスコミに報道されることを予想して行使されてはいなかった。しかし、この図書館をめぐる攻防において、共産党は、初めて新左翼諸党派に対して公然と「実力阻止」に打って出た。ところで、東大闘争全学共闘会議は、図書館を封鎖対象とした理由について、次のように書いていた。

11月11日、全共闘は、当局との交渉を打ち切り、全学封鎖に邁進するという方針を決定した。全学封鎖の突破口として、総合図書館封鎖が設定された。総合図書館は、東大の研究教育機能の上できわめて重要な位置を占めており、そこは、闘争の進展とは無縁に、ただひたすら「学問」にはげむ点取虫の最大の巣窟となっていた。既成の東大を根底から批判して運動を進める全共闘は、このような状態をいつまでも許しておくわけにはいかなかった。[*3]

これによるなら、図書館封鎖の目的は、図書館の研究教育機能を停止させることに置かれていたというよりは、[*4]国家公務員試験や司法試験での合格を目指す「点取虫」の法学部生の「巣窟」である図書館閲覧室を封鎖することに置かれていた。そうであればなおさらのこと、全共闘側からするなら、共産党の暴力行使は、体制側の「点取虫」を擁護する反動的な闘争方針に見えたわけである。実際、図書館攻防は、もちろん共産党によって準備されていた行動であろうが、法学部生の座り込みから始まっている。共産党機関紙『赤旗』の記事「「全学封鎖」の策動阻止――正当防衛権を行使、トロツキストを撃退」は、次のように報じている。

「全学封鎖阻止」「東大の真の民主化を勝ち取ろう」「統一と団結」などのプラカードをかかげた学生・院生は東大構内をはげしくデモした後、総合図書館前にすわりこみ、図書館封鎖を阻止する闘争をつづけました。／図書館前には、図書館を利用していた法学部学生など十数人が、トロツキスト学生らの図書館封鎖予告に憤激し、すわりこみをおこなっていましたが、東大闘争勝利行動委員会と東大大学院生協議会のデモに拍手を送り、そのすわりこみに合流しました。／あくまで〝全学封鎖〟を強行しようとするトロツキスト学生は〔……〕午後七時三十分、午後八時三十分の二回にわたって角材などのほか毒物入りの消火器などをもって

＊1　本稿は、Versoから刊行予定の論文（英語）の日本語版に由来し、王寺賢太「« non-lieu » 一歩前――一九六〇～七〇年代日本のアルチュセール受容」（市田良彦・王寺賢太編著『〈ポスト68年〉と私たち』平凡社、二〇一七年）に触発されその補論として構想され、その後、二〇一八年五月一〇日に開催された京都大学人文科学研究所「人文研アカデミー２０１８　連続セミナー「〈68年5月〉と私たち」」での一部発表を経て、『週刊読書人ウェブ』で公開した発表原稿を、改訂増補したものである。

＊2　『朝日新聞』一九六八年一一月一三日付朝刊。

＊3　東大闘争全学共闘会議編『砦の上にわれらの世界を』亜紀書房、一九六九年、三一〇頁。

＊4　全共闘、とりわけ助手共闘は、大学での「革命的」で「進歩的」な研究の可能性を信じており、大学の研究教育機能を全否定してはいなかった。その限りで、図書館そのものの解体を目指してはいなかった。これは、反精神医学の運動が、既存の精神医学を否定しながらも別の精神医学の可能性を信じ、臨床実践としての精神医療・心理療法を推進したのと同断である。これについては、小泉義之「精神衛生の体制の精神史――一九六九年をめぐって」『あたらしい狂気の歴史』（青土社、二〇一八年）所収。

おそいかかってきました。／しかし統一代表団準備会議を支持する多くの学生たちは、敢然としてこれに立ち向かい、ついにトロツキストの襲撃をはねかえし、〝全学封鎖〟の策謀に痛撃をあたえ、阻止しました。[*5]

共産党は「点取虫」を擁護したわけであるが、それにもかかわらず、共産党は、その暴力行使を、体制による弾圧の代行とみなすことはなかった。[*6]むしろ、共産党は、図書館をめぐる攻防において、大学闘争の所定の目的を実現するための手段として対抗－暴力の行使を辞さないということを示したのであり、それはまさに、敵が暴力を行使するなら必要な対抗－暴力を行使するとする「敵の出方論」の大学への適用であった。[*7]

このような闘争方針は学生党員の間では早くから唱えられていたが、それが公然と打ち出されたのは、一九六八年七月、共産党系全学連の第一九回大会基調報告においてであった。その報告においては、「反全学連諸派の不正選挙、執行部への不当な居すわり、自治会の暴力的占拠、第二自治会のデッチ上げなどの卑劣な策動を軽視することなく、あえてかれらが暴力的手段に訴えるならばこれを粉砕」するとの方針が打ち出され、「彼らの暴力に屈して、逃げまわったり、主張をまげたり、あるいは逆上したりする傾向」を払拭し、「彼らがあくまで暴力をもって攻撃しかけてくるならば、学友の力を結集し、正当防衛権を断固として行使し、実力をもって粉砕する」との方針が打ち出されていた。[*8]そして、それを追認するかのようにして、共産党中央は、『赤旗』「主張」一九六八年九月一三日付において正当防衛権論を打ち出した。[*9]図書館攻防については、『赤旗』「主張」一九六八年一一月一四日付において、次のように書いていた。

12日（68年11月）夜、東大で、統一代表団を支持する学生が決起し、みずからも自衛体制をとって、トロツキスト暴力集団の襲撃を撃退し、かれらの「全学封鎖」という暴挙を断固阻止したことは、いま大きな反響を呼んでいます。[*10]

共産党の正当防衛権の行使は、たしかに「大きな反響」を呼んだ。一面では、政府自民党やマスコミによって、共産党は新左翼と同じ暴力集団として取り扱われるようになったが、他面では、正当防衛権の行使によっておのれの革命性を行動で示すことができるようになったという意味で、学生党員には解放的な効果をもたらした。しかも、図書館をめぐる攻防は、共産党と新左翼の初めての大規模な衝突であり、共産党系学生が初めて「勝利」した衝突であった。こうして、一九六八年一一月の攻防は、全共闘の全学封鎖方針にとって転回点をなしただけでなく、[*11]共産党の学生運動方針においても決定的な転回点をなした。第一に、一九六八年一一月以前の学生運動においては、共産党と新左翼が少なくとも学生自治会の運動方針については一致することもあったが、[*12]そのよう

＊5　『赤旗』一九六八年一一月一三日付。
＊6　共産党は、体制内部に非公然党員を送り込むことを方針としており、とくに国家公務員試験を受験する学生党員については在学時から非公然化する方針を採っていた。その限りで、その「点取虫」を公然化するにはそれなりの決意が必要であった。
＊7　共産党中央において「敵の出方」論の内実に揺れがあったことについては、安東仁兵衛『日本の社会主義政党』現代の理論社、一九七四年、一四〇頁。
＊8　東京大学全学大学院生協議会・東大闘争記録刊行委員会編『東大変革への闘い』労働旬報社、一九六九年、一四八頁。
＊9　「正当防衛権にもとづく断固たる行動を——法政大学での力づよい経験に学ぼう」『赤旗』「主張」一九六八年九月一三日付。
＊10　「学園からの暴力一掃を——トロツキストの武装解除こそ先決」『赤旗』「主張」一九六八年一一月一四日付。「学園民主化と暴力の問題」『赤旗』「主張」一九六八年一一月二二日付も参照。共産党中央は、少なくとも一九六九年一月の東大安田講堂攻防戦の前後までは、正当防衛権の方針を降ろしてはいない。「正当防衛権への攻撃は許されない」『赤旗』一九六九年一月一五日付を参照。

な学生運動レベルでの一致がほとんど不可能になっていった。そして、第二に、学生運動が全国の大学へ波及していく過程で、共産党系学生と新左翼系学生の間で大小さまざまなレベルで暴力的な衝突が引き起こされていった。この時期の衝突はときに陰湿で陰惨であり、その後の新旧左翼の対立を心理的にも根深いものにした。[*13] 第三に、正当防衛権の行使をめぐって共産党中央と学生党員の対立が浮き彫りになっていった。その最初の徴候は、東大闘争の指導体制の変更であった。宮崎学の証言によるなら、共産党中央は、東大細胞の闘争方針に対して、「トロツキストと革命性を競い合う極左冒険主義」であると批判するようになり、まさに図書館攻防の直後に、東大闘争勝利全学連行動委員会は解散させられ東大民主化行動委員会へ再編された。これに前後して、共産党中央委員会が東大党細胞全体を直接に指導していくことになった。[*14] 第四に、これが重要であるが、共産党も新左翼も組織的暴力の行使を闘争方針とすることを通して、大学闘争を労働運動や政治闘争へと押し広げる展望において、近い将来の武力闘争の可能性を考慮に入れていくことになった。この点は、一九六八年の大学闘争から一九七〇年の安保闘争と一九七一年の沖縄闘争への移行を考える上で重要である。

2　安保と沖縄（一九七〇－一九七一年）

大学闘争における「無期限」ストライキは、少なくとも一九七〇年代の安保闘争や沖縄闘争まで打ち抜くべきものと見なされていた。ところが、一九六八年とそれ以後についての歴史叙述の多くは、大学闘争が全国化し政治化していくこの過程を完全に無視してきた。いまでも運動史研究者の大半は、安保闘争にも沖縄闘争にもまったく言及しない。また、社会主義にも共産主義にも、資本主義にも帝国主義にもまったく言及しない。[*15] 研究者の大半は、一九六八年から一九七〇年代初めにかけての大学闘争を、市民運動や社会運動の先駆けとみなすだけであり、大学闘争から安保闘争・沖縄闘争への政治過程を完全に無視してきたのである。それどころではなく、その政治運動は、すべて「内ゲバ」へと変貌して瓦解したかのように描き出してきた。例えば、この時期の幾つかの「事件」を想起してみる。一九七一年一一月：渋谷暴動、一九七一年一二月：警視庁警務部長宅へ小包爆弾、一九七四年八月：東アジア反日武装戦線、三菱重工本社ビル爆破。たしかに、これら一連の事件は「過激」であ

＊11　前掲、東大闘争全学共闘会議編『砦の上にわれらの世界を』三一八頁、四七三頁などを参照。一一月二二日に全共闘は図書館封鎖占拠を成功させており、それに前後して、新旧左翼双方が全国動員をかけていた。私の知る範囲でも、札幌の居住細胞からも労働者党員を送り出していた。そして双方の全面衝突を本郷で阻止したのはクラス連合などの「中間派」の学生であったが（私の叔父は新左翼系にシンパシーを抱いていたがその阻止行動に参加していた）、その指導部の一部は後に共産党に合流している。

＊12　無期限ストライキ、ストライキ実行委員会といった闘争方針・闘争方式について、共産党と新左翼は学生大会で一致することがあった。一九六八年一一月以後も、地方の大学・高校では、闘争の初期段階では、いいかえるならバリケード封鎖の方針をめぐる対立が現われるまでは、共産党と新左翼が一致することはしばしば見られた。

＊13　「組織的」暴力対決であるなら、それがエスカレートするにせよ、「組織的」であるが故の暴力に内的な限度というものがあった。しかし、分散的・個別的に行使される暴力は、どの党派にもいた一部「跳ね上がり」に見られるように、情動に任されるところがありその意味で危なかった。

＊14　宮崎学『突破者――戦後史の陰を駆け抜けた50年』上、幻冬舎、一九九八年、二五五頁。とはいえ、当時の状況からして共産党中央への「直属化」は当然のことであったといえる。

＊15　諸政党の動向の分析もまったく行っていない。とくに、自民党の「社会（民主）主義的」ないし「福祉主義的」側面はまったく無視され、社会主義と社会民主主義をめぐる一九七〇年代の政治過程は完全に視野から脱落している。なお、小熊英二『一九六八（上）（下）』（新曜社、二〇〇九年）は、「〈自分探し〉運動」「自己確認運動」の面を強調しているが、そのような見立ては、当時の精神‐心理系の知識人がひとしなみに口にしていたことであった。手始めに、次を参照せよ。Erik H. Erikson, “Reflections on the Dissent of Contemporary Youth”, *The International Journal of Psycho-Analysis*, 1970, p. 51.

り、その主体も「過激」であった。ところが、驚くべきことに、知識人の大半は、これら一連の事件の政治的な意義をまったく無視して、新左翼の党派間闘争の過激化である「内ゲバ」の一部と見なして片づけてきた。さらに指摘しておくなら、連合赤軍事件は一党派内部の粛清の激化であるにもかかわらず、それを党派間の闘争と区別することもなく、新旧左翼の過激化を代表するものとして扱い、連合赤軍事件が新旧左翼の運動の唯一の帰結であるかのごとく描き出してきた。そのようにして、知識人の大半は、治安と社会防衛を旨とする支配層の歴史観を復唱してきた。その果てに、一九六八年の大学闘争を直ちに一九七〇年代の市民運動や社会運動に繋げるだけの粗雑きわまりない歴史意識が形成されてきた。その効果は甚大である。例えば、旧左翼も新左翼も、過激な政治闘争から切り離されて脱政治化され、両者の左翼性は単なる正義論へと縮減されてきた。すでに当時、「人間派」と総称された知識人は、旧左翼と新左翼の異同について、次のように書いていた。

ニューレフトは、彼らが社会主義や共産主義を支持する「オールドレフト（旧左翼）」とは異なるという意味で、「新しい」。〔……〕彼らはオールドレフトから社会的公正への関心を受け継いでいる。[*16]

旧左翼と新左翼に共通する関心は、「社会的公正」であるとされる。大筋では、旧左翼も新左翼も、当時の米国の平等主義的リベラリズムと同じと見なされるのである。[*17] あるいは、市民社会内部の「小状況」で「抵抗」するだけの運動と見なされてしまうのである。[*18]

このような主流の歴史観に抗してあらためて想起して確認しておくべきことだが、大学闘争を経て、旧左翼も新左翼も、闘争の全国化と政治化を目指していた。その闘争は安保と沖縄に関わるが故に、不可避的に革命的情勢を招くものと見なされていた。端的にいうなら、一九六九年から一九七〇年にかけ、旧左翼も新左翼も、革命の到来を予期していた。夢想していたのではなくリアルに予期していたのである。[*19] この点で、最低限、銘記しておくべきは、一九七〇年の安保闘争、一九七一年の沖縄闘争は、ともに軍事に関わる闘争、すなわち、国家の最大の暴力装置である軍隊に関わる闘争であったということである。一九七〇年以後、左翼が選挙で多数派を獲得した場合、日米安全保障条約の廃棄通告を行うことができるようになったのであるが、そのことが意味することは、たとえ平和的かつ民主的に左翼が議会多数派を獲得しても安保の廃棄通告にいたるなら、必然的に米国と日本の軍事力と対決せざるをえなくなるということであり、それはとりもなおさず、国家権力の奪取へと移行せざるをえなくなるということであった。共産党が人民的議会主義や構造改革路線を採用しようが、日米の軍事力と対決せざるをえない局面が必ず生まれるのであり、だからこそ共産党は「敵の出方論」「正当防衛権論」を堅持せざるをえなかったのである。

このような事情は、沖縄闘争ではより明らかであった。沖縄の米軍基地はヴェトナム戦争の重要な軍事拠点で

＊16　小田実他編『変革の思想を問う』筑摩書房、一九六九年、二頁。

＊17　この平等主義的リベラリズムの代表は、ジョン・ロールズである。John Rawls, *A Theory of Justice*, Harvard University Press, 1971. ロールズ正義論は、公民権運動・黒人解放運動の政治化・急進化を収拾する議論であった。だから流行ったのである。

＊18　いまや知識人の思考枠組みとなった一九七〇年代半ばのミシェル・フーコーの権力論・抵抗論・主体論が、一九六八年と一九七〇年代初めの闘争にもそのまま適用されているのである。ところが、フーコー自身はそのような見地をとってはいなかった。一九七〇年代初めのフーコーの一連の『コレージュ・ド・フランス講義』で示されているように、フーコーは、一九七〇年代初めの体制と運動の状態を、革命的情勢に対する反動と捉えていた。Cf. Yoshiyuki KOIZUMI, "The Theory and History of the Subject and Domination of the Self and Others: From Althusser to Foucault", *ZINBUN* No. 47, 2016.

＊19　このことを示す文献資料は膨大にある。お望みなら「主観的」に革命を予期していたといってもよいが、見逃してはならないが、当時の支配層も革命的情勢の到来を「主観的」に予期していたのである。

あった。したがって、ヴェトナム人民の反帝国主義戦争を支持し支援する国際的連帯の立場からするなら、沖縄から米軍基地を撤去することが最大の国際政治的な課題として立てられることになる。米軍を「本土並み」の水準に抑えるとする返還要求でさえも、不可避的に米国の国際戦略と対決していた。この点でも、当時の共産党が、いかに議会政党への道を歩み始めていたにせよ、「本土並み」返還を求めるだけで米国軍事力と対決せざるをえなくなることは明白であり、その限りで、来たるべき左翼連合政府はただちに国家権力の奪取を課題とする革命政権に移行せざるをえなくなることも明白であった。

要するに、安保闘争と沖縄闘争において、共産党は、「一九七〇年代の遅くない時期に」民主連合政府を樹立するや否や、一気に革命情勢に直面すると見なしていたのであり、その意味で、安保闘争と沖縄闘争は優れて政治的な闘争として闘われていた。[*20] このような情勢認識のもとでは、共産党中央でさえも、新左翼系との対決だけを打ち出していたのではない。共産党中央の理論家である足立正恒は、次のような情勢認識を示していた。

今日、安保破棄、沖縄全面返還を中心に労働者階級はじめ人民の政治的自覚が広範に高まるなかで、知識人・学生を含む無党派民主主義の潮流が一面ではきわめてラディカルな傾向をともないつつ政治の舞台に登場しつつあることは初めに述べたとおりである。それらはさまざまのニュアンスを持ったにしても全体としては小ブルジョワ的性格を刻印されながら、今日の全人民的政治的高揚の一環をなしている。／このような無党派民主主義の登場は、わが国の当面する革命の性格、すなわち反帝・反独占の民主主義革命という性格からいわば不可避的な現象といえる。〔……〕今日広範に政治的舞台に登場しつつある無党派民主主義の潮流を広く統一戦線に結集するためのたたかいは、特殊な重要性をもつと同時に、そのなかでのマルクス・レーニン主義の優位を確立する思想闘争の特殊な意義が特に強調されねばならない。[*21]

ここでの「ラディカル」で「小ブルジョワ的」な「無党派民主主義」者は新左翼系と重なり、その「結集」のための思想闘争は、「全人民的政治的高揚」という革命的情勢を展望していたからこそ重視されていた。一九七一年、人民的議会主義を打ち出した不破哲三書記局長さえも、次のように語っていた。

国会で自民党が多数を取っている状態では、われわれは積極的なことをやる多数派をなかなかつくれない。彼らの多数が国民の意思に反して無茶なことをやるのを、内外呼応して押えることはできても、別の方向に動かせることは、至難のことです。〔……〕いまのような状況で、自民党が多数でやろうとしているときに、これを阻止する道は、主権者である国民の介入以外にはない。／院外行動はこういう重大な問題に対して、国会外にある主権を持っている国民、〔沖縄返還〕協定の内容に賛成できない国民が、その意思を国会に反映するさまざまな行動をとるわけで、それが国会の中での活動と相まって、力になるわけです。[*22]

一見、凡庸な方針を述べているようにも見えるが、当時の「院外行動」の「力」は、共産党にあっても相当に急進的であったことを想起するべきである。いかに議会主義へ傾こうとも、革命的情勢の到来を予期する限り、議会外の「主権」が「力」を発揮する闘争戦術を重視せざるをえなかったのであり、それは「無党派的民主主義」

＊20　したがって、二段階革命か一段階革命かといった議論は、経済的にはいざ知らず、政治的には意味のない議論であると受け止められていた。
＊21　足立正恒「トロツキズムと小ブルジョワ急進主義の接点」、日本共産党中央委員会出版局編『続・当面する大学問題』一九六九年、一四八－一四九頁。
＊22　『世界』一九七一年一二月号に掲載の討論「沖縄非軍事化構想と国会」（五八頁）における不破哲三の発言。

者の「結集」を課題として含むものであった。このような情勢認識に関連して、共産党系青年学生運動で最も有名であった文書である『君の沖縄』の一節を引いておく。

「安保繁栄」は、ぼくたち本土の労働者の血と汗がしぼりとられた結果であることはまちがいない。／だがそれだけではない。／ぼくたちの血と汗よりももっと多くの沖縄県民の血と涙、ベトナム人民の血が流されたことのうえに、それはなりたってきた。[*23]

考えてもみてくれ。沖縄を自分のこととして考え、とらえることができ、そのためにたたかう労働者の若い群像が、日本中の職場に、地域にみちあふれたときのことを。／支配者は、ふるえあがるだろう。あの六〇年安保のデモのうずをみて、財界人の一人が「これは革命じゃ」と叫んで食事中にスプーンを落としたように。そして、七一年の統一地方選挙の結果をみて、「日本の未来がわからなくなった」と叫んだ新日鉄の稲山社長のように。支配者はつよそうにみえるけど、公害・物価・「合理化」への怒りと沖縄問題が合流することを、おそれおののいているのだ。[*24]

新旧左翼諸党派は、革命的情勢の到来を予期する点で「一致」していた。もちろん、「前衛党」を名乗ったり「前衛党」を準備したりする諸組織の間では、暴力的な衝突を含む党派闘争が続いていたが、少なくとも大衆運動のレベルでは、また、当面の政治闘争の課題の面では一致点が多かったことを想起しなければならない。東大闘争を指導し、後にその指導を外された広谷俊二は、新旧左翼の大衆運動の「一致」については、次のような表現を通して承認していた。

〔トロツキスト各派は〕反帝、すなわち帝国主義に反対するとともに、反スタ、すなわちスターリニストに反対するというのである。かれらのいうスターリニストとは、社会主義諸国の政府と各国の共産党をさしている。したがって、共産党にとっては、トロツキストは、自己を帝国主義と同列において敵視し、打倒しようとしている勢力であるから、統一してたたかうべき対象とみなすことはできない。しかし大衆運動のなかでは、相互に敵対視する党派であっても、いっしょにやらないわけにはいかない。トロツキストがいるからといって、共産党員が学生自治会から出てゆくわけにはいかないし、トロツキストだからといって、それだ

＊23　労働者教育協会編『君の沖縄』学習の友社、一九七一年、一七頁。

＊24　同、一四九頁。これは絓秀実『1968年』（ちくま新書、二〇〇六年）にいう「加害者の思想」の一例になる。「小田実らがベ平連運動のなかで見出したという「加害者の思想」、すなわち、日米安保体制下の日本はヴェトナム戦争に加担しているという視点は、それを徹底していけば、日本近代のアジア侵略の歴史性を問わざるをえない。それは、三菱重工ビル等への爆弾テロを敢行した、後の「東アジア反日武装戦線」グループのような「反日」思想に行き着きさえする。「加害者の思想」は、市民的反戦平和主義や非暴力直接行動に収めておくことができないのである」（八〇頁）。私も、東アジア反日武装戦線の方向へ直接行動化することを歓迎した一人である。しばしば共産党の沖縄政策が単一民族主義的ないしナショナリズム的なものであると強く批判されていた。その批判はあたっていたが、どの党派も、日本人と琉球人の関係をめぐる複雑な議論を踏まえた政治方針を打ち出すことはできていなかったということができる。日本人が抑圧民族であるのか被抑圧民族であるのか、また、琉球人が一民族であるとして日本との関係では被抑圧民族であるにしてもヴェトナムとの関係において抑圧民族にあたるのではないのか、といった、国際共産主義運動で絶えず問い質されていた争点に関わっており、問題は複雑であった。しかし、そうではあっても、沖縄闘争を通して反帝国主義・反軍国主義が目指されており、そのことが革命的情勢を引き寄せるという認識は共通していたし、その共通認識に誤りはなかったというべきである。そして、三菱重工のような企業が倒されるべきことは左翼の共通認識であった。

けの理由で学生自治会から除名することもできない。役員選挙で双方が立候補してあらそって、結果として、例えば委員長に民青同盟員、副委員長に「革マル派」なり「中核派」なりが選出されたとすれば、一緒に仕事をしないわけにはいかない。〔……〕彼ら〔トロツキスト〕を、学生統一戦線にくわえることができないというのは、彼らが反共主義的政治方針をもっているからではなく、民主主義をじゅうりんし、大衆組織を分裂させる集団だからである。それでは、彼らが民主主義を尊重し、内ゲバをいっさいやめたら、統一にくわえるべきであろうか。しかり。[*25]

このような共産党の「作風」は、広く学生党員に広まっていた。そして、この「作風」は安保闘争と沖縄闘争でも基本的に維持されていたのである。[*26]ところが、共産党中央は、学生党員に広まった「作風」を粛正していくことになる。その手始めが、「新日和見主義」批判であった。[*27]

3　新日和見主義批判（一九七二年）

一九七二年に、共産党中央は、学生運動と青年運動の大衆団体で幹部を務める党員たちに現われた傾向を「新日和見主義」と呼称し、多くの党員を査問にかけて大衆団体幹部から外し、少なくない党員を離党へと追いやった。共産党中央は、その総括的文書の序文で、次のように書いている。

一九七〇年代にはいって、内外情勢のきわめてはげしい変動と諸闘争の急激な進展にともなう小ブルジョア的動揺や混迷の影響のもとで、アメリカ帝国主義の侵略性の軽視、「日本軍国主義主敵論」、「大衆闘争唯一論」などを内容とするあたらしい型の日和見主義の潮流が発生しました。／これとむすびついて若干の大衆団体のグループなどに分派主義的、非組織的活動があらわれましたが、党はこうした策動にたいして断固としてまた機敏に思想的、組織的闘争をおこない、これを粉砕しました。[*28]

ここで、「アメリカ帝国主義の侵略性の軽視」は日本国家の対米従属性の軽視も意味しており、共産党中央は、新日和見主義が一九六一年綱領の従属国規定に反していると判断したのである。「日本軍国主義主敵論」は新左翼党派の主張と同じであり、「大衆闘争唯一論」は前衛党を不要とみなす新左翼党派の一部の主張と同じであり、総じて、共産党中央は、大衆団体幹部の党員が革命の戦略と戦術においても新左翼的に変質していると判断したのである。その限りで、それは、「左翼」日和見主義、「極左」日和見主義と呼称されてもよかったのであるが、共産党中央はそうはせずに「新」日和見主義と呼称した。その理由は、共産党中央が、党内の左翼日和見主義の潮流だけではなく、とくに知識人党員に広がりつつあった右翼日和見主義、すなわち、構造改革路線やユーロコ

＊25 広谷俊二『学生運動入門』日本青年出版社、一九七一年、二一九―二二一頁。

＊26 当時の学生党員は、スペイン人民戦線の歴史における共産党と非共産党左翼（とくにアナキスト）の協力と対決の歴史をよく弁えていた。また、チリ人民連合政府の樹立と崩壊の過程における同様の協力と対決についても、共産党中央委員会発行の雑誌『世界政治――論評と資料』による「速報」を通じてよく弁えていた。なお、当時の運動について、国際性といった広がりなどイマジナリーな幻想でしかなかったと診断してみせているのが、次の、語の真の意味で「講壇的」な鼎談である。井関英二他「「1968年」再考――日米独の比較から」『思想』二〇一八年五月号。

＊27 一九七〇年代の共産党の歴史については、概説にとどまるが、次のものが公平な記述となっているといえよう。小山弘健・海原峻一編著『現代共産党論』拓殖書房、一九七七年。

＊28 日本共産党中央委員会出版局『新日和見主義批判』（一九七三年）、一頁。

ミュニズム路線を掲げて、民主連合政府の樹立による政治民主主義と経済民主主義の実施を通して連続的かつ平和的に社会主義へ移行できるとする議会主義的偏向を同時に退けようとし始めていたからである。要するに、「新」日和見主義とは、左翼日和見主義と右翼日和見主義の総称であった。

こうして、一九七〇年代の共産党中央は、一方では、「沖縄協定を日本軍国主義の全面復活ないしファシズム確立論にむすびつけ」、「事実上トロツキストの主張と同じ方向をもつ単純な「沖縄協定粉砕」論の立場」をとって「小ブル急進主義的な焦燥感を組織し」、「自己の属する大衆団体や大衆運動を党にかわる一種の「前衛組織」」とみなす潮流を退けると同時に、他方では、「大衆運動を誤った政治的中立主義の道にひきいれ」、社会民主主義や新左翼との闘争を放棄していく潮流を退けて、「自覚的民主勢力の内部に生まれる日和見主義的傾向との思想闘争」、「知識人・文化戦線での思想闘争」を強めていった。ここで注意すべきは、一九六〇年代までの分派主義との闘争とは違って、共産党中央は新日和見主義の排除に際し、党規約違反を理由とする除名を主要な手段とはしなかったことである。新日和見主義は、あくまで分派主義「的」な「潮流」「傾向」であり、一部の分派形成の動きを別とすれば、党規約批判を持ち出すわけにはいかなかったのである。そのため、共産党中央は、一九七〇年代から一九八〇年代にかけて、大衆団体の分裂も引き起こしながら、広範囲にわたる「思想闘争」を展開していった。そして、一九七〇年代の共産党中央は、急進的な革命的潮流と議会主義的な改良主義的潮流の双方を退けながら、独自の革命の展望を探っていたのである。

とくに学生運動について見ておくなら、共産党中央は、「闘争戦術、闘争形態、闘争方針」に対する「トロツキストらの影響」を払拭しなければならないとし、[*29]それまでの正当防衛権論に基づく対抗‐暴力を放棄して、「暴力を断つための有効な一闘争形態として法的手段をも活用すること」へ方針を転換しなければならないとした。[*30]さらに、共産党中央は、学生運動を学生自治会の大衆運動へ切り詰めていった。

現在の学生運動の大きな弱点の一つは、学生の先進部分だけの運動におちいる傾向である。学生運動を、学生の共通の要求の実現をめざし、真に広範な学生の意思にもとづく圧倒的多数の学生が参加する運動に発展させることが、いま強く求められている。[*31]

ここから振り返るなら、学生運動における左翼日和見主義批判の淵源を、一九六八年一一月に求めることができる。大窪一志は、一九六八年一一月に党方針の「大転換」があったとして、次のように証言している。一九六八年一一月初め、文学部で「無期限カンヅメ団交」が始まったが、「団交が数日つづく中、突然、文学部の共産党員に、有無をいわせぬ「撤退命令」が伝えられ、翌朝の『赤旗』に党中央青年学生対策部副部長・土屋善夫名の「声明」が出て、僕らにはなんの事前連絡もなしに、東大闘争のあり方を非難し、方針転換を示唆した[*32]」。そして、東大党員集会が招集され、学生党員の極左的偏向が批判された。

そうした措置が一方的におこなわれたのちに、中央委員会書記局の名前で、東大の全党員が召集された。農

＊29　日本共産党中央委員会出版局『青年学生運動と日本共産党』（一九七三年）、一〇〇頁。
＊30　同、一〇八頁。具体的には、新左翼系活動家による個別の暴力行使を刑事事件として告発することである。これは一部の大学で実行されたが、愚かしい方針と受け止められていた。局面によっては、司法権力や警察権力を「方便」として使うことはありうるにしても（「公正」裁判の要求もそれに含まれる）、狭山事件を一般刑事事件に「還元」したり歴史教科書闘争を裁判闘争に「還元」したりすることはあってはならないことであった。ところが、その後、市民運動や社会運動では、その類の還元に疑問が抱かれることすらなくなった。
＊31　同、八八頁。
＊32　川上徹・大窪一志『素描・１９６０年代』同時代社、二〇〇七年、二〇二－二〇三頁（大窪執筆箇所）。

学部の大教室で夜間おこなわれた会議では、書記局から東大細胞に対する一方的な批判がおこなわれ、この極左的偏向は思想的な問題だと断罪された。[*33]〔……〕当時つけていた僕のノートによると、中央から東大細胞に対する批判の要点は、次の点にあった。ノートからそのまま引用する。／①革命路線と大衆運動路線の混同。大衆の要求に基づき、あくまで要求実現の観点から闘争方向を大衆的に確立していくべき大衆運動路線の原則を踏みはずし、要求の革命性のみを追求していった点。そこから、要求内容自体が、現闘争において、あるいは現支配体制下において、実現不可能なものに発展していった。②永続闘争論的傾向とトロツキストの過小評価。要求の革命的エスカレートの必然的帰結として、客観情勢を見ずに、徹底的に闘い抜く主観的条件の構築のみを強調して、東大闘争の具体的収拾の方向を提起せず、「解決」の見地を放棄した点。そこから、トロツキストと同レベルで革命性を競い合う傾向が生まれ、大衆から孤立していった。その裏には、トロツキストの反革命性の過小評価、さらには彼らの下部を革命勢力と考える誤謬が存在した。／〔……〕僕らはいっさいの意見をいうことができなかった。そして、それを禁じた党中央に、僕らは根本的な不信感を懐いた。[*34]

共産党中央は、「七〇年代の遅くない時期に」民主連合政府を樹立するとの方針を掲げていたが、その展望は、安保闘争と沖縄闘争を経て、一九七二年の総選挙での共産党国会議席増加によってリアルになっていた。しかも、民主連合政府が革命政権に移行すべきなのは自明と見なされていたように、共産党中央の方針そのものが、左翼日和見主義的な傾向を孕んでいたと言えるのである。ところが、共産党中央は、党内のその傾向を何としてでも切って捨てようとした。何故か。「穏健」な左翼政党へと変化することを示すという選挙対策の面が多分にあったものの、[*35]それは、社会党に代表される社会民主主義の改良主義路線と党内部の急進主義的革命路線を退けて、その独自の革命路線を探るためであったと見ることができる。いいかえるなら、革命と改良の間で、共産党中央は迷走し始めたのである。

4 大衆運動の分立、知識人党員の離反(一九七〇年代)

一九七〇年代を通して、共産党中央は、その指導下にある大衆運動や労働運動から新日和見主義的傾向を排除するだけではなく、「トロツキスト」ないし「ニセ左翼暴力集団」の排除を主たる名目として、社会党の影響下にある大衆団体や労働団体とは別の組織を分立させていった。その幾つかを見ておくことにする。

第一に、一九七〇年六月、共産党は、部落解放同盟内の党員を中心に、「部落解放同盟正常化連絡会議」を結成した。そして、一九七〇年代を通して、部落解放同盟と共産党系解放団体の対立は、全国の大学や地域で同様の組織的対立を生み出し、その後も多くの負の遺産を生んできた。[*36] 第二に、障害者運動においては、一九六八年に共産党系の全国障害者問題研究会が結成されていたが、これに対抗して一九七六年に新左翼系の全国障害者解放運動連絡会議が結成され、一九七〇年代を通して、養護学校義務化の問題などをめぐって対立し、これも負の遺産を生んできた。[*37] 第三に、一九七四年、共産党は、統一戦線促進労働組合懇談会(統一労組懇)を結成した。

＊33 同、二〇四頁。

＊34 同、二一八頁。同様の証言は、小杉亮子『東大闘争の語り——社会運動の予示と戦略』新曜社、二〇一八年、一九三頁、一九九-二〇二頁。また、「東大では実質上党組織が分裂状態になった」との証言は、同、二一九頁。この「分裂状態」が一九七〇年代を通して分派結成に到らなかった最大の理由は、それまでの種々の分派の負の経験があったのと、民主連合政府樹立までは党を割るわけにはいかないと考えられたからであるといえる。

＊35 Cf. Hong N. Kim, "Deradicalization of the Japanese Communist Party Under Kenji Miyamoto", *World Politics*, 1976, p. 28.

その後、統一労組懇は、社会党傘下の総評の右傾化に対して、別のナショナル・センターを樹立することを目指し、幾つかの単産レベルでも別の組合を分立させていった。[*38] そして、一九七〇年代の終わりになって、革新自治体が次々と失われ、共産党の国会議員数も減少し、民主連合政府の樹立の可能性が遠のいたまさにその時期に、共産党中央は、統一労組懇をナショナル・センターとして確立すると宣言した。[*39]

このような党中央の方針は、社会党と共産党を中軸とする民主連合政府構想に対し、当の社会党が公明党や民社党との連合政権を構想していたために、社会党批判を強めなければならなくなった事情を背景としている。一九七九年九月にいたって、宮本顕治委員長は、都道府県委員長を党本部に集めて、次のように社会党批判を述べている。

今や、統一戦線結成の妨害者となっている社会党に対する厳しい批判が必要である。社会党の裏切りによって、革新自治体は音を立てて崩壊している。つい最近では東京の例がそれを物語っている。革新統一戦線が結成されれば、保守勢力に大きな打撃を与えることが可能な時期に、社会党の不決断がその妨害となっている。今度の総選挙で、社会党は国民に対する泣き落とし戦術で現議席の防衛に懸命になっている。我々はこの社会党の弱腰にけりをつけ、「大阪、京都、横浜、そして東京の裏切りを反省せよ」のスローガンで、社会党の姿を国民大衆に大きく印象づける必要がある。社会党を徹底的に叩くことによって、「真の革新は共産党だけ」を全党組織を挙げて訴えよう。[*40]

＊36　双方の対立は、部落差別の解消を（ブルジョア）民主主義的な課題とみなすか、それとも反（産業）資本主義的な課題とみなすかといった論点に関わっており、第二次世界大戦前の講座派と労農派の対立の再版ともいえる。な

お、対立の実情を知る上で、そのフィクショナルな面も含めて、次のものは有益である。上原善広『路地の子』新潮社、二〇一七年。ところで、一九七四年一一月二二日の八鹿事件のとき、翌日の二三日に私は八鹿入りしている。おそらく最初に「外部」から「調査」に入った人間であろう。いまだに矢田事件や八鹿事件などについては「中立的」歴史化さえも行われていない状態であり、それはそれで当然のことであるが、現時点では別の仕方で再出発が必要であろう。最低限言えることは、近年のマイノリティ運動の理論は、実質的に双方の理論に相当するものを含み込んでおり、両者を同時に追求するべきことは自明となっているということである。過去の対立は和解不可能であろうし、それで構わないとも言えるが、今日の水準に合わせた最小限の和解が必要であろう。

＊37　個人的には、差別問題や養護学校義務化をめぐる共産党系の硬直性は救いようがないと痛切に感じた記憶がある。それまで、例えば、札幌南高校では新日和見主義批判に際し、東大教養学部ではプロレタリア独裁概念放棄の際などに、上級機関から個人的「傾向性」に対して文句をいわれる程度のことであったので気にはならなかったが、こと上記のような諸課題では、手の施しようがないと感じられた。この経験は、絓秀実が華僑青年闘争委員会による告発を重く受け止めた経験に類比的でもあろう。と同時に、そのような経験を介して当時の活動家が踏み出したその方向が、種々の運動に回収され、その後、統治側に回収されていったことを思うと、やはり時代の精神の一経路を辿らされていたと思い返さざるをえない。

＊38　一九七四年、新左翼系と見なされた動労に対して、全国鉄動力車労働組合連合会（全動労）が札幌市で組織された（私の父は国労側から、母は家族会側から関与していた）。他にも関西などで同様の対立が生じていた。それと並行して、別の方向であるが、医療労働、教育労働、公務労働などについては、ストライキ戦術を控える方針が打ち出された。一九七四年四月一七日付『赤旗』の「教師＝聖職論」、一九七五年三月二二日付『赤旗』の「自治体労働者＝全体の奉仕者論」「公務員＝公僕論」を参照せよ。当時、この方針には呆れたことを記憶している。何より、それが教育批判・医療批判・福祉専門家批判を難しくした歴史的責任は大きい。

＊39　村岡到は、統一労組懇結成をめぐって労働戦線でも、共産党が一枚岩でないことを指摘していた。村岡到『スターリン主義批判の現段階』稲妻社、一九八〇年、三－五頁。いわゆる赤色労働組合主義に反対する「傾向」があったのである。しかし他方で、共産党中央は赤色労働組合路線を堅持したわけでもなかった。揺れていたとしかいいようがない。

＊40　一九七九年の第九回中央委員会総会での宮本顕治委員長発言。

この宮本顕治の方針は、明らかに、社会党との連合政府構想を放棄して、共産党と大衆団体や労組団体との「統一戦線」を国政選挙の基盤とする政府構想であり、それはまったく実現可能性のない共産党単独政権の構想であった。この路線は、社会民主主義主敵論の再版であると批判されたが、共産党中央が、党内外の両翼の日和見主義を排除して採用しうるほとんど唯一の「革命」路線であったといえる。

ここにいたって、一九七〇年代を通して共産党中央といわば蜜月期間を過ごしていた構造改革路線やユーロコミュニズムを旨とする知識人党員や文化人党員の離反が決定的となった。そして、共産党中央は、その右翼日和見主義の排除を進めていった。先ず、共産党中央は、ユーロコミュニズムの潮流を退けていった。一九七七年、宮本顕治は、民主集中制・組織論について、イタリア共産党の「無原則性」を批判し始めた。これを受けて、不破哲三が、ユーロコミュニズムを導入した田口富久治に対して名指しの批判を開始した。最終的に田口富久治は離党することになった。[*41] また、共産党中央は、スターリン主義批判・民主集中制批判を進める知識人党員の潮流を退けていった。一九七七~一九七八年に、共産党系出版社から出されていた『現代と思想』誌上で、シンポジウム「スターリン主義の検討」が掲載され、それに前後して、反スターリン主義・反民主集中制を名目として共産党中央批判を示唆する一連の書物が刊行された。[*42] これら知識人党員は、それぞれ経緯は異なるものの、一九八〇年代にいたって除名処分を受けたり自ら離党したりしていった。

このように、共産党中央は、一九七〇年代半ばから、右翼日和見主義の傾向を退けるために、党内外の知識人に対する思想闘争を強め、[*43] 一九八〇年代に入ってからも、一九八九年のソ連崩壊以前にすでに、多くの知識人党員を離党へ追いやっていったのである。[*44] この過程では、共産党中央も下部党員も何処に向かっているのか定かでないまま迷走していたのが実情であったというべきであろう。こうして、一方では、右翼日和見主義排除を通じて知識人に対する影響力を一挙に喪失し、他方では、大衆運動分立を通じて活動的な党員を疲弊させながら、共産党中央は、その「革命」路線を党勢拡大方針として差し出すことしかできなくなっていく。それは、共産党中央だけではなく共産党全体が革命と改良の間で迷走した果ての帰結であった。[*45]

5　革命と改良の狭間

東京大学教養学部自治会は、新入生に対する政党支持アンケートを行っていたが、一九七二年総選挙での共産党躍進を経た一九七三年新入生の支持政党は、それまで一位であった自民党に代わって、共産党が一位について

＊41　一九七七年、田口富久治「先進国革命と前衛党組織論――『民主集中制』の組織原則を中心に」『現代と思想』第二九号に対し、関原利一郎（榊利夫、上田耕一郎ら四人共同執筆）「前衛党の組織原則の生命――田口富久治氏の『民主集中制論』の問題点」『赤旗評論特集版』が出され、一九七八年、田口富久治『先進国革命と多元的社会主義』（大月書店）に対し、一九七九年、不破哲三「科学的社会主義か多元主義か――〈田口理論〉の批判的研究」『前衛』一九七九年一月号が出されて、一九八〇年まで田口－不破論争が続いた。

＊42　藤井一行『社会主義と自由』（青木書店、一九七六年)、中野徹三・高岡健次郎・藤井一行編著『スターリン問題研究序説』(大月書店、一九七七年)、藤井一行『民主集中制と党内民主主義』（青木書店、一九七八年）など。「民主集中制」に狙いを定めた批判は、結局のところ、宮本顕治体制批判の代替にすぎず、それではあまり意味がないと私は受け止めていた。そもそも、仮に前衛党の存在を認めるなら、前衛党が民主集中制をとるのは当然である。とくに革命的情勢にあっては、軍事組織と同様の規律を維持するのも当然である。前衛党は、フーコーが指摘したように、修道院組織や宣教組織や軍事組織の規律訓練権力の系譜にあり、その規律訓練権力を当該組織の外部に押し及ぼさない限り、あって然るべき権力である。もちろんその類の前衛党組織が必要か否かの議論はありうるが、それにしても、社会主義諸国の問題性や左翼運動の問題性を民主集中制に「還元」することによって説明し納得するような通念のほうが、どうかしている。

＊43　共産党中央が、田口富久治批判の文脈で、戦後近代主義を代表する者として丸山眞男を名指しで批判したのもこの時期のことである。共産党中央でさえも、丸山眞男を象徴的標的に祭り上げ、その声価を高めたわけである。

いる。一九七三年は、安保闘争・沖縄闘争を経て大きな闘争は終息し、新左翼諸党派に対する失望が広がっており、退潮傾向を示し始めていた社会党に代わって、共産党への期待が最も強くなった時期であった。[*46] この時期の共産党に大きな期待を寄せた非共産党左翼の学生の一人であった小島亮は、次のように事後的に振り返っている。

だいたい、共産党にみんなが票を入れたのは〔……〕何も前衛党としての共産党を支持したのではなく、新しい市民社会の現実に目を向けて、「いのちとくらしを守る」というスローガンを実現してくれそうだからでした。自民党政権が一切見捨ててしまったような弱い人間の立場を守ると多くの人は期待したのです。前衛党による革命などほとんどの人はごめんだと感じてはいなかったでしょうか。新しいタイプの共産党を、みんなが期待して支持をしていました。それに応えるかたちで、共産党も党原則みたいなものを思い切って修正しつつあるなという、期待感あふれる蜜月といいましょうか、自由の空気が一瞬流れ込んできたような感覚というのが、一九七〇年代の中後期にあったと思います。[*47]

---

*44　列挙しておくなら、一九八三年、共産党系の文学雑誌である『民主文学』にベ平連の代表である小田実の文書を掲載したことをもって、共産党中央は『民主文学』と『文化評論』編集への介入を強め、文学者党員を離党させていった。一九八四年、原水爆禁止日本協議会代表理事の吉田嘉清が、社会党系団体との共闘を容認したことをもって共産党中央の介入で解任され、その吉田の本を刊行した日中出版の社員が党規約違反の名目で除名された。吉田嘉清『原水協で何がおこったか』(日中出版、一九八四年)、柳瀬宣久編著『鮮烈なる体験――出版の自由と日本共産党』(日中出版、一九八五年)。この過程で、吉田嘉清を擁護した江口朴郎や古在由重が離党にいたった。また、柳田謙十郎『スターリン主義研究』(日中出版、一九八三年)、柳田謙十郎『社会主義と自由の問題』(日中出版、一九八三年)についても同様の事態となった。同じく一九八四年に、中野徹三が除名されたが、この背景に

は、札幌唯物論研究会など、知識人党員が結集する研究会の動向に対して共産党中央が警戒していた事情がある。アルチュセール研究を進めていた東京唯物論研究会、民主主義学生同盟（民学同）と関係のあった大阪唯物論研究会など、地方唯物論研究会を全国統一しようとした動向にも関連がある。これについて経緯を記録した文献はない。ただし、その前史の一部については、次の回想録を参照。米澤鐵志『原爆の世紀を生きて――爆心地《グランド・ゼロ》からの出発』アジェンダ・プロジェクト、二〇一八年。一九八五年、第一七回党大会に際し、東京大学大学院党組織の一部が、宮本顕治の辞任を要求した。その理由としてあげられたことは、第一に「一〇年来の停滞」を招いた政治責任、第二に一九七七年の第一四回党大会以降、先進国革命路線からの逸脱を引き起こした指導責任、第三に宮本顕治議長に対する個人崇拝的風潮の進行であった。そして、一九七〇年代から一九八〇年代にかけて、社会主義に不利な一連の事件、すなわち、カンボジアでの大虐殺、ポーランド連帯への弾圧、ソ連のアフガン侵攻、野党の右傾化などがあったものの、宮本顕治を中心とする共産党中央の政治責任は免れないと主張した。その代表であった伊里一智は除名処分となった。伊里一智『気分はコミュニスト――宮本議長の退陣を求めた東大院生の反乱』日中出版、一九八六年。

＊45 その後の一九九〇年代以後の共産党については、さらに、現在の共産党についても、議会政党の面でも議会外結社の面でも、別の分析と評価が必要であろう。

＊46 札幌南高校では、高校闘争の一連の経過の後（小林哲夫『高校紛争一九六九－一九七〇――「闘争」の歴史と証言』中公新書、二〇一二年、二〇一－二〇六頁参照）、一九七二年頃には民青は四〇名を超えていた。また、一九七三年頃の駒場（東大教養学部）では共産党員は一〇〇名を超えていた。新左翼系がほとんど潰えた場所で、一九六八年の時代精神を引き継ぐ左翼系の生徒・学生の結集軸となったのは、公然たる組織としてはそれしか残らなかったからとはいえ、主として民青と共産党であった。なお、ここで記しておきたいが、一九七〇年代においても、闘争課題によっては、新旧左翼の暗黙の協同が成立していた。とくに一九七四年の金芝河釈放要求などでは、無党派学生の主導に従う形で集会などが行われた。個人的な記憶を記しておくなら、一九七〇年代半ば過ぎには共産党組織も後退し始め人材も払底していたこともあり、駒場祭実行委員会に非共産党系や新左翼系の適任の学生を「押し込んだ」ことがある。その一人が、後に映画監督となる佐藤真であった。

＊47 小島亮の発言、諏訪兼位他『伽藍が赤かったとき――1970年代を考える』風媒社、二〇一二年、五七－五八頁。

しかし、この期待は、失望に変わっていく。その変化について、小島亮は、次のようにまとめている。

70年代前半から中期に至る「人民戦線」への夢想と期待は、後半の保守の劇的回復、決定的には80年6月22日の日本史上初の衆参同時選挙での自由民主党圧勝によって完璧に逆転するに至る。[*48]

では、一九八〇年に自民党はどうして勝利できたのであろうか。いいかえるなら、一九八〇年にいたって、一九七〇年代の左翼再編の時代が、反革命・反動の勝利に終わったのはどうしてであろうか。[*49]

ここで強調しておきたいことは、小島亮のいう「いのちとくらしを守る」政治、「弱い人間の立場を守る」政治、「新しいタイプの共産党」と「人民政府」が実行したであろう政治は、他ならぬ自民党政府によって実行されたということである。[*50]これは、しばしば指摘されてきたものの重視されてこなかったことであるが、自民党政府は、一九七三年を「福祉元年」と位置付け、それまで幾つかの革新自治体で実行されてきた老人医療費無料化を全国規模で実現した。この自民党の福祉政策は、単なる「弱者」救済の政治ではなく、退職後高齢者の負担を軽減することを通して企業の年金負担を軽減し、ひいては企業内福祉を保証する政治でもあった。[*51]つまり、自民党は、新旧左翼からの攻勢に対して、社会民主主義や平等主義的リベラリズムの政策を取り込みながら、企業を中心とする「新しい市民社会」を再編することに成功したのである。この一九七〇年代の自民党の政治史は、しばしば日本型福祉社会であるとかネオリベラリズムの先駆けであるとか、その限りで反福祉国家的で反ケインズ主義的であると評されることが多いが、そのような見方では、一九六八年に対する反動期としての一九七〇年代を十分に分析することはできない。

その象徴的な事例として、障害者福祉の歴史をあげることができる。一九六〇年代の障害者運動は自民党と厚生省が主導していたが、[*52]一九七〇年代に入って、共産党系と新左翼系の障害者団体が分立し対立しながらも障害者運動は全体として左翼的で急進的な運動へと変わっていった。ところが、一九八一年の国際障害者年において政府と厚生省が種々の障害者団体を包摂することに成功し、一九八四年にいたって、共産党系と新左翼系の双方の団体も取り込みながら、障害者基礎年金制度を成立させていった。このような歴史は、部落解放運動、教育運動、女性運動、反公害運動、患者運動においても確認できる。社会党・新左翼系と共産党系に分裂していった社

＊48　同、一〇八頁。

＊49　一九八〇年以降の社会運動の「停滞」については、すでに指摘されている。例えば、西城戸誠『抗いの条件——社会運動の文化的アプローチ』人文書院、二〇〇八年。歴史的に問われるべきことは、その傾向を主導したのは何かということである。

＊50　一九七〇年代初期、共産党は福祉国家論に対しては批判的であった。日本共産党中央委員会出版局『新日和見主義批判』（一九七三年）には、次のような一節がある。「昨今、独占資本と田中内閣は、一方では職場における専制支配をつよめるとともに他方では、欺まん的な「福祉政策」をとなえて組合幹部との「話し合い」なるものを積極的に推し進め、あらたな労資協調路線の確立に狂奔し、米日支配層と労働者階級との矛盾の激化を緩和しようと策動している」（一二一頁）。また、共産党系雑誌『経済』編集部の小泉宏による『福祉と貧困の経済論——近代経済学・修正主義批判』（新日本出版社、一九七三年）は、「「福祉国家」とは、国家独占資本主義の別名・美名でもある」（i）としている。後年のものになるが、聴濤弘『マルクス主義と福祉国家』大月書店、二〇一二年、一〇一－一〇二頁も参照。以上のような点を見ないから、例えばフランスでは、ミシェル・ロカールが一九六八年の精神を引き継いだかのような伝説が生み出されてきたのである。この事後的な歴史化については、中村督「六八年五月——ミシェル・ロカールと社会民主主義の発見」『思想』二〇一八年五月号。

＊51　田中角栄は、『列島改造論』（日刊工業新聞社、一九七二年）で、「福祉が成長を生み、成長が福祉を約束する」と書いていた。

＊52　一九六〇年代に、全国心臓病の子どもを守る会、全国心身障害児を守る会、全国精神障害者家族連合会などが結成されていくが、これらを政治的に主導したのは、自民党と厚生省と医療界である。

会運動を包摂して統合したのは、他ならぬ厚生省であった。もっと強くいうなら、構造改革路線やユーロコミュニズム路線を日本で担ったのは、自民党の保守本流と厚生省などの革新官僚であった。[*53]

ここから振り返るなら、一九七〇年代に共産党を離党した知識人党員の多くは、少なくとも政策的には、「戦後民主主義」を擁護する「良心的」な保守主義者や官僚と変わることのない立場に立っていたということができる。裏からいうなら、共産党は、そうした知識人党員を切り離しながら社会党批判を強めていわば「名誉ある孤立」を選ぶことによって、政権と統治に関与する道を自ら塞いでいったのである。他方で、共産党は、新日和見主義批判を通して、急進主義的で極左的な傾向、近い将来の革命を展望する路線を切り捨てていったわけだが、そのようにして、共産党は、改良と革命の間で孤立の道を歩み、逆説的にも、そうであるからこそ、一九八九年の東欧革命の衝撃をかわして、先進諸国には珍しく、その党名を維持して存続することもできたわけである。

〈1968年〉以後の歴史を振り返るとき、それが何を意味するのであれ、革命を希求すること、それを維持することと、それを議会主義の戦略や戦術として定式化することがいかに困難であったかということがあらためて確認される。[*54]そうであっても、E・H・カーは、タマラ・ドイッチャーの報告するところによれば、一九六八年以後の新左翼とユーロコミュニズムをともに批判して、次のように語っていた。

カーは死の直前に現代の政治状況を概観して、自分の憤りを、短い、わかりやすい文に表わした。「左翼は愚かで、右翼はずるい。」彼は決して改良主義者ではなく、社会主義がブルジョア民主主義の擁護によって達成されることなど信じなかった。と同時に、予見しうる将来に労働者階級が社会主義をめざして闘うことができる、あるいはそう望んでいるという考えを幻想として嘆いた。カーは労働運動が全面的に後退しつつあることをみてとり、彼が「ニュー・レフト」とみなすもの、それが「革命情勢について、存在するか否かを調べもせずに理論化すること」に苛立っていた。〔……〕彼は一九七〇年代の後半に、大方のヨーロッパ左翼の政治的ナイーヴさに「打ちのめされた」。／ユーロ・コミュニズムは、カーにいわせれば「根拠を何らもたない」教義であり、新冷戦の勃発にも自ら力を貸しつつあった。彼の考えでは、ソ連国内の異論派に過度に、無批判に熱中することも同罪であった。[*55]

そして、〈1968年〉後の反動期を主導する新社会運動・ブルジョア民主主義・ユーロコミュニズムに抗して、カーは革命の精神を堅持して、こう書いていた。

二月革命以後の状況の展開は、それがブルジョワ革命の範囲内にとどまってはいられないだろうというレーニンの見地を確証した。専制の倒壊のあとに続いたものは、権力の分岐（二重権力）というよりも、むしろ権力の完全な拡散であった。労働者の気分も農民の気分も——つまり住民の大半ということであるが——恐るべき夢魔からの巨大な解放感といったものであり、自分たちのことは自分たち自身の流儀で勝手にやり

＊53　〈1968年〉に対する反動は能動的に進められたのである。この点で、絓秀実のいう「受動的」反革命の規定は補足される必要がある。絓秀実『1968年』ちくま新書、二〇〇六年、一六頁、二六五頁。

＊54　この点で、一九七〇年代前半、チリ人民政府の「教訓」に関して、共産党中央が揺れ動いた形跡があることがあらためて注目される。この点を指摘したものとして、日本革命的共産主義者同盟（第四インターナショナル日本支部）中央政治局編『革命的暴力と内部ゲバルト——プロレタリア民主主義の創造をめざして』新時代社、一九七三年、九‐一〇頁。そこで、チリ・クーデタ後にヘルシンキで開かれた「チリ人民連帯の国際集会の席上でわが日本共産党の代表は、MIRの悪口を一言も口にしなかった」とされているが、その代表は金子満広である。

＊55　Tamara Deutscher, "E. H. Carr—A Personal Memoir", *New Left Review* I/137, January-February 1983, p. 85／E・H・カー『コミンテルンとスペイン内戦』富田武訳、岩波書店、一九八五年、一六頁に再録。

たいという根深い願望と、それがともかく実行可能であり、かつ本質的なことなのだという確信を伴っていた。それは、広汎な熱狂の波によって、また疎遠で専制的な権力の軛からの人類の解放というユートピア的ヴィジョンによって鼓舞された大衆運動であった。[*56]

一九六八年から一九七〇年代にかけて、「われわれ」も「広汎な熱狂」を経験し「ユートピア的ヴィジョン」によって突き動かされた。[*57] しかし、「ラテンアメリカでは、革命は血まみれの敗北だった」し、日本でも西ヨーロッパでも「革命は決して起こらなかった」。[*58] そして、共産党が一九七〇年代の反動期を通して、一方では党内外の新左翼的な潮流と他方では党内外のユーロコミュニズムの傾向を退けながら、それでも革命の理念を捨てることがなかったのは、日本を対米従属国として規定し日本人を被抑圧民族として規定する綱領を墨守し、「敵の出方」論をいわば秘教として堅持することを通して、「ブルジョア革命」の限界を越えて、軍事力を核とする国家権力の奪取を予期していたからである。その限りにおいて、共産党中央でさえも、一九七〇年代の反動化に参与しながらも、「広汎な熱狂」と「ユートピア的ヴィジョン」の記憶によって突き動かされていたといえよう。最後に、カーの結語を本稿も繰り返しておきたい。

多分世界は、なにものにもいかなる意味も見ようとしない冷嘲主義者と、立証できない壮大な仮定に基づいてものごとを意味づけるユートピア主義者とに二分される。私は後者をとる。[*59]

〈1968年〉以降の歴史をどう評価するにせよ、当時の時代の息吹きを忘れることはできない。札幌南高校で闘争のピークが過ぎたときに、新左翼系は「あの垣間見た青空」と銘打ったビラを撒いた。その敗北的トーンに対して批判は抱きながらも、たしかに「青空」を垣間見たと思ったものだ。そして、たしかに既成の人生行路とは違う道へ軽やかに踏み出すこともできた。

ときおり想起するのだが、当時、多くの大学教員や高校教師が職を賭して闘っていた。なかには潔く職を捨てた人もいた。それは、当時の多くの学生活動家についてもいえることである。いま、状況が違うといわれればそれまでだが、そのような勇気と情熱を発揮できる教員や学生がどれほどいるだろうか。もう少し政治的に述べ直

＊56　E. H. Carr, *The Russian Revolution: From Lenin to Stalin, 1917-1929*, Macmillan, 1979, p. 3／E・H・カー『ロシア革命──レーニンからスターリンへ、１９１７-１９２９年』塩川伸明訳、岩波現代文庫、二〇〇〇年、四-五頁。

＊57　「砦の狂人たち」（東大全共闘機関誌『進撃』第三号）の一節も想起しておく。「失われたものを求めてわれわれはこの長い長い闘争に旅立った。はじめはその失われたものが何であるかを明確に把握し得ないままに。だがわれわれ自身の内部ではいまだ言語形態を取り得ぬ何やら混とんとした崩壊の予感の中でしっかりと感得しながら。それは徹底的な否定を通じてのみ回復できるものであった。〔……〕否定はまず自己自身に向けられた。徹底的な自己否定なくしては肯定もあり得ない内なる個の否定。〔……〕存在するものの全面的否定を指向するものは必然的に狂人の道を辿らざるを得ない。われわれは狂人であることに誇りをもつ。体制そのものが存在するかぎりわれわれは狂人として存在しつづけるであろう」（津村喬編『全共闘──持続と転形』五月社、一九八〇年、七五-七六頁）。

＊58　エンツォ・トラヴェルソ『左翼のメランコリー──隠された伝統の力　一九世紀〜二一世紀』宇京頼三訳、法政大学出版局、二〇一八年、一三三頁。すなわち、新自由主義によって敗北したのではない。端的に、軍事的暴力によって圧殺されたのである。対抗暴力を行使しても敗北したのである。チリでは大統領府が襲撃され、アジェンデ大統領自身が銃をとり、そして殺されたのである。新自由主義を持ち出す通念は、この歴史を完璧に消している。

＊59　E・H・カー『ロシア革命──レーニンからスターリンへ、１９１７-１９２９年』塩川伸明訳、岩波現代文庫、二〇〇〇年、三〇六頁（一九七〇年代末の未刊のメモワール［バーミンガム大学E・H・カー・コレクション所蔵］からの訳出）。

してみる。ヴェトナム反戦運動の研究は随分と多くなってきたが、世界で最初に、労働組合がヴェトナム反戦を掲げた政治ストライキを打ったのは、一九六六年六月二五日、全国印刷産業労働組合総連合会の東京地方連合会によるものであるが、そのことはまったく忘れ去られている。そして、日本では大学闘争と労働運動は切り離されていたとの物言いが繰り返されるばかりで、当時の労働者が反戦・安保・沖縄でどれほど闘っていたか、状況によっては広汎な政治ストライキを打つ可能性と力を孕んでいたことを見る眼がまったく失われている。いま、これも状況が違うといわれればそれまでかもしれないが、シリア内戦に抗して、人種差別に抗して、ストライキを打とうとする労働者が、少なくとも、それが可能であることをわかっている労働者がどれほどいるだろうか。

もちろん、私も含め、われわれは、多くのことで妥協し、小さな譲歩を重ねてきた。しかし、いまや、それも歴史の一場面以上のものではない。過去のことである。本稿はその過去をある視角から書き止めてきただけであり、そして、そのような仕方で歴史に片を付ける時が来ていると示唆したいのである。その際、「青空」の記憶にしても、ことさらに書き残していい伝えておきたいと思っているわけではない。すでに、どこかで誰かが、別の青空を見て、現に立ち上がっているからである。

Ⅲ

ドゥルーズ=ガタリと〈68年5月〉(1)

――『アンチ・オイディプス』、『千のプラトー』をめぐって

佐藤嘉幸

私と廣瀬純は『三つの革命――ドゥルーズ=ガタリの政治哲学』において、ドゥルーズ=ガタリの主要三部作『アンチ・オイディプス』、『千のプラトー』、『哲学とは何か』が展開した政治哲学を、一つの一貫した戦略と、各時代の複合状況（conjoncture）によって規定された三つの戦術からなるものとして定義した。そこでの一つの一貫した戦略とは、服従集団を主体集団へと変容させるという革命戦略であり、その革命戦略を実現するために各著作が各時代の複合状況との関係で採用した三つの戦術とはそれぞれ、プロレタリアによる階級闘争、マイノリティによる公理闘争、マジョリティによる政治哲学であった。これらの個別的戦術を通じて服従集団を主体集団へと変容させるという戦略こそが、ドゥルーズ=ガタリが一貫して主張してきた「革命」の意味だったのである。ところで、私たちの『三つの革命』では、『アンチ・オイディプス』、『千のプラトー』、『哲学とは何か』の間の差異と、それらが書かれた各時代の複合状況との関係性を明確化することに主眼を置いたため、十分明らかにすることができなかったが、とりわけ『アンチ・オイディプス』[*1]と『千のプラトー』[*2]の戦略／戦術は、『アンチ・オイディプス』の執筆開始直前に起こり、ドゥルーズとガタリの出会いのきっかけともなった、〈68年5

月〉のもたらした政治的展望と密接な関係を持っている。本稿で私たちは、これら二つの書物に絞って、ドゥルーズ＝ガタリと〈68年5月〉の関係を素描してみたい。[*3]

1 『アンチ・オイディプス』と〈68年5月〉

私たちは『三つの革命』において、『アンチ・オイディプス』を以下のように分析した。「〈68年5月〉の四年後に出版された『アンチ・オイディプス』は、〈68年5月〉を論じた書ではなく、むしろ、〈68年5月〉の観点からロシア革命を論じ、プロレタリア階級闘争を分裂分析する書である」。[*4]

ここで、このテーゼのヴァリアントとして、もう一つのテーゼを提出しておく。「『アンチ・オイディプス』は、ロシア革命の観点から〈68年5月〉を論じ、プロレタリア階級闘争を分裂分析する書である」。これら二つのテーゼは、見かけとは異なって、反対の内容ではなくほぼ同じ内容を意味している。

それでは、「〈68年5月〉の観点からロシア革命を論じる」、あるいは「ロシア革命の観点から〈68年5月〉を論じる」とはどういう意味なのだろうか。それを以下の二つの意味で捉えることができる。

第一に、プロレタリア階級闘争に「欲望の生産性」という観点を導入すること。欲望とは本源的に生産的であり、その生産的欲望が権力へと服従化されるのは、オイディプス的家族というミクロ権力装置によるオイディプスへの従属の効果としてである（〈68年5月〉から得られた視点）。

第二に、プロレタリア階級闘争、すなわちプロレタリアの利害闘争を媒介として、服従集団を主体集団へと変容させる、という戦略／戦術を導入すること（ロシア革命から〈68年5月〉を論じること、あるいは〈68年5月〉からロシア革命を論じること）。革命とは欲望の構造を変容させ、権力への服従化を欲望しない「主体集団」を形成することである。利害闘争を通じて欲望の従属関係を逆転させ、服従集団を主体集団へと変容させる、という戦略は、『アンチ・オイディプス』から、『千のプラトー』、『哲学とは何か』に至るまで、ドゥルーズ＝ガタリにとって唯一の革命戦略として維持されることになる。

私たちは、これまで「服従集団」、「主体集団」という概念を、ほぼ説明なしに用いてきた。しかし、それらは一体どのような集団性を意味しているのだろうか。「服従集団〔groupe assujetti〕」とは、「主体集団〔groupe-sujet〕」に対立する概念であり、いずれもガタリが『精神分析と横断性』（一九七二年）に収録された諸論文で導入した概

＊1　Gilles Deleuze et Félix Guattari, *L'Anti-Œdipe : Capitalisme et schizophrénie*, t. 1, Minuit, 1972/1973／『アンチ・オイディプス――資本主義と分裂症』上・下巻、宇野邦一訳、河出文庫、二〇〇六年。以下、AŒと略記する。

＊2　Gilles Deleuze et Félix Guattari, *Mille Plateaux : Capitalisme et schizophrénie*, t. 2, Minuit, 1980／『千のプラトー――資本主義と分裂症』上・中・下巻、宇野邦一他訳、河出文庫、二〇一〇年。以下、MPと略記する。

＊3　『哲学とは何か』についても、〈68年5月〉との関係を簡潔に注記しておく。アラン・フィンケルクロート（『新たな愛の無秩序』）、アンドレ・グリュックスマン（『料理女と人食い人――国家、マルクス主義、強制収容所の関係についての試論』）、リュック・フェリー＝アラン・ルノー（『68年の思想――現代の反人間主義についての試論』）のようなヌーヴォー・フィロゾーフ（新哲学派）は、一九七〇年代に、〈68年5月〉の政治的遺産を露骨に否定し、人権、市場主義、倫理、民主主義の擁護とそれらへの回帰を提案した。そうしたヌーヴォー・フィロゾーフの姿勢に対して、第三世界主義（＝マイノリティ性）否定と西欧中心主義の欺瞞性、すなわち「人間であること」（人権、市場主義、倫理、民主主義の擁護）の恥辱を突きつけることこそ、『哲学とは何か』の隠された中心課題であった。ヌーヴォー・フィロゾーフの哲学は、マジョリティであることの恥辱も、マイノリティ性への生成変化も決して知らない、西洋中心主義的なマジョリティ哲学である――こうした根本的批判こそ、『哲学とは何か』の主要な論点の一つである。

＊4　佐藤嘉幸・廣瀬純『三つの革命――ドゥルーズ＝ガタリの政治哲学』講談社選書メチエ、二〇一七年、二四頁。なお、本稿は、同書での私たちの主張を〈68年5月〉との関係性において要約的に展開するものであり、同書と内容が重複する部分がある点をお断りしておく。

念である。ドゥルーズは、同書への序文において、両概念を次のように定義している。

服従集団は総体として服従的であるだけでなく、それが自らに付与したり受け容れたりする主人との関係においても同様に服従的である、という二重構造をなしている。服従集団を特徴付けるヒエラルキー、垂直的もしくはピラミッド型の組織は、集団が無意味、死、あるいは分解などに内接する一切の可能性を払いのけ、創造的切断の発展を妨げ、他の集団の排除の上に成り立つ自己保存のメカニズムを確保するために作られている。服従集団の中央集権主義は、構造化、全体化、統合化といった過程を経て作用し、真の集団的「言表行為」の諸条件に代えて、現実からも主体性からも切断された、型にはまった言表の編成《アレンジメント》をもたらす(集団的なオイディプス化作用、超自我化、去勢効果といった想像上の現象が生じるのは、まさしくここにおいてである)。逆に、主体集団は、全体性やヒエラルキーを払いのけるような横断性の諸因子によって定義される。主体集団は言表行為の行為主体《エイジェント》であり、欲望の支持体であり、制度的創造の構成要素である。主体集団はその実践を通じて、自らの無意味、死、あるいは解消の極限に挑戦し続ける。[*5]

また『アンチ・オイディプス』は、両概念を次のように定義している。

〔服従集団〕は、欲望的生産と欲望諸機械が一定の力能形態や選別的主権形態の下で大規模に構成する群居的集合への、欲望的生産と欲望諸機械の隷属によって定義される。〔主体集団〕は、それとは反対の従属関係によって、力能の反転によって定義される。〔服従集団〕は、構造化されたモル的集合であり、諸特異性を破壊し選別し、自らがコードや公理系の中にとどめた諸特異性のみを正規のものとする。〔主体集団〕は、諸特異性の分子状多様体であり、逆に大集合を、精錬すべき素材そのものとして扱う〔ACE, pp. 439-440

／（下）二八〇－二八一頁」。

「服従集団」は、権力への同一化によって欲望的生産を権力へと従属させ、ヒエラルキー的、垂直的、中央集権的に統合された全体性を指す（このような欲望の垂直的構造化は、主体へのオイディプスの取り込みを通じて行われる）。これに対して、「主体集団」は、欲望的生産の権力への従属を反転させて権力を欲望的生産へと従属させ、全体性やヒエラルキー的統合を解体するような、分子状多様性、水平性、横断性によって定義される。

ドゥルーズ＝ガタリによる「革命」とは、欲望的生産を権力へと従属させた「服従集団」を、その関係を反転させて、欲望的生産へと権力を従属させた「主体集団」へと変容させることである（主体性＝主観性の変容、あるいは、レーニン的切断をさらに進めた「切断の切断」）。そして、そのような変容は、資本主義社会の再生産の「因果性の破断」、すなわち利害の水準における革命を通じて実現される。ここで注意すべきは、「前意識的革命」、すなわち利害の水準における革命（「レーニン的切断」）が進められるその直中でのみ、資本主義をその下部から掘り崩す「無意識的革命」、すなわち欲望の分子状多様性の脱領土化（無意識的な「切断の切断」）が可能になる、とされる点だ。前意識的革命から無意識的革命へ。まずその第一段階として、「前意識的革命」あるいは「レーニン的切断」は、前衛党によって指導されたプロレタリアの利害闘争によってしか実現されえない、しかし、前衛党の指導する利害闘争はそれを導く集団性を利害に服従した「服従集団」にとどめざるを得ない、とドゥルー

＊5　Gilles Deleuze, « Préface », in Félix Guattari, *Psychanalyse et transversalité*, p. VI ; repris comme « Trois problèmes de groupe », in *L'île déserte : textes et entretiens 1953-1974*, Minuit, 2002, pp. 276-277／「ジル・ドゥルーズによる序文」『精神分析と横断性』、八頁。以下に再録。「集団の三つの問題」杉村昌昭訳、『ドゥルーズ・コレクションⅡ 権力／芸術』河出文庫、二〇一五年、一二一－一二二頁。

ズ＝ガタリはロシア革命のプロセスを分析しながら述べている。

もちろん、生産の水準（剰余価値を簒奪される者たち）または貨幣の水準（賃金を所得とする者たち）でのプロレタリア階級の理論的規定ということも考え得るが、しかし〔……〕、この規定によって階級利害として定義される客観的存在は、一つの意識によって体現されることのない限り、純粋に潜勢的な状態にとどまる。階級利害はこの意識によって創造されるものではないが、この意識によって、一つの組織化された党、国家装置の奪取を目指す党として現勢化されるのである。〔……〕プロレタリアが勝利するとき、その作戦行動はこの階級の前衛意識や前衛政党の支配の下で行われ、その結果、「大いなる不在の階級」としてのブルジョワ階級にとって役立つ官僚機構やテクノクラシーに味方することになる。［AŒ, p. 304／（下）七九－八一頁］。

このように、プロレタリアの利害闘争にとどまることとは、利害に服従し、官僚機構や国家装置に服従した「服従集団」にとどまり続けることである。そのようなプロレタリアの利害闘争は、その過程の中で、プロレタリア階級から割って出る分裂者主体集団によって、利害闘争を超えた欲望の闘争へと変容されねばならない（「切断の切断」）。

偏執狂的備給《パラノイア》と分裂者的備給《スキゾ》は無意識的リビドー備給の二つの対極としてある。前者は欲望的生産を主権形成体とそこから生じる群的集合とに従属させるものだが、後者はこれとは逆の従属関係を実現するもの、すなわち、力能を反転させ、群的集合を欲望的生産の分子状多様性に従属させるものだ。〔……〕充実身体として新たな社会体を構築するだけでは不十分であり、それに加えてまた、この新たな社会的充実身体のもう一つの面へと、すなわち、新たなモル状集合を自らに従属させた形で分子状欲望形成体が実現され、書き込まれる面へと向かわなければならない。そのときこそ初めて私たちは、リビドーの革命的な無意識的切断と革命的な無意識的備給〔la coupure et l'investissement révolutionnaires inconscients de la libido〕に達するのだ。ところでこのことは、ただ因果性の破断〔rupture de causalité〕と引き替えに、この破断に乗じて実現される［AE, pp. 451-452／(下) 二九八―二九九頁］。

革命的な無意識的切断は実際、社会体の極限《リミット》としての器官なき身体に関わるものであり、この切断においては逆に、力能が反転され、従属関係が反転される限りで、欲望的生産こそが社会体を従属させる。前意識的革命において問題となるのは、社会的生産の新たな体制が新たな目標、利害を創出し、配分し、充足させるということだが、無意識的革命において問題となるのは、そうした変化を力能形態として条件付ける社会体だけでなく、器官なき身体へと反転された力能としてその社会体内部に見出される欲望的生産の体制なのだ。両者においてフローや分裂《スキーズ》は同じ状態にはない。一方の切断は二つの社会体の間の切断であり、新たな社会体は、欲望のフローを利害の新たなコードあるいは公理系に導き得るかどうかという能力によって評価される。他方の切断は社会体内部の切断だが、この切断が可能となるためには、社会体に、欲望のフローをそれらのポジティヴな逃走線に沿って流す能力、生産的な切断の切断に従って欲望のフローを切断し直す能力がなければならない［AE, p. 416／(下) 二四四―二四五頁、強調引用者］。

革命的ポテンシャルをプロレタリアに求める『アンチ・オイディプス』では、服従集団から主体集団への変容は、ブルジョワ階級に対するプロレタリアの階級利害の追求を通じてしか実現され得ない、とされる。服従化された諸主体としてのプロレタリアは、階級としての利害追求を通じて初めて、それまで社会体に従属させられていた欲望の生産的力能を発見するのだ。しかし同時に、プロレタリアが階級利害の追求に留まる限り、資本主義的利害に従属した服従集団から脱することはない。プロレタリアは、欲望的生産を利害追求から解き放つことで、階級外集団である分裂者の主体集団を形成しなければならない。無意識の水準における欲望の分子状多様性の脱領土化こそが、ヒエラルキー的、垂直的、中央集権的に統合された服従集団を、水平的、横断的で脱服従化された主体集団へと変容すると同時に、資本主義的原理（オイディプス）へと従属した欲望のあり方を転倒して、社会体を欲望の分子状多様性へと従属させる「切断の切断」を引き起こし、資本主義をその下部から掘り崩すからだ。

ここで重要なのは、「階級外集団である分裂者の主体集団」の形成こそが、レーニン的切断をさらに前に進めるものである、ということだ。ロシア革命が実現したレーニン的切断は、階級利害に服従しているという意味で、革命的ではあれやはり服従集団にとどまるプロレタリア（前衛党によって組織化された「階級」）によって実現された「切断」であった。ドゥルーズ＝ガタリにとって重要なのは、このレーニン的切断を通じて、階級利害に服従した服従集団を、欲望にのみ従う分裂者主体集団へとさらに変容させること（「切断の切断」）である。

換言すれば、ドゥルーズ＝ガタリにとって、革命とは二段階でなされるべきものである。革命闘争は第一に、前衛党によって組織されたプロレタリア階級＝服従集団の利害闘争から出発する。しかし、闘争はその段階に留まってはならない。第二に、プロレタリア階級を割って出た分裂者主体集団は、利害闘争を欲望のみに従う闘争へと変容させ、ヒエラルキー的服従集団を水平的、横断的主体集団へと変容させなければならない。利害から欲望へ、プロレタリア服従集団から分裂者主体集団へ、というこの変容をもたらすのは、いかなる服従をも欲望しない欲望の生産性である。〈68年5月〉に、前衛党の指導するプロレタリア階級闘争を割って出た学生や労働者によって無数に作られた、資本主義打倒のための「行動委員会（comité d'action）」は、分裂者主体集団の原型といえるかもしれない。こうしたプロレタリア服従集団から分裂者主体集団への変容という戦略こそ、まさに〈68年5月〉の経験がもたらしたものではなかっただろうか。

ここで、〈68年5月〉の政治的意味を、アルジェリア戦争当時の一九六〇年代から、〈68年5月〉の政治的遺産が次々と否認されていく一九八〇年代までの大きな射程を取って分析した、クリスティン・ロスの『68年5月とその後』を参照しよう。ロスは同書において、〈68年5月〉に特徴的な政治組織の形態は、レーニン主義的なヒエラルキー的組織としての「党」を割って出た、ローザ主義的な非ヒエラルキー的組織であったと述べている。

私がここで区別しようとしているものは、レーニン主義的傾向とローザ主義的傾向とを対比することで説明できるだろう。この二つはともに、〈68年〉のあらゆるラディカルな組織と同じく、反資本主義を掲げている。しかしレーニン主義の「党」とはつまるところ、自分たちにこそ統治の権利があると主張するラディカルなインテリゲンツィアの集まりだ。この党が目指す「権力奪取」は、その目的そのものと動揺、党が対峙する敵、すなわちブルジョワ国家によって規定されている。この「敵」を制圧するつもりで、党は敵の武器と方法を拝借する。そして、十分に分析できないままにその魅力に囚われて、敵の組織を徹頭徹尾、模倣する。党は敵の忠実なレプリカとなり、とりわけ活動家と労働者大衆の間にヒエラルキー的関係を設定して、国家の存立基盤そのものである社会的分業体制を再生産する。しかし、〈5月〉に広く存在していた側面の一つ、レーニンよりもローザに近いものは、こうした社会的分業体制こそを問わねばならないと主張し、レーニン主義につきもののヒエラルキー的組織をどうにかして避けようとした。そしてそのような形で、組織を闘争の結果として生み出した。[*6]

＊6　Kristin Ross, *May '68 and Its Afterlives*, University of Chicago Press, 2002, p. 75／『68年5月とその後』箱田徹訳、航思社、二〇一四年、一四八頁。

さらにロスは、「組織を闘争の結果として生み出す」このローザ的な非ヒエラルキー的組織を、〈68年5月〉に無数に形成された「行動委員会」の中に見出している。

私がいま「ローザ的」〔……〕傾向と呼んでいるものを最もよく表していたのは、〈5月〉が発明した最も特徴的な組織、行動委員会（CA）の活動である。一〇－一五人ほどの小集団が、既存の政治組織に属したことなどなかった人たちを主体として、五月中旬のゼネスト突入を機に組織化され始めた。職業に基づいたり、地区や工場を単位にすることもあったが、大抵はスト労働者への物的支援とスト継続の扇動的宣伝を目的としていた。五月三一日時点でこうした委員会が、パリ地域圏だけで四六〇以上立ち上がっていた。また早くも二月には、高校で高校生行動委員会（CAL）が発足していた。これらのグループの共通点は、労働者への権力移譲を支持する点以外にも、ポンピドゥーとまともな政治対話ができるとは考えないこと、伝統的な主流派政治組織への「回収」を拒否すること、また何にも増して、自分たちの闘争を反資本主義的と規定することだった。「工場、地区、高校、大学に根ざす行動委員会に、単一の闘争、すなわち反資本主義闘争に参加する組織労働者と未組織労働者を再編し、連携すること。」〔……〕あるビラの手短な定義によれば、「行動委員会は基本的に、底辺から出発して（à partir de la base）共通の政治方針を規定することを目指す」ものだった。[*7]

行動委員会とはこのように、レーニン主義的な党、すなわちヒエラルキー的服従集団を割って出て、「組織を闘争の結果として生み出す」ような反資本主義闘争のための底辺組織であり、水平的かつ横断的に接続された主体集団であった。行動委員会は、大衆による自然発生性か組織化かという対立軸からは一見自然発生的な集団に見えるが、普段政治活動に関わっていなかった人々を組織するために「組織を闘争の結果として生み出した」という意味で、やはり政治的な組織化を目的としている。そしてその組織化原理は、多くの非政治活動家を巻き込むために、あくまでも水平性、横断性を重視していた。[*8] その意味で、〈68年5月〉に無数に組織され、横断的に接合された行動委員会を、『アンチ・オイディプス』における主体集団のモデルであったと解釈することもできるだろう。行動委員会に代表されるような反資本主義闘争のための横断的で水平的な主体集団を形成すること、これこそが『アンチ・オイディプス』のドゥルーズ＝ガタリが〈68年5月〉の中に見出した闘争原理だったのである。同書において分裂者主体集団は、明確に反資本主義的切断を志向しながら、ヒエラルキー的な「党」、階級という服従集団を横断的、水平的な分裂者主体集団へと変容させるという意味で、レーニン的切断をさらに前に進める「切断の切断」の担い手として定義されたのである。

2　『千のプラトー』と〈68年5月〉

次に、『千のプラトー』における〈68年5月〉の直接的影響について分析しよう。私たちは『三つの革命』の第二部第一章冒頭で次のように書いた。

『アンチ・オイディプス』は、プロレタリアートの利害闘争を媒介とした社会体の全面的な変革（「レーニ

＊7　*Ibid.*, pp. 76-77／同書、一五〇－一五二頁。
＊8　この点については、〈68年5月〉における行動委員会の組織化原理を詳細に分析した、以下の論考を参照。Pierre Sauvêtre, « Les Comités d'action en 68 », intervention au GRM (Groupe de Recherches Matérialistes), le 17 avril 2010. https://f.hypotheses.org/wp-content/blogs.dir/1106/files/2013/01/GRM3.68-EN-FRANCE.Comit%C3%A9s.pdf

ン的切断」）と、その無意識的切断による主体集団の実現（「切断の切断」）を企図したものだった。それに対して『千のプラトー』（一九八〇年）は、同時代のマイノリティ諸集団の公理闘争を媒介とした「万人によるマイノリティ性への生成変化」という戦術を提案する。マクロ政治の軸が東西から南北へと移行し、またそれに伴って、従来の労働者運動とは異なる「新たな社会運動」、様々なマイノリティ闘争（女性、LGBT、（旧）植民地、少数民族、有色人種などの解放闘争）が勃興する、というグローバルな歴史展開を前にして、ドゥルーズ＝ガタリは戦術を更新する必要に駆られたのである。[*9]

ここで、このテーゼのヴァリアントとして、次のようなテーゼを提示しておく。「『アンチ・オイディプス』が〈68年5月〉からロシア革命を、あるいはロシア革命から〈68年5月〉を分裂分析した書物だったとすれば、『千のプラトー』は、マイノリティによる公理闘争（諸権利や等価交換を求める闘争）という観点から〈68年5月〉を分裂分析した書物である」。

実際、フーコーもいうように、〈68年5月〉とは、「伝統的には制度的領域に属していなかった一連の問題（女性、両性間の関係、医学、精神疾患、環境、マイノリティ、非行といった問題）を政治に提起しようとする努力が広く表明された」[*10]出来事であった。例えば、先に論じた、〈68年〉に無数に組織された行動委員会の中には、「革命的同性愛者行動委員会（comité d'action pédérastique révolutionnaire）」、「移民の生命と権利防衛委員会（comité de défense de la vie et des droits des immigrés）」といった、マイノリティ運動を目的とした行動委員会が存在した。[*11] そして、同性愛者や有色人種、移民などマイノリティ集団の権利獲得運動は、一九七〇年代以後、「新たな社会運動」として重要な政治的アクターとなっていく。そのような意味で、マイノリティ闘争は〈68年5月〉とその後の政治の大きな賭金であった、ということができる。[*12]

また、ドゥルーズ＝ガタリにおけるプロレタリア闘争からマイノリティ闘争への中心軸の移行を、東西軸に沿った議論から南北軸に沿った議論への移行と言い換えてもよい。一九六八年にはヴェトナム戦争とヴェトナム反戦運動の激化があり、また〈68年5月〉の背後にはアルジェリア戦争の記憶があった。いずれもフランスの植民地主義と深く関わる戦争であり、〈68年5月〉はそうした植民地主義権力、あるいは植民地化権力に対する闘争でもあった。また、〈68年5月〉は、毛沢東、チェ・ゲバラ、フランツ・ファノンのような第三世界の解放闘争の思想に深い影響を受けている。ドゥルーズ＝ガタリは、『千のプラトー』執筆当時にフランス大統領の職にあったヴァレリー・ジスカール＝デスタンを引用しながら、次のように述べている。

> 中心で東西間の均衡が保たれるようになるにつれて〔……〕南北間の均衡は崩れて「不安定」となり、それが中心での均衡を不安定にする。ここで南と抽象的に呼ばれているのが第三世界あるいは周縁のことであるのは明らかだ。また、中心の直中にも様々な南、様々な第三世界が見出されることも明らかだ。さらに、ここで問題にされている不安定化が偶発的なものなどではなく、資本主義の諸公理から（定理的に）導かれた帰結に他ならないこと、とりわけ、資本主義の作動に不可欠な公理、不等価交換の公理とされるものから導かれた帰結であることも明らかだ［MP, pp. 584-585／（下）二三五頁］。

＊9　『三つの革命』、一四七頁。

＊10　Michel Foucault, « Polémique, politique, et problématisation », *Dits et écrits*, t. IV, Gallimard, 1994, p. 595／「論争、政治、問題化」西兼志訳、『ミシェル・フーコー思考集成』X、筑摩書房、二〇〇二年、四九頁。

＊11　Pierre Sauvêtre, « Les Comités d'action en 68 », *op. cit.*

＊12　同様の性格は、日本の〈68年〉にも観察できる。例えば以下を参照。絓秀実『１９６８年』ちくま新書、二〇〇六年、第三章「「華青闘告発」とはなにか」。

南とは第三世界あるいは周縁のことであり、それは中心における資本とプロレタリアートの間の「等価交換」を確保するために意図的に形成された、中心と周縁の間の、あるいは中心の資本と中心において周縁化されたマイノリティ（南の飛び地）の間の「不等価交換」に存している（私たちは別の場所で、この「不等価交換」を、マイノリティへの「構造的差別」に依拠して押し付けられたものと指摘した）[13]。マイノリティ闘争とは、従って、そうした「不等価交換」を「等価交換」へと変容させるための公理闘争（諸権利と等価交換のための運動）である、と定義することができる。

『千のプラトー』で革命過程の起点に位置付けられるのは、マイノリティによる公理闘争である。しかし、利害闘争を起点として、それを欲望の水準での闘争へと展開することで主体集団を形成する、という『アンチ・オイディプス』で示された戦略《ストラテジー》は、『千のプラトー』でも変わらない。この戦略を論じるために同書で新たに導入される概念が、「リゾーム」概念であり、「戦争機械」の概念である。戦争機械こそが、利害への欲望の従属を反転させ、ツリー状服従集団からリゾーム状主体集団への切断的移行を導くのである。「戦争機械」の概念について考察する前に、まず「リゾーム」概念と主体集団の関係について考察しよう。「リゾーム」概念は、日本では一九七七年に豊崎光一によってポストモダン的で非政治的な概念として導入され[14]、それ以後もとりわけ文化分析のための概念（例えば、近代的なツリー的思考に対立するポストモダン的思考、等々）として消費されてきたが、ここで私たちは、「リゾーム」概念とは、『アンチ・オイディプス』の「主体集団」概念を別の仕方で概念化した極めて政治的な概念である、という主張を展開したい。

『千のプラトー』の第一プラトー「リゾーム」を参照しよう。それによれば、リゾームの原理とは、(1)連結の原理、(2)非等質性の原理、(3)多様性の原理、(4)非意味的切断の原理、(5)地図作成の原理である。つまりリゾームとは、ヒエラルキー的なツリー状主権形成体とは異なり、「……と……と（...et ...et）」の原理によって異なった諸要素を水平的、横断的に接続し（1、2、3）、ツリー状組織に取り込まれないよう逃走線を引き（4）、それによって開かれた地図作成を行う（5）、横断的な多様体なのである。ドゥルーズ＝ガタリは、ツリー状組織をそのヒエラルキー的性格において拒絶する。

ツリー状システムはヒエラルキー的システムであって、それは意味性と主体化の中心、組織化された記憶装置のような中心的自動装置を含んでいる。つまり、これに対応するモデルでは、一つの要素がある行為の統一からのみ、そして主観的な配置が予め設定されたつながりからのみ情報を受け取るのだ。そのことは情報科学と電子機械の現在の諸問題においてはっきりと見て取られ、それらは一個の記憶装置ないし一個の中心機関に権力を与えている限りにおいて、いまだに最も古い思考を保存している。「指揮系統のツリー状組織という比喩像」（中心化された諸システムまたはヒエラルキー的諸構造）を告発する見事な論文において、ピエール・ロザンスティールとジャン・プティトーはこう指摘している――「ヒエラルキー的構造の優位を認めることはツリー状構造を特権視することに帰着する。（…）ツリー状形態はトポロジー的な説明を認める。（…）ヒエラルキー的システムにおいては、一つの個体はたった一つの活動的隣接者しか、つまり序列の上で彼に対して上位にあるものしか認めない、（…）伝達の経路は予め設定されている――ツリー状組織はその中のある決まった場所に統合される個人に先立って存在している」（意味性と主体化である）。著者たちはこの点について、たとえ私たちが一個の多様体に到達したと信じるときでさえ、この多様体は偽のもの――私たちが側根タイプと呼ぶもの――であるかもしれないと指摘している。というのは、見かけ上は非ヒエラ

＊13　佐藤嘉幸・田口卓臣『脱原発の哲学』人文書院、二〇一六年。
＊14　ジル・ドゥルーズ、フェリックス・ガタリ『リゾーム』豊崎光一訳、『エピステーメー』創刊二周年記念・一〇月臨時増刊号、朝日出版社、一九七七年。

ルキー的なその体裁ないし言表は、実際にはまったくヒエラルキー的な一個の解決しか認めないからである [MP, pp. 25-26／（上）四二－四三頁]。

彼らはヒエラルキー的組織の問題点を、情報理論に基づいて指摘している。ヒエラルキー的組織は、一個の中心機関に意思決定の権力を集中させる点で、非民主的組織である。このようなヒエラルキー的組織は、主権形成体のような「大文字の権力の構造」[MP, p. 26／（上）四三頁] そのものであり、『アンチ・オイディプス』における「服従集団」に対応するだろう。

それに対して、リゾーム的多様体は、開かれた非中心化システムである。

> こうした中心化システムに、著者たちは非中心化システム、有限な自動装置のネットワークを対立させるのであり、そこではコミュニケーションは、ある隣接者から別の任意の隣接者へと行われ、茎や経路は先立って存在することがなく、個体はどれもみな交換可能で、単にある瞬間における状態によって定義される。そのため、局地的《ローカル》な操作は相関的に組織され、包括的《グローバル》な最終結果は中心的審級から独立して自らを同期するのである [MP, p. 26／（上）四四頁]。

「著者たち」とは先の引用のロザンスティールとプティトーを指しているが、それは同時に、ドゥルーズ＝ガタリのことでもある。政治的諸主体はヒエラルキー的権力によって組織化されるのではなく、横断的な接続の原理に従ってネットワーク状に連結され、自由に逃走線を引く多様体へと生成変化する。そしてそこには、ヒエラルキー的な権力の原理は一切介在しない。従って、リゾームとは純粋な横断性、多様性であり、『アンチ・オイディプス』における「主体集団」をさらに明確にダイアグラム化した概念なのである。このように、ドゥルーズ

＝ガタリは『千のプラトー』において、『アンチ・オイディプス』の「服従集団」と「主体集団」を「ツリー」と「リゾーム」として再定式化した。服従集団とは、ヒエラルキー的に統合された主権形成体であると同時に、プロレタリアートの利害に服従したヒエラルキー的革命集団である党やプロレタリア服従集団の謂いであり、リゾーム状主体集団とは、〈68年〉に党とプロレタリア服従集団を割って出た分裂者主体集団の謂いなのである。リゾーム状主体集団は、分裂者主体集団と同じ仕方で利害闘争を欲望の闘争へと変容させ、諸々の政治集団、政治主体を横断的、水平的、ネットワーク的に連結する開かれた組織形態、闘争形態を取る。そして、リゾーム状主体集団は、ツリー状主権形成体＝服従集団を解体に追い込むべく、「戦争機械」としてそれに闘いを挑むのである。

それでは「戦争機械」とは何か。ここで、戦争機械の概念について考察するために、第一二プラトー「遊牧論あるいは戦争機械」を参照しよう。戦争機械とは何か、という問いを立てるとき、まず最初に思い浮かぶ疑問は、戦争機械の目標は戦争なのか、戦争機械はその手段として必ず戦争を用いなければならないのか、という疑問である。ドゥルーズ＝ガタリは次のように答えている。「アリストテレス的に言えば、戦争は戦争機械の条件でも目標でもないが、戦争機械に必然的に伴う、あるいは戦争機械を補完する、と言えるだろう。デリダ的に言えば、戦争は戦争機械の「代補」であることになろう」［MP, p. 520／（下）一三九頁］。従って、戦争とは戦争機械の代補であり、戦争機械は必ずしも戦争を目標としない。従って、戦争機械はその手段として、戦争ではなく、デモなど非暴力の闘争形式を取ることもあり得る。

それでは、戦争機械の目的は何か。戦争機械の目的は、国家装置と闘争し、ヒエラルキー的主権形成体を解体してリゾーム状主体集団を実現することである。戦争機械は、「戦争ではなく創造的な逃走線を引くこと、平滑空間とその中での人間の運動を編成することを目標とする」［MP, p. 526／（下）一四九頁］。戦争機械は、資本主義の公理系と、その実現モデルである国家に闘いを挑み、リゾーム状主体集団の創造へと向かうのだ。戦争機械の「代補」として、ドゥルーズ＝ガタリが一九五〇年代以後広範に生起した世界各地の植民地解放闘争、革命戦争（「ゲリラ、マイノリティ戦争、人民革命戦争」［MP, p. 527／（下）一五〇頁］）を念頭に置いていることは、ここから容易に理解できるはずである。歴史的な切断は、生成変化としての切断の「代補」であり、革命的な服従集団の形成は、革命的な主体集団の形成の「代補」である。歴史的な切断（戦争）は、その直中で生成変化（戦争機械の発動）が展開されるからこそ必要なのだ。

マイノリティと、マイノリティ性への生成変化について考察するために、再び第一三プラトー「捕獲装置」を参照しよう。ドゥルーズ＝ガタリによれば、マイノリティとはマジョリティに対する数的な少なさのことではない。マイノリティとはむしろ、南北関係における南（第三世界）、中心に対する周縁のことであり、また同時に、女性、有色人種、LGBT、少数民族、不安定労働者など、中心における周縁化された存在のことであって、自らの権利獲得を求めて闘争する者たちのことである。ドゥルーズ＝ガタリは同時代の情勢変化に応じて、『アンチ・オイディプス』ではプロレタリアによる階級闘争に見出していた「資本主義の最も弱い環」を、『千のプラトー』ではマイノリティの公理闘争に見出し直す。マイノリティによる公理闘争は、マジョリティあるいはその下部集合としてカウントされることを求める闘争だが、その直中で同時に進行するとされるマイノリティ性への生成変化、マイノリティがマイノリティになることとは、むしろ真逆に、カウントされ得ぬものになるということ、「数えられない集合」になる過程に入るということだ。「数えられないものを特徴付けるのは、集合でも要素でもなく、むしろ連結〔connexion〕、「と〔et〕」であり、それは要素と要素の間、集合と集合の間に発生し、両者のいずれにも属すことなく、それらを逃れ、逃走線を形成する」［MP, p. 587／（下）二三八頁］。従って、「数えられない集合になる」とは、数的カテゴリーとしての「マイノリティ」から、非数的カテゴリーとしての「マイノリティ性」、すなわち左翼性あるいは革命性へと生成変化することである。また同時に、「数えられない集合になる」とは、「カウントされ得るものになる」（例えば、「女性」や「黒人」として人権を獲得する）という公理闘争から逃走線を引き、各々のマイノリティ集合（例えば、女性や黒人）、さらにはマジョリティ集合（例えば、男性や白人）から脱領土化された無限の生成変化過程の中に自らを再領土化し、革命的な主体集団を形成することなのだ。

ここで確認すべき重要な点は、マイノリティとマイノリティ性とが根本的に異なる、という点である。存在としてはマイノリティであっても、そのマイノリティ性あるいは左翼性——現状を眼前の現象からでなく、それを規定する根本的な地平から考える力能——を引き受けていない人もいる。例えば、女性、有色人種、LGBT、不安定労働者、移民であっても、革命的でなく保守的あるいは非政治的な心性を持つ人はいる。例えば、あるマイノリティ運動の現場では、「社会運動に政治を持ち込むな」（！）という声が聞かれるという。[*15] その意味で、マイノリティもマイノリティにならなければならず、マイノリティ性への生成変化を通じて革命的な主体集団を形成しなければならない。さらにここで重要なのは、マイノリティだけではなく、マジョリティをも含めた万人がリゾーム状の主体集団を形成しなければならない、という点だ。ここからドゥルーズ＝ガタリは、マイノリティ（女性、有色人種、LGBT、少数民族、プロレタリアート、不安定労働者など）のみならずマジョリティをも含む万人が、マイノリティ性への生成変化の無限の創造過程に入り、そこで横断的に連結し合い、リゾーム状主体集団を形成する、という革命戦術を提起するのである。

マイノリティの特性は、たとえたった一人のメンバーからなるマイノリティであっても、数えられないものの力能を際立たせることだ。これは多様性の公式なのだ。普遍的形象としてのマイノリティ、または万人になること。男であろうと女であろうと、私たちは皆、女性にならなければならない。白人であろうと黄色

＊15　当事者の証言による。例えば以下を参照。川坂和義「「非政治化」されるプライド・パレード」『世界』二〇一八年一〇月号、岩波書店。

人種であろうと黒人であろうと、私たちは皆、非白人にならなければならない［MP, p. 588／(下)二四〇頁］。

私たちが皆、非白人になるとき、資本主義はすでに廃絶されている。ただし、「代補」をめぐって先にも触れた通り、ドゥルーズ＝ガタリは公理の水準、すなわち法権利の水準における闘争を決して不必要だとは考えていない。彼らは、「私たちは公理の水準での闘争が重要でないと言っているわけではない。反対にそれは決定的なものである」［MP, p. 588／(下)二四〇頁］と注記してさえいる。従って、公理の水準における闘争（利害に関わる闘争）は、マイノリティ性への生成変化（欲望に関わる闘争）の条件である。しかし同時に、公理の水準における闘争を自己目的化することには限界が伴う。なぜなら、要求していた権利が権利として認められることは、その権利が新たな公理として資本主義公理系に追加されることでしかないからであり、その権利を要求していたマイノリティがマジョリティにその新たな下部集合として迎えられることに過ぎないからだ。「マイノリティ性への生成変化」なしに資本主義の打倒はあり得ない。「マイノリティ性への生成変化」は、無意識的欲望における脱服従化の運動であり、分裂分析が示した「新たな主観性／主体性の生産」、あるいはリゾーム状主体集団の形成過程そのものである。

ここでも革命は、二段階で実現されるべきものとして提示される。『アンチ・オイディプス』において革命は、第一に、プロレタリアートの利害闘争と革命的服従集団から出発するが、第二に、プロレタリアートを割って出た分裂者主体集団が、利害闘争を欲望にのみ従う闘争へと変容させ、非ヒエラルキー的で横断的な革命的主体集団を実現するものとされていた。『千のプラトー』では、革命の主体はプロレタリアートからマイノリティに変更されるが、この二段階革命戦略に一切の変更はない。第一に、マイノリティは自らの権利獲得を求めて権利闘争、公理闘争と名付けられた利害闘争を展開するが、第二に、マイノリティのマイノリティ性への生成変化は、利害闘争を欲望にのみ従う闘争へと変容させ、マジョリティをもその闘争へと巻き込む「万人によるマイノリティ性への生成変化」を実現することで、リゾーム的な革命的主体集団を実現するからだ。このような革命戦略を次のように言い換えることもできるだろう。ドゥルーズ＝ガタリは、〈68年5月〉という政治的出来事と、それが予告した分裂者あるいはマイノリティ性への生成変化という展望を通じて、レーニン的切断あるいは社会主義革命の後にも残り続ける、国家の廃棄と共産主義の実現という課題を、「分裂者主体集団」と「万人によるマイノリティ性への生成変化」という概念から考えようとしたのだ、と。[*16] だとすれば、ドゥルーズ＝ガタリにとって〈68年5月〉とは、まさしく国家の廃棄と共産主義の実現という未だ実現されていない政治的課題を予示した、例外的な出来事に他ならなかったのである。

---

*16　この点については、京都大学人文科学研究所での私と廣瀬純の口頭発表（二〇一八年五月二四日）に際した、王寺賢太とのディスカッションから示唆を受けた。

IV

ドゥルーズ＝ガタリと〈68年5月〉(2)

――「〈68年5月〉は起こらなかった」読解

廣瀬 純

ドゥルーズとガタリは一九八四年五月、「〈68年5月〉は起こらなかった」と題された短いテクストを発表する。彼らの共著としては、〈68年5月〉を論じた唯一のものである。七二年刊の『アンチ・オイディプス』にも八〇年刊の『千のプラトー』にも〈68年5月〉を論じた箇所はひとつもない。何が彼らを沈黙させてきたのか。何が彼らに沈黙を破らせたのか。八四年のテクストと九一年刊の彼らの最後の共著『哲学とは何か』とは如何なる関係にあるのか。『アンチ・オイディプス』と『千のプラトー』とについての佐藤嘉幸によるレクチュアを引き継ぐかたちで、本レクチュアでは、以上の問題を軸に「〈68年5月〉は起こらなかった」を読解する（読者諸氏には、以下の議論を読み始める前に、本稿末に付した同テクストの拙訳（抄訳）を一読いただきたい）。

1 「純粋な出来事」としての〈68年5月〉

ドゥルーズ＝ガタリは、〈68年5月〉を経験した人々の八四年時点での二つの異なる状況への分岐を指摘している。一方には、〈68年5月〉を一時の「混乱、大仰な言動、愚行、錯覚」に過ぎなかったとして過去のものと位置付け、今日では「若手管理職」になっている者たちがおり、他方には、〈68年5月〉が「出来事」だったことを忘れておらず、今日もなおこれに忠実に生きようとする「〈68年5月〉の子どもたち」がいるとされる。ドゥルーズ＝ガタリが前者の存在にもわざわざ言及するのは、無論、八四年当時すでに支配的となっていた前者に対して後者の復権を図るというテクストの狙いを明確にした上で、〈68年5月〉は、まさに「出来事」だったが故に、八四年にあってもなお「個人の内部で」、したがって、「社会の厚みのなかで」存続していると主張するためだろうが、しかし、これはまた、〈68年5月〉がどこで起こったかということを強調するものともなっている。〈68年5月〉は、ひとつの闘争をさしたる不自由もなく暮らす若者たちの一時的なお祭り騒ぎとして理解することが許されるような社会、すなわち、富裕国で起こったということだ。

「出来事」は、新たな主観性あるいは実存が集団的に生産される現象として定義されている。また、そうした現象は、社会的要因や因果性によって生じる現象、「歴史現象」にも必ず伴っているとされる。決定的に重要なのは、フランス革命やロシア革命が「歴史現象」だとされるのに対して、〈68年5月〉は「純粋な出来事」だとされるという点だ。出来事が純粋に生起するとは如何なることか。

何らかの集団的現象が社会的要因によって、あるいは、因果性に沿って生じるとは、ドゥルーズ＝ガタリにとって、支配され搾取される人々による経済的かつ政治的な利害闘争としてその現象が起きるということに他ならない。支配され搾取される人々が、彼らの政治的かつ経済的な利害に適う新たな社会体《ソシウス》の構成を目指して開始する闘争、歴史のなかで過去と未来との切断を産出しようとする闘争、より精確には、現在において時間を過去と未来とに切断することで「歴史」を創出しようとする闘争こそが、ドゥルーズ＝ガタリの謂う「歴史現象」である。〈68年5月〉はそうした現象ではないと彼らはいう。フランス革命やロシア革命は、あくまでも、支配され搾取される人々の利害と結び付いたかたちで、それを「原因」とすることで生起したが、〈68年5月〉はその限りではないということだ。

〈68年5月〉の実現者は「ひとつの社会」と名状されている。ドゥルーズ゠ガタリが何の形容もなく「社会」を語るとき、彼らが問題にしているのは、多くの場合、社会民主主義であり、これは「〈68年5月〉は起こらなかった」にも当てはまる。実際、六八年時点でのフランス社会は、「栄光の三〇年」（高度成長期）の絶頂を迎えつつあり、その内部には社会民主主義の成熟が見られた。「〈68年5月〉は、何らかの危機から生じた帰結でも、何らかの危機に対する反応でもなかった」。すべての社会民主主義と同様、当時のフランス社会もまた、経済的または政治的な「危機」とその萌芽のすべてを外部へと排除し、その内部には如何なる危機も孕んでいなかったのである。

〈68年5月〉は、そうした「社会」が「おのれ自身に含まれる耐え難いものを突如として見出す」ことで生起したとドゥルーズ゠ガタリは議論を進める。「突如として」という副詞句は、決定要因あるいは原因となるような如何なる「危機」もなくといった意味で理解すればよい。経済的豊かさと民主主義とを十全に享受する社会がいったい何を「耐え難いもの」としておのれのうちに見出したのか。同時期の日本での運動も自らを「豊かさに対する叛乱」と規定したように、フランス社会もまた、社会民主主義としてのおのれ自身を耐え難いものとして見出したのである。外部に「危機」を押し付けることによって初めて成立する社会民主主義それ自体が耐え難いものとして見出されたのだ。要するに、〈68年5月〉は、南（第三世界）を支配し搾取する北としてフランス社会がおのれ自身を知覚する現象だったということだ。

フランス社会は突如としておのれを「地平」において知覚した。「出来事」としての〈68年5月〉が「見ることに存する現象」だといわれるときに問題となっているのは、このコペルニクス的転回である。「〈68年5月〉は起こらなかった」発表から四年後の八八年に撮影されたＴＶ番組『ジル・ドゥルーズのアベセデール』で哲学者は、実際、人が左翼になるということを、天動説から地動説への転回に準えて、次のように説明している。「問題は知覚のそれです。住所の書き方を例に考えてみてもよいかもしれません。左翼ではないとは、自分自身から出発し、自分の住む通り、都市、国、他の国々といった順で進んでいくことです。〔…〕左翼であるというのはその反対です。日本人は私たちと同じようには知覚していないという話を聞いたことがあります。彼らはまず周囲を知覚する。彼らの順序は、したがって、世界、ヨーロッパ、ビゼルト通り、そして私というものになるでしょう。〔…〕まず最初に地平を知覚するのであり、地平において知覚するのです」。

ドゥルーズ＝ガタリは、「おのれ自身に含まれる耐え難いものを見出す」という知覚のコペルニクス的転回が、「別のものの可能性を見出す」ことを直ちに、必然的に導くと考えている。この点について『アベセデール』では次のように述べられている。「富裕国に暮らし優遇された状態にある私たちは、私たち自身から出発する場合、現状をどうしたら持続できるかと問うことになります。〔…〕私たちにとって、左翼であるとは、第三世界の問題のほうが私たちの町内の問題よりも私たちに近いものであることを知るということなのです」。知覚のコペルニクス的転回に伴って起きるとされているのは、「利害」に「欲望」が従属するという関係のその反転、欲望のコペルニクス的転回であり、ドゥルーズ＝ガタリは、これを「新たな主観性の生産」と呼ぶ。「出来事」としての〈68年5月〉とは、フランス社会が、南を支配し搾取する北としておのれを突如として見出した上でまた、知覚のこの転回に押されて、南になる（南性への生成変化）という過程に入る現象だったということだ。

佐藤のレクチュアで示された『アンチ・オイディプス』及び『千のプラトー』での議論の構えと「〈68年5月〉は起こらなかった」でのそれとが如何に異なるかは明白だろう。『アンチ・オイディプス』でも『千のプラトー』でも、ドゥルーズ＝ガタリは、歴史現象のうちに出来事の部分を見出すという構えをけっして崩さなかった。支配され搾取される人々がおのれの利害のために開始する闘争（『アンチ・オイディプス』ではプロレタリアによる階級闘争、『千のプラトー』ではマイノリティによる公理闘争）のただなかに、知覚と欲望とのコペルニクス的転回（階級外性への生成変化、マイノリティ性への生成変化）を見てとるという姿勢を、彼らはけっして崩さなかった。『アンチ・オイディプス』でも『千のプラトー』でも、後者における文学・芸術論での「動物性への生成変化」に関する議論を除けば、「純粋な出来事」が論じられることはなかった。なぜ八四年に至って初めて〈68年5月〉が論じられたのか。なぜ八四年に至って初めて「純粋な出来事」が政治の問題として論じられることになったのか。周知の通り、〈68年5月〉はヴェトナム戦争と不可分の関係にある。〈68年5月〉についてもドゥルーズ＝ガタリは、『千のプラトー』までの彼らの政治論の構えに従って、支配され搾取されるヴェトナム人がおのれの利害のために始めた闘争、より精確には、この闘争に伴うヴェトナム人性への生成変化のその過程（「二つ、三つ、無数のヴェトナムを地球表面に花咲かせよ」）にフランス人も巻き込まれたと論じることができたはずだ。〈68年5月〉の「能動的な媒介」としてヴェトナム人を位置付けるような議論も可能だったはずだ。しかし、彼らはそのようには論じなかった。米軍による空爆のもとで断末魔にあるヴェトナム人たちを眼前にして突如として「おのれ自身に含まれる耐え難いものを見出し」たフランス人が、自力で、無媒介的に（少なくともヴェトナム人を「能動的な媒介」とはすることなく）ヴェトナム人性への生成変化に入ることとして、ドゥルーズ＝ガタリは〈68年5月〉を論じたのである。なぜ八四年にこの〈68年5月〉論だったのか。

右の問いに対する答えは「〈68年5月〉は起こらなかった」には見出せない。その答えが示されるのは『哲学とは何か』においてである。文学や芸術についてのみならず、政治についても「純粋な出来事」を論じるという姿勢をドゥルーズ＝ガタリは『哲学とは何か』でも維持することになる。同書で彼らは次のように書いている。「貧困が貧民窟あるいはゲットーからその外に出てきたときに、いったいどの社会民主主義が発砲命令を下さなかったというのか」。重要なのは、『アンチ・オイディプス』でも『千のプラトー』でもこうした認識が示されたことは一度もないという点だ。『千のプラトー』までのドゥルーズ＝ガタリは、ゲットーからおのれを脱領土化し「社会」の上へとおのれを再領土化しようと闘う貧者たちの運動に、政治の始まりを期待しており、それによる「能動的な媒介」なしには万人による革命性への生成変化もないと考えていた。この考えが捨てられるのだ。

『千のプラトー』では峻別されていた生成変化の「媒介」としての動物とマイノリティとが、『哲学とは何か』では、後者を前者と同一視するという仕方で、同じものとして扱われることになる。『千のプラトー』の文学・芸術論において、野垂れ死にしつつある動物を眼前にした人間による動物性への生成変化として論じられていたものが、『哲学とは何か』では政治論にもそっくりそのまま適用され、断末魔にあるマイノリティを眼前にしたマジョリティによるマイノリティ性への生成変化として論じ直されることになる。『哲学とは何か』では、貧者あるいはマイノリティは、動物と同様、非能動的な媒介とされ、端的に「犠牲者」と呼ばれることになるのである。

ドゥルーズ＝ガタリの政治論における以上のような大転換は、〈68年5月〉を「純粋な出来事」として論じる八四年のテクストから始まった。社会民主主義が「おのれ自身に含まれる耐え難いものを見出す」とは、『哲学とは何か』でプリーモ・レーヴィを引いて論じられる「人間であることの恥辱」、すなわち、犠牲者を眼前にして人間が、人間であることに、マジョリティであることに、市民であることに、社会民主主義を享受していることに、あるいはさらに、その社会民主主義がすべての「危機」を外部に押し付けているという事実と日々妥協しながら生きていることに、恥辱を感じるということと同じである。「〈68年5月〉は起こらなかった」が執筆され発表された当時の状況を特徴付ける要素として次の二つを挙げることができる。ひとつは、サッチャー＝リーガン体制下でのネオリベラリズムの導入であり、もうひとつは、エチオピア飢饉などを契機とした人道主義NGOの国際舞台での台頭である。マイノリティによる公理闘争とは、マイノリティがマジョリティすなわちプロレタリアの享受する同じ社会民主主義的公理を要求する闘争、マイノリティがその特殊性を維持したままプロレタリア階級の上へとおのれを再領土化し、その下位集合として「承認」を得ようとする闘争のことであり、そこでは、階級としてのプロレタリアのその普遍化可能性が前提条件とされている。ネオリベラリズムは、プロレタリアが様々な闘争を通じてこれまでに勝ち取ってきた社会的（経済的）及び民主的（政治的）な公理の多くをキャンセルし、プロレタリアが（ブルジョワ階級とは区別される）ひとつの「階級」であること自体を危機に晒し、プロレタリアを守勢に転じさせる。ネオリベラリズムは、このようにして、マイノリティの利害闘争のその前提条件である普遍化可能な形象としての「プロレタリア」そのものを漸進的に失効させるのである。闘争の前提条件を失ったマイノリティは「犠牲者」でしかもはやない。

その「犠牲者」を眼前にすることが「純粋な出来事」の生起のその条件であるとすれば、まさに、人道主義NGOこそがその最前線に位置しているということになるだろう。人道主義NGOの活動家たちは、実際、犠牲者たちに日々接するなかで「人間であることの恥辱」を感じているに違いない。しかし、人道主義的活動それ自体は「人間であることの恥辱」とは無縁の営みであり、そうした「恥辱」に強いられて人間が入ることになる過程としての動物性（犠牲者性）への生成変化のその対極をなすといってもよい。犠牲者に対する人間による施しとしての人道主義は、人間と犠牲者、北と南、社会民主主義とその外部のあいだの境界の維持をあくまでも前提にしているという点で、ネオリベラル体制下で守勢に転じたプロレタリアすなわち人間のその反動と完全な相関関係にある。ネオリベラリズムと人道主義とのカップルのもと「犠牲者」という形象が浮上してきた時代においてドゥルーズ＝ガタリは、〈68年5月〉を初めて論じ、それを「純粋な出来事」として語ったのである。

2　〈68年五月〉後の「転換」

八四年当時のフランス社会の問題としてドゥルーズ＝ガタリが指摘しているのは、同社会が、〈68年5月〉によって産出された新たな主観性（南性への生成変化）に呼応する社会編成を創出できずにいるという点、そして、それ故に、形式上の「転換」（七〇年代からの労働力流入諸圏での産業転換、八一年五月のミッテラン政権誕生）があっても、内容上はネオリベラル的「反動」に先回りされ、人々が、反動への同調（競争精神）あるいは反動への反動（共同体主義《コミュニタリアニズム》）という「新たな保守主義《インテグリズム》」へと追い込まれているという点である。

形式上の転換に内容上の反動が伴っている例として具体的に挙げられているのはラジオをめぐる状況だ。イタリアなどと同様、フランスでもまた、戦後、ラジオ及びテレビの国家による独占が維持されてきたが、七〇年代、まさに、〈68年〉的主観性に呼応する新たな社会編成創出の試みのひとつといえるような現象として、「自由ラジオ」（海賊ラジオ）の運動が起こった。幾つかの局は社会闘争に直接的に結びついたものであり、自由ラジオを伴った闘争として特によく知られることになったのが、文中で否定的に言及される七〇年代後半のロングウィの闘争である（なぜ言及が否定的なのかは後に説明する）。ロングウィでは、闘争が始まった直後の七八年一二月にCFDT（フランス民主労働組合連盟）が、フェッセンアイムの反原発運動によって運営されていたRadio Verte（緑のラジオ）から技術協力を得てSOS-Emploi（雇用SOS）を開局、七九年三月にはCGT（労働総同盟）もRadio Lorraine Cœur d'Acier（ロレーヌ「鉄の心」放送）を開局する。どちらの局も、組合の路線に拘束されない開かれた番組編成を目指したが（「鉄の心」はCGT中央本部と対立し独立）、「鉄の心」は開局一ヶ月後の七九年四月から、雇用SOSは同年九月から、国家の発信する妨害電波を受け始め、雇用SOSは同年末に、「鉄の心」は（八〇年九月にCGT管理下に戻された後の）八一年一月に、それぞれ閉局を余儀なくされた。ドゥルーズ＝ガタリが形式上の「転換」と内容上の「反動」を見てとるのは、その後の展開においてである。ヴァレリ・ジスカール＝デスタン政権時代、以上のように字義通り「妨害や抑圧を被っ」ていた自由ラジオに対して、ミッテラン政権（ジャック・ラング文化相）は発足当初から寛容な姿勢を示し、八二年七月には新たな視聴覚通信法を制定し、ラジオ及びテレビの国家独占体制に終止符を打つ（形式上の「転換」）。しかし、その際、ミッテラン政権は、認可の条件として、情報源の多元性（右派放送の阻止を狙ったもの）、国内制作楽曲の一定割合以上の使用、出力制限と放送地域限定、著作権尊重などを課し、とりわけアナキスト系の自由ラジオについては放送禁止措置をとって設備を接収、認可された局は商業化し、電波は、国家の指導のもと、新たな市場として整備されてゆくことになる（内容上の「反動」）。フランス社会は、〈68年〉的主観性に呼応する社会編成創出の試みとして自由ラジオを展開させ、この試みは、同じ主観性の下で誕生したといっていい左派政権を、確かに、電波の脱国家化へと導いたが、しかし、同政権は、この脱国家化（自由化）を市場化（私企業化）として実現した。〈68年5月〉の「回収」あるいは「裏切り」とドゥルーズ＝ガタリが看做しているのはこうした「左からの」反動である。

八四年時点でのフランスにあって「失業者や停年退職者、学校などに関して制度化されつつある」ものとして、「制御《コントロール》された〝遺棄状態〟」（福祉国家のネオリベラル的解体）が語られているのは、「〈68年5月〉は起こらなかった」発表の一年前、八三年三月にミッテラン政権が行った「緊縮への転換（le tournant à la rigueur）」と、それによるサッチャー＝リーガン路線への同政権の合流とを念頭においてのことだろう。南性への生成変化としての〈68年〉的主観性は、ここでもまた、北の南化（「富裕国内部での第三世界化現象」）というネオリベラル的反動によって回収される。「今日こそ、我々は危機に陥っている」とドゥルーズ＝ガタリが書くとき、彼らが「危機」と呼んでいるのは、しかし、この「回収」、あるいは、それへの同調（競争精神）だけではない。反動的回収に対する闘争が、それ自体、さらなる反動としてしか組織され得ていないという現実にもまた、あるいはむしろ、この反動への反動にこそ、彼らは重大な「危機」を見て取っている。北の南化に対するその内部からの反動としての共同体主義（「新たな教皇崇拝」）の出現は、フランスにあっては、七二年結党の国民戦線（Front national）が八二年三月の県議会選挙において初めて各地で一〇パーセントを超える得票を記録し、その存在感を明確に示すという現象として可視化される（「〈68年5月〉は起こらなかった」発表直後の八四年六月の欧州議会選挙でも国民戦線の得票は一〇パーセントを超えた）。

しかし、八四年の時点ですでに、「制御された〝遺棄状態〟」の制度化は外部性だけに関わるものではなく、また、反動に対する反動としての闘争も極右勢力の台頭だけに還元されるものではなかった。「今日我々が目にしているのは、ロングウィ製鉄所の人々が彼らの鉄鋼に、乳業生産者たちが彼らの乳牛に、必死にしがみつくという光景だ」。ドゥルーズ＝ガタリが、ミッテラン政権誕生前夜のフランス社会を特徴付けた二大「産業転換」に触れ、そこでの労働者たちの闘争に否定的に言及するのは、労働の内部にも、ネオリベラル的反動と、それに対するさらなる反動とを見て取っているからに他ならない。若者や主婦も参加し、CGTやCFDTといった労組の指揮系統を大きく逸脱して占拠や破壊も伴いつつ展開され、「ロングウィの〈68年5月〉」あるいは「ロングウィ人民共和国」とまで呼ばれたロレーヌ地方ムルト＝エ＝モゼル県（Meurthe-et-Moselle）での大規模な闘争は、七八年に鉄鋼企業グループＵＳＩＮＯＲ（北フランス鉄鋼同盟）が破綻し、ジスカール＝デスタン政権によってこれが国家の管理下におかれ、全国で二万人、ロングウィで七八〇〇人（一万三〇〇〇人が当時雇用されていた）の解雇計画が発表されたことに端を発する。ロングウィの製鉄所従業員及び住民は、地域経済を支えてきた製鉄所とそこでの雇用を守るため、同都市で運動を展開しつつ、七九年三月には、業種横断的かつ労組横断的に、解雇計画に反対する三〇万人規模のデモをパリでも組織し、警官隊と激しく衝突する。多数派のCGTが鉄鋼死守路線をあくまでも貫いたのに対し、少数派のCFDTは地域産業転換路線（産業多角化、他業種工場誘致のための支援の国家への要求）へと転じたものの、しかし、雇用を守るという点では総じてミッテラン政権誕生に期待が寄せられたが、同政権による「緊縮への転換」（賃金凍結なども含む）によってそうした期待も「裏切ら」れ、七八年以前の水準で地域の雇用が確保されることはその後、二度となかった（国家からの助成金を得て様々な企業の工場が誘致されたが、九二年に操業開始した大宇（Daewoo）のブラウン管工場が二〇〇三年に閉鎖されたのを最後にそうした助成金依存経済にも終止符が打たれ、現在に至っている）。

他方、長く地産地消規模で営まれてきたブルターニュ地方の酪農は、六〇年代末から集産工業化が進められ、その帰結として、七〇年代半ばには早くも恒常的過剰生産に陥ることになった。乳製品の多様化戦略が導入されたが、それを以てもなお過剰生産を解消することができず、個々の酪農家は乳牛頭数削減や廃業の危機に追い込まれることになる。七〇年代末のこうした状況のなかで酪農の継続のために闘っているブルターニュ地方の人々について、ドゥルーズ＝ガタリは「自分たちの乳牛に必死にしがみついている」といい、事実上、批判しているのだ。「〈68年5月〉は起こらなかった」でのドゥルーズ＝ガタリのこの厳しさは特筆に値する。ロングウィの闘争についても「ロングウィ人民共和国」あるいは「ロングウィの〈68年5月〉」という側面から肯定的に論じるという選択肢が彼らにはあったはずだ。しかし、ドゥルーズ＝ガタリは、ロングウィの労働者と住民とが「鉄にしがみついている」（CFDTの路線も加味してより一般的にいい直せば「雇用にしがみついている」）という側面だけを取り上げ、これを批判するという態度を選択した。動機は明らかだ。この選択によってドゥルーズ＝ガタリは、マイノリティによる利害闘争は万人によるマイノリティ性への生成変化の可能性を拓くものとして認めるが、マジョリティによる利害闘争についてはそのいっさいを反動として退けるという彼らの揺るぎない姿勢を、この上なく明確に示すのである。

3　出来事の党の不在

出来事が生起し、出来事に対する反動があり、反動への反動があるが、他方、出来事に忠実に生きようとする者たちがおり、そのように「社会の厚みのなかで」出来事が存続する限り、出来事に応える社会編成の創出、真の「転換」の可能性は残されている。八四年のテクストでドゥルーズ＝ガタリが初めて展開してみせることになったこの出来事論は、同時期にアラン・バディウが展開し始めた出来事論とよく似ている。[*1] 出来事を新たな主観性の生産（知覚と欲望のコペルニクス的転回）だとするドゥルーズ＝ガタリにバディウは同意するに違いなく、

＊1　次の拙論において、ドゥルーズ＝ガタリの謂う「欲望」の観点からバディウの出来事論を整理し得る可能性を探った。Jun Fujita Hirose, « Le désir, le sujet et la loi. Alain Badiou et sa conjuration des égaux », in Alain Badiou et Giovanbatista Tusa, *De la fin. Conversations*, Mimésis, 2017, pp. 79-87.

また、何よりも、そのように定義される出来事のその純粋な生起を〈68年5月〉に見てとるという点で両者の見解は一致している。ただし、バディウにおいては出来事は、歴史上のどんな時点、地球上のどんな場所においてもつねに純粋に、すなわち、如何なる決定要因、因果性も伴わずに生起するものだとされるのに対して、ドゥルーズ＝ガタリにおいては「純粋な出来事」は、歴史的かつ地理的な特定の条件のもとにのみ生起するものだとされる。

バディウであれば〈68年5月〉の「党」と呼ぶであろうものを、ドゥルーズ＝ガタリは「〈68年5月〉の子どもたち」と呼んでいる。バディウが「党」に見出すのと同じものを、ドゥルーズ＝ガタリもまた「子どもたち」に見出している。出来事によって産出された集団的な主観性が個人の営みのなかで維持されるという集団性と個人性との二重性である。この二重性あるいは自己分岐をバディウは、「個人である」こと〈存在〉のただなかで「〔党の〕活動家になる」こと〈生成変化〉として論じる。バディウが「党」と呼ぶものを、ドゥルーズ＝ガタリがあくまでも「子どもたち」と呼ぶにとどめるのは、後者においては、組織化を論じることが積極的に避けられているからだ。バディウは、党の活動家たちに、彼ら自身が出来事に忠実であるだけでなく、その同じ忠実さへと他の人々を導くことも求める。出来事としての〈68年5月〉への忠実さをフランス社会が集団的に〈再〉獲得することは、無論、ドゥルーズ＝ガタリにおいても期待されているが、しかし、バディウとは異なり、彼らは、そのための組織化活動に身を投じることを誰にも求めない。ドゥルーズ＝ガタリは、〈68年〉的主観性が「子どもたち」一人ひとりの「取り組み」のなかで存続しているという事実を肯定するだけであり、水平的かつ散在的な「開かれ」のその垂直的かつ網羅的な組織化の必要性をけっして説かない。『哲学とは何か』において「犠牲者を眼前にして、人間であることの恥辱を感じるとき、哲学は必然的に政治哲学になる」といわれるときも、その哲学が、バディウの謂うような「党」として論じられることはなく、哲学者が「活動家」として位置付けられることもない。

「子どもたち」の個々の営みのうちに維持される〈68年〉的主観性は、いったいどうしたら、組織化を経ることなしに、おのれに呼応した集団的転換の創出へと至るのか。この問いは、八四年のテクストでも『哲学とは何か』でも、立てられることもないまま、宙吊りにされている。ドゥルーズ＝ガタリが「党」あるいはその等価物を論じるのは、支配され搾取される人々による利害闘争に政治の始まりが期待されていた『千のプラトー』までの仕事においてのことだ。『アンチ・オイディプス』では、マルクス主義革命論の伝統に則り、プロレタリアの利害を意識として体現する党が、プロレタリアの階級闘争（資本主義社会における唯一の「階級」としてのブルジョワジーからプロレタリアが新たな階級として割って出る闘争）に必要不可欠なものだとされた。『千のプラトー』でも、フェミニズム活動理論の伝統に則り、女性の利害を意識として体現する組織、女性たちが「我々、女性は……」と声を上げることで形成される党的組織が、女性による公理闘争（プロレタリア階級の上へ女性がその下位集合としておのれを再領土化する闘争）に必要不可欠なものだとされた。しかし、プロレタリア階級闘争あるいは女性公理闘争のただなかでの「出来事」（ブルジョワも巻き込むプロレタリアによる階級外性への生成変化、男性も巻き込む女性による女性性への生成変化）の生起が語られるとき、そこで「出来事」とされていたのは、佐藤のレクチュアでも説明のあった通り、まさに、党的組織化からの欲望フローの漏出、「言表主体」（「プロレタリア」「女性」）との「二重一声性（bi-univocité）」としての党的構造からの「言表行為主体」（「我々」）の分離なのである。要するに、『千のプラトー』までの彼らの仕事にあっても、ドゥルーズ＝ガタリが党の必要性を認めるのは、支配され搾取される人々の利害闘争についてのみであり（利害の党）、この闘争を条件としてその内部で生起する「出来事」については、反対に、あくまでも、そうした党からのフローの溢出として論じられるのだ。

〈68年5月〉が「純粋な出来事」だといわれるときに問題になっているのも、党的構造からの欲望フローの溢出なのではないか。同時代の日本での運動と同様、フランスの〈68年5月〉においても、「新左翼（gauchisme）」とは、周知の通り、何よりもまず、共産党とそれによる組織化体系からの人々の集団的逃走のことだった。利害への欲望の従属のその反転としての「出来事」とは、当の従属を組織してきた党から欲望フローが突如として溢れ出すことに他ならない。この意味でこそ、ドゥルーズ＝ガタリにおいて、バディウの唱えるような出来事の党、欲望の党、無意識的リビドーの党は形容矛盾だとされ、議論から排除されるのである。

しかし、出来事としての〈68年5月〉に呼応する集団的転換としてドゥルーズ＝ガタリが具体的に挙げる新たな「平和主義」や「国際主義」のその実現は、マジョリティ（プロレタリア階級）の利害の党が右からも左からも反動的に再組織されつつあるなかで、本当に、〈68年5月〉に対する忠実さへと欲望フローを整流する出来事の党なしに可能なのか。八四年時点でのフランス社会にドゥルーズ＝ガタリが見出す「危機」は、まさに、出来事の党のその不在に由来するのではないか。「〈68年5月〉は起こらなかった」というタイトルに明らさまに含意されるドゥルーズ＝ガタリの悲観的ヴィジョンは、彼ら自身が「党」を別の仕方で構想し得ていないことに由来するのではないか。『アンチ・オイディプス』や『千のプラトー』で、言表主体（たとえばモル的女性としての「女性」）への言表行為主体（分子状女性としての「我々」）の二重一声的従属のその反転を語るとき、ドゥルーズ＝ガタリはこれを直ちに言表主体からの言表行為主体の切断と翻訳し、言表主体を埒外においてしまう。「反転」をその語を用いて語りながらも、彼ら自身、これを字義通りに引き受けようとしないのだ。彼らに反して「反転」を字義通りに理解すれば、そこから、言表行為主体への言表主体の二重一声的従属として「党」（欲望の党）を構想するその可能性が必然的に帰結することになるはずだ。言表主体への言表行為主体の従属のその反転において、おのれ自身にしかもはや従属しない言表行為主体が回復されるというのは、ドゥルーズ＝ガタリのいう通りだとしても、言表行為主体のこの自己従属が集団的転換すなわち「政治」の実現の条件である以上、バディウが説くように、その自己従属の集団的な維持のためにリビドー経済の組織化を担う「党」が必要なのではないだろうか。「服従集団」（利害の党）から峻別される「主体集団」のその「軍隊としての党」（ネグリ）が必要なのではないだろうか。

ガタリは八二年、民政移管期にあったブラジルを訪問した際、ルーラのリーダーシップの下で八〇年に創設され、当時、選挙に臨もうとしていた労働者党（PT）について次のようにコメントしている。「ミクロ政治の問題、すなわち、社会野における欲望の編成を如何に把握するのかという問題は、相異なる二つの次元がどう交差し合うのかという問いに関わります。社会的差異のうちでも特に大きく際立った類いの差異が生産される次元（私が〝モル的〟と名付けた次元）と私が〝分子状〟と名付けたもうひとつの次元とはどう交差し合うのか。これら二つの次元を両立し得ないものだと看做してはなりません。すべての社会闘争は分子状であると同時にモル的でもあるのです」。重要なのは、PTへのガタリのこの関心が七〇年代フランスの「失敗」を踏まえてのものであるという点だ。「〈68年〉の後、ありとあらゆるレヴェルにおいて強力な分子革命運動が巻き起こりました。〔…〕しかし問題は、それらのアクションのいずれもが新たな次元での闘争へと移行できないままに終わってしまったという点にあります。他のセクターに属する人々も巻き込む新たな次元での闘争へ向かうために彼らが用い得た方法は、旧態依然とした小規模先鋭集団、あるいは、従来通りの党や労組を組織するといったものでしかありませんでした。〔…〕運動は社会・政治の大局的な場のなかに真の力関係を産み出すことができなかった。この事実こそが、反動勢力による思うがままの反撃、ありとあらゆる類いの懐柔を許してしまう結果を招いたのです」。ブラジルでのガタリは、七〇年代からのフランス社会における「危機」が出来事の党、欲望の党の不在に起因することを明らかに認めている。しかし、八四年のドゥルーズとの共著テクストではこの認識が再び示されることはなかった。サン・パウロでのPT主催の集会のおいて、「ここPTでなされつつあることには極めて斬新な何か、大いなる実験のようなものがあるように私には思える」としながらも、言及せざるを得なかった次のような留保が、その二年後のテクストで、分子状フローとモル的組織化との「両立」についての議論を著者たちに最終的に思いとどまらせたのかもしれない。「これらの課題に取り組む際には細心の注意が必要でしょう。私がいおうこうした展望をもつことが最悪の帰結を招き得るというのは歴史が証明している通りなのですから。

としているのは、PTの登場ですべてが奇跡的に解決されたとか、ルーラがイエスやブッダの化身だといったことではまるでありません。組織化に対するPTの考え方にまだ古いところが残っているためにマイノリティを組織するそのやり方に多くの問題点があるということも知っていますし、私が〝リーダー主義〟と呼んでいるものの下地がすでに形成されつつあるということも知っています*2」。

4 平和主義と国際主義

「〈68年5月〉は起こらなかった」が発表されたのは、八一年にリーガン政権が誕生したことで米ソ間で始まった中距離核戦力全廃交渉が、八三年末からのヨーロッパでの米国による新INF配備開始によって中断されていた時期においてのことだった（八五年のゴルバチョフ書記長就任によって交渉は再開され、八七年に条約署名に至る）。中距離兵器に限定されたものではあったが、核兵器についての米ソ間での初めての「全廃」交渉のその頓挫について、そこで米ソが演じる「対立」だけではなく、むしろ、そうした「対立」よりも深いところでなされている両国間の「暗黙の合意」こそを見て取らなければならない、そうした「合意」こそを「解体し」なければならないと、ドゥルーズ＝ガタリは主張している。「合意」を語るときに彼らが念頭においているのは、核兵器保有国を米露英仏中に限定することを目的として六八年六月に国連総会本会議で推進決議が採択され、七〇年三月に発効した核不拡散条約だろう。東西間の合意とは、南に属すると看做すべき中国を除けば、北の諸国間の同盟のことであり、この同盟による南北境界の維持のことに他ならない。北の人々の南性への生成変化としての〈68年5月〉が起こったその翌月に、国際関係の水準では、南の諸国による核兵器保有の可能性を前に北の諸国の同盟が東西合意として形成され、フランス国内の水準では、ド＝ゴール派（UDR）が国民議会選挙（六月三〇日）で圧勝、戦後初の絶対多数を形成し、七〇年代の右派支配体制（ポンピドゥー政権、ジスカール＝デスタン政権）を準備したという事実、要するに、出来事としての〈68年5月〉に対する反動が国際的にも国内的にもその翌月から始まっていたという事実は、「〈68年5月〉は起こらなかった」での議論に大きく影を落としているといってい い。東西対立を北の諸国間での「役割分担」だとし、その基底には北の諸国間での「暗黙の合意」があるという認識こそが、ドゥルーズ＝ガタリに、「〈68年5月〉の全世界的広がり」（万人による南性への生成変化）に呼応する集団的転換としての「平和主義」を語らせているのである。

ドゥルーズ＝ガタリが「平和主義」として想像していたものは、後に柄谷行人が「憲法九条は日本人の無意識である」として構想することになったものにおそらく近いだろう。[*3] 「無意識」とは欲望のことに他ならず、ひとつのネイションが自分たちの国家に戦力放棄を求めるとは、利害への欲望の従属のその反転、欲望のコペルニクス的転回に他ならない。柄谷は、北に属する日本が戦力放棄することによって、他の北の国々もこれに触発され、全世界的な戦力放棄への途が拓かれるはずだと論じているが、八四年時点でのヨーロッパあるいはフランスについて「何も提案できずにいる」とドゥルーズ＝ガタリが述べるとき、なすべき「提案」として彼らが考えていたのも、北としてのヨーロッパあるいはフランスによる戦力放棄だったに違いなく、これを措いて他に、南性への生成変化としての〈68年5月〉的主観性に呼応する平和主義などあり得ないだろう。

他方でまた、ドゥルーズ＝ガタリは、「富裕国の内部で進む第三世界化現象」によって従来の形式での「第三世界への連帯」が不可能になったとの認識の下、「新たな国際主義」、第三世界への連帯の新たな形式の創出を求めてもいる。プロレタリア階級（マジョリティ）に対するネオリベラル的反動による攻撃は、一方では、マジョ

＊2　ここで引いたガタリの発言はすべて以下の対話記録集からのもの。Félix Guattari e Suely Rolnik, *Micropolítica. Cartografias do desejo*, Editora Vozes, Petrópolis, 1986.

＊3　柄谷行人『憲法の無意識』岩波新書、二〇一六年。

リティを守勢に転じさせ、反動への反動へと導き、他方では、マイノリティ（第三世界）からその闘争の条件としてのプロレタリア階級の普遍化可能性を奪う（「犠牲者」としてのマイノリティ）。第三世界の人々による利害闘争の開始を前提とするのとは異なる仕方で、第三世界への連帯を新たに創出するには、何よりもまず、社会民主主義（北）とその外部としての第三世界（南）との境界を維持し前者の内部にとどまろうとする反動的闘争からマジョリティが脱しなければならない。この意味においてこそ、「新たな国際主義」は、北の人々による南性への生成変化としての〈68年5月〉に呼応する新たな第三世界主義として創造されなければならないといわれているのである。

5　「歴史現象」としての市民革命

これまでに見てきたように、「〈68年5月〉は起こらなかった」と『哲学とは何か』とは、情勢の変化に伴って『アンチ・オイディプス』では階級外性への生成変化、『千のプラトー』ではマイノリティ性への生成変化に同定された「革命性への生成変化」を、動物性（犠牲者性）への生成変化に新たに同定するという点で一致している。しかし、「〈68年5月〉は起こらなかった」で「純粋な出来事」として論じられたこの動物性への生成変化は、『哲学とは何か』では、実のところ、歴史現象の「内奥」（ペギー）をなす出来事として論じ直されている。『哲学とは何か』では、アメリカ革命とロシア革命とが「近代の二つの大革命」として並置され、動物性への生成変化は、東西のこの二つの革命を両極として世界規模で実現された歴史現象としての近代革命のその内部に含まれる「出来事」として捉え直されるのである。

『哲学とは何か』でのドゥルーズ＝ガタリは、ロシア革命（「レーニン的切断」）によってプロレタリア階級がブルジョワ階級から割って出たとする『アンチ・オイディプス』でのマルクス主義的歴史観をもはや維持していない。アメリカ革命とロシア革命とは、どちらも市民革命だとされ、事実上、同一視されるのだ。万国の人々が、アメリカ革命では移住によって、ロシア革命ではその場で、各々のネイションからおのれを脱領土化しつつ、同時にまた、身分や家族といった従来の社会制度のいっさいから脱コード化されたフローとしての「市民」となって、「新世界」の上へおのれを再領土化する。新たなアテナイの上への再領土化、市民社会への脱領土化として実現された近代革命を、ドゥルーズ＝ガタリは「相対的な内在的脱領土化」と看做している。近代革命における脱領土化が「内在的」だとされるのは、脱領土化には、王となるよそ者が天空に突如出現することで、稲妻の流儀で垂直になされ、帝国の構成を導く「超越的脱領土化」もあると考えられているからだ。これに対して、市民革命は、津波の流儀で、水平になされる脱領土化である。問題は、近代市民革命として実現された内在的脱領土化がなぜ「相対的」と形容されなければならないかという点にある。『哲学とは何か』刊行の二年前に発表されたメルヴィル論でドゥルーズは次のように書いている。「父なき社会については様々な危険が頻繁に指摘されてきたが、父の回帰を措いて他に危険はない。この点からいえば、アメリカ革命とソヴィエト革命〔…〕について、両者の破綻を分けて考えることはできない〔…〕。世界的移住は世界的プロレタリア化と同じように失敗に終わった。南北戦争はすでに弔鐘を鳴らしていたが、評議会《ソヴィエト》の崩壊も同様だ。ネイションの誕生、国民国家の復活。怪物的父たちがギャロップで回帰し、父なき子たちは再び死に始める」[*4]。「父なき社会」の創造としての近代革命は「父の回帰」を伴うことなしには実現されなかった。古代のアテナイにおいてすでにそうであったように、近代市民革命においても、内在的脱領土化は、「市民」として承認される者〔人間〕とそうでない者〔動物〕との父〔超越性〕による境界画定〔国民国家の復活〕なしには実現されなかった。この意味でこそ、ドゥルーズ＝ガタリ

＊4　Gilles Deleuze, « Bartleby, ou la formule » (1989), *Critique et clinique*, Minuit, 1993, p. 113

は「相対的な内在的脱領土化」を語るのだ。「内在は、それが何物かへの内在に還元されるとき、つねに超越に転じる」。

「父なき社会」へと向かう運動（「世界的移住」及び「世界的プロレタリア化」）は、それ自体としては、絶対的な内在的脱領土化であるが、「父の回帰」を伴ったこの運動の実現としての近代革命は、絶対的な内在的脱領土化のその相対化である。『哲学とは何か』は、書名通り、「哲学」についての本だが、同書でドゥルーズ＝ガタリは、近代革命を通じて特定の「環境」上に限定された仕方で（「新世界」を限定的な「環境」に還元する仕方で）相対的に実現された内在的脱領土化を「内在平面」（思考）上で「対抗実現」し、それを「絶対性」（あるいは「無限」）にまで「押しやる」ことに存する実践として、「近代哲学」のあり得べき姿を描き出している（ドゥルーズ＝ガタリについて頻繁になされる「ポスト近代」という形容は、この意味で、端的にいって間違っている）。そして、近代革命をそのように「引き継ぐ」ことに存した哲学的実践こそが、『哲学とは何か』では、人間による動物性への生成変化として語られるのである（「哲学者」は、「芸術家」などと同様、富裕国に暮らす「人間」であって、「動物」でも「犠牲者」でもない）。

『哲学とは何か』での以上のような議論を踏まえるならば、〈68年5月〉は、ひとつの社会のその市民たちが集団的に哲学者になる現象であり、「〈68年5月〉の子どもたち」の出現は「父なき子たち」の集団的な回帰だったということになるだろう。すなわち、「出来事」としての〈68年5月〉、そこでの「新たな主観性の生産」は、近代革命によって相対的に実現された内在的脱領土化を引き継ぎ、その運動を内在平面上で対抗実現し、絶対性にまで押しやることに存していたということだ。「フランス革命や〔…〕ロシア革命といった歴史現象」それ自体にすでに「出来事」が含まれており、その「出来事」が「〔けっして〕乗り越えられ得ないもの」として「社会の厚みのなかで」つねに存続していたのだとすれば、〈68年5月〉は、そうした「出来事」（「コミュニズムという幽霊」）が「突如として」再びその姿を現した現象だったということもできるかもしれない。

6　「純粋な出来事」論の今日的有効性

人間による動物性への生成変化という議論は、マイノリティが動物と同一視できる「犠牲者」の状態にあるという情勢認識に立脚している。マイノリティが、断末魔にあってただひたすら死につつある状態におかれている以上、マジョリティ（人間、市民）は、マイノリティを「能動的な媒介」とはしない仕方で、自力で、直ちに、マイノリティ性への生成変化に入らなければならないというのが、八四年のテクスト及び『哲学とは何か』でのドゥルーズ＝ガタリの議論である。『哲学とは何か』刊行から四半世紀以上が経過した今日もなお、そのような路線は有効なのだろうか。

「ヨーロッパ移民危機」が語られていた二〇一五年九月にエチエンヌ・バリバールが発表したテクスト「ヨーロッパと難民――〝拡大〟――について」には、たとえば、次のようにある。「ヨーロッパで現在構築されつつあるのは、難民拒否の〔各国での「国民戦線《フロン・ナショナル》」というよりも〕諸国民横断戦線《フロン・トランスナショナル》である。公然と人種差別的で暴力的なグループが幾つか存在しているが、そうしたグループはこの戦線の極点をなしているに過ぎず、この戦線全体は、功利主義（「我々のところにはもうスペースがない」）から、アイデンティティ・イデオロギー（キリスト教的だとしている国も、無宗教的だとしている国もあるが、いずれにせよ、「ヨーロッパのその本性がイスラーム教徒の殺到によって脅かされる」）を経て、安全保障問題（「難民にはジハード主義者が紛れ込んでいる」）に至るまで多岐にわたる議論で構成されている。おそらく我々は今日、競合やナショナリズムなどのためにこれまでは一度も実現され得なかった事態に、史上初めて居合わせつつあるのだ。反難民そして反移民の旗印の下に統一されたひとつの排外主義的な〝党〟がヨーロッパに出現するという事態である。その当然の結果として、逆に、連帯のヨーロッパは、新たな同盟に基づいて規定されるひとつの確固たる政治闘争なしには、けっして構築され得ないということになる。移民に対する暴力を断固として糾弾することから開始され、移民受け入れの環境を要求することへと継続される政治闘争だ」[*5]。ここで描かれているのは、動物性への生成変化ではまるでない。マイノリティは動物と同一視可能な存在などでは微塵もなく、すべてに先立ってマイノリティによる闘争、彼らの物理的かつ政治的な運動がある。ヨーロッパの「壁」、北の防御壁を押し倒して南からなだれ込む人々のその圧倒的な運動が、ヨーロッパ人たちを難民性への生成変化とそれに呼応する集団的転換へと導く「能動的な媒介」として実体的に同定されている。バリバールは、『千のプラトー』で示された路線が改めてその有効性を取り戻す時代に今日我々が入りつつあると考えているのである。

付録

ジル・ドゥルーズ+フェリックス・ガタリ「〈68年5月〉は起こらなかった」(抄訳)

Gilles Deleuze et Félix Guattari, « Mai 68 n'a pas eu lieu » (1984)

訳・廣瀬 純

フランス革命やパリ・コミューン、ロシア革命といった歴史現象は、社会的要因や因果連鎖には還元され得ない部分、「出来事」と呼ぶべき部分を必ず併せもつ。歴史家たちはこの側面をあまり好まない。歴史家の仕事は因果関係を事後復元することに存するが、出来事は、いっさいの因果関係から外れ、切断されたところに生じるからだ。出来事は諸法則からの分岐あるいは逸脱であり、新たな可能性の場を開く不安定状態としてある。〔…〕この意味で、出来事は、妨害や抑圧を被ったり、回収されたり、裏切られたりしてもなお、つねに、乗り越えられ得ないものとしてとどまる。〔…〕出来事は可能性への開かれであり、社会の厚みのなかで、そして、個人の内部で存続するのだ。

冒頭に挙げたような歴史現象は、その本性は別のところにあったにせよ、決定要因や因果性を確かに伴うものだった。これに対して〈68年5月〉は、むしろ、純粋な出来事、すなわち、通常の因果性、あるいは、規範に準じた因果性のいっさいから解かれた状態での出来事の生起だったと言える。〔…〕〈68年〉は、確かに、混乱、大仰な言動、愚行、錯覚で溢れていたが、重要なのはそうした側面ではない。重要なのは、それがまた、見ることに存する現象でもあったという点、すなわち、ひとつの社会が、おのれ自身に含まれる耐え難いものを突如として見出し、別のものの可能性も見出したかのような現象だったという点なのだ。〈68年〉は、「幾ばくかの可能性を、さもなければ窒息してしまう」（キルケゴール）というかたちで起きた集団的現象だった。可能性は予め存在しているわけではなく、出来事によって創造されなければならない。可能性の創造は生《せい》の問題である。出来事は新たな実存を創造するのであり、新たな主観性（身体や時間、性、環境や文化、労働といったものとの新たな関係）を産み出すのだ。

　何らかの社会的変異が出現した際、経済的または政治的因果性の線に沿ってその諸帰結あるいは諸結果が導出されるだけでは不十分だ。社会に求められるのは、社会的変異によって産出された新たな主観性が自らその社会的変異を望むことになるような仕方で、この主観性に呼応する新たな集団的編成《アレンジメント》を作り出す能力である。これこそが真に「転換」の名に値するものなのだ。〔…〕〈68年5月〉は、何らかの危機から生じた帰結でも、何らかの危機に対する反応でもなかった。むしろ逆に今日こそ、我々は危機に陥っている。フランス社会が〈68年5月〉を同化し得なかったが故にこそ、フランスでの今日の危機あるいは袋小路があるのだ。フランス社会は、〈68年〉が求めていたような仕方での主観的転換を、集団的次元でなすことがまるきりできなかった。そのよう

＊5　Étienne Balibar, « Europe et réfugiés : l'élargissement », le 15 septembre 2015, *Mediapart*, repris dans Id., *Europe : crise et fin ?* (Le Bord de l'eau, 2016).

な状況下で、いったいどうしたら「左翼」的条件に適う経済的転換などというものを、フランス社会がなし得るというのか。〔…〕今日我々が目にしているのは、ロングウィ製鉄所の人々が彼らの鉄鋼に、乳業生産者たちが彼らの乳牛に、必死にしがみつくという光景だ。しかしそもそも、右からとほぼ同様に左からも〈68年〉に対する反動があり、新たな実存のいっさいの編成、新たな集団的主観性のいっさいの編成が予め圧し潰されてしまっているなかで、いったい彼らが他に何をなし得るというのか。自由ラジオについても同様だ。どの分野でも可能性はその都度、再び閉ざされてしまった。

〈68年5月〉の子どもたちは世界中に見出される。彼ら自身にその自覚がないとしても、どの国もそれぞれの仕方で〈68年5月〉の子どもを産み出している。彼らの状況は、若手管理職のそれというような輝かしいものではない。彼らは奇妙にも無関心だが、事情にはよく通じている。彼らはもはや何も要求しないし、ナルシシズムも捨てたが、しかし、彼らは、自分たちの主観性、自分たちの潜在力に応え得るものが今日何ひとつないということをよく理解している。彼らはまた、今日進められている改革のそのいずれもが彼らにむしろ敵対するものであるということも知っている。彼らが決心したのは、各自が自分自身の取り組みを可能な範囲で進めていくということだ。彼らは開かれを、可能性をそのようにして維持するのである〔…〕。

〔…〕失業者や停年退職者、学校などに関して制度化されつつあるのは、制御（コントロール）された「遺棄状態」に他ならず、そのモデルは障碍者である。集団的次元において今日見られる唯一の主観的転換は、米国流の野蛮な資本主義のそれであり、さもなければ、イランにおけるようなムスリーム根本主義《ファンダメンタリズム》のそれ、ブラジルにおけるようなアフロアメリカン宗教のそれだ。対極をなすこれら二種の転換が共に示しているのは、新たな保守主義《インテグリズム》の出現である（ヨーロッパにおける新たな教皇崇拝もここに加えるべきかもしれない）。ヨーロッパは何も提案できずにおり、フランスに至っては、米国化し過剰に軍備を拡大させるヨーロッパがそのために必要な経済的転換を上から進めていく局面で、その主導権を握りたいという野心しかもっていない。可能性の場は別のところにある。東西軸に従えば、米国とソ連とのあいだの対立関係、過剰軍備競争、しかしまた、両者間の暗黙の合意、役割分担といったもののそのすべてを解体し得るようなものとしての平和主義。南北軸に従えば、第三世界への連帯だけでなく、富裕各国のその内部で今日進む第三世界化現象〔…〕にも立脚した新たな国際主義。解決は創造的になされる以外にあり得ない。今日の危機を解決へと導き得る方向で、〈68年5月〉の全世界的広がり〔…〕を引き継ぐものがあるとすれば、それはまさに、このような創造的転換なのである。

V

〈68年5月〉と精神医療改革のうねり

上尾真道

学生蜂起として語られる〈68年5月〉の様々な側面。五五年のスターリン・ソヴィエト共産党の批判や中国の文化大革命を背景とした新たな左派政治の組織化の動きであり、また同時に、フランスに第五共和政をもたらしたアルジェリア解放戦争の余韻と、フランスからアメリカへと引き継がれたヴェトナム独立阻止戦争への抗議を背景とする帝国主義の糾弾。しかしさらには、アメリカ的な大量消費社会の到来、自由の大規模実験場であるような市場の拡張による、欲望の解放の文化。旧来の社会を特徴付けていた、権威を軸とする支配－従属関係の拒否にして、新たな社会関係へ向かう変化の大波である。そうしたなか、「精神」を扱うかなり具体的な制度改革が、〈68年5月〉の余波のうちで行われている。六八年一一月の教育相エドガール・フォールによる、大学改革に関する法案である。ヴァンセンヌ実験大学センター（現パリ第八大学）の設立を定めた法律としてつとに知られるが、いま我々は、その別の側面に注目しよう。つまりこの法律は、精神医学にまつわる教育改革をも含んでいたのだ。[*1] 神経学とは異なる専門分野としての精神医学教育のプログラムがそこで構想されたのであり、そのうちには「人間科学」の枠組みのもとで、精神分析を筆頭とする精神療法・心理学の分野が包摂された。

本論は、この具体的変化に即しつつ、〈68年5月〉が私たちにとって何であったか、あるいはいま何であり続け得るか、問うこととしたい。その際、まさにこの改革について書かれたひとつのテクストを軸に進めていこう。六九年二月ごろ、『ル・モンド』紙に依頼され、精神分析家ラカンが書いた「穴の中の改革について D'une réforme dans son trou」と題されたテクストである（タイトルの「穴の中の」とは「井の中の」という意味に相当する）。彼の手になる時評として、極めて珍しいテクストであるが、定かならぬ理由で、結局、この当時には発表されることはなかった。このテクストの議論を中心的な軸としながら、本稿は、フランス〈68年5月〉を、「心」をめぐる大きな制度的変化との関連から論じてみたい。

1　フランス精神医療改革と〈68年〉

しかしまずは、六八年の改革へと至る戦後フランスの「心」をめぐる制度・政治の歴史を振り返っておく必要があるだろう。[*2]

先述の大学制度改革に含まれた精神医療教育改革とは、戦後フランスにおいて検討されてきた精神医療の実践をめぐる改革の動きと連動している。この動きは端的には、施設収容主義から地域精神医療への移行をめぐって繰り広げられたもので、六〇年代の議論を経て、七二年に「セクター制」として実現することとなる。一九四五年のナチによる占領からの「解放」以来、展開されたこの議論の背景としては、次の二つのフランスに特殊な文脈を指摘しておくことができる。

第一にフランスは、ヨーロッパのなかでも治安的強制収容に基づく精神医学の中心地として考えられていた。フランスでは一八三八年に、治安維持に関わる患者の強制収容（措置入院）を取り決めた法律が、ヨーロッパの他の国々にも先駆けて制定されている。そこでは、公立精神病院の設置とその同意入院手続きとともに、「異常

aliénation の状態が公の秩序や人々の安全を脅かす」場合に、県知事などによって、患者に入院を強制できることが法律として定められた。以降、この法律は、アリエニストと呼ばれた収容施設専門医師の身分を法的に支えてきたのである。

第二に、もしそのことが戦後に格別に意識されるとしたら、それは占領と共にナチが行った収容所実践と、戦後フランスの精神的基礎ともいえる抵抗（レジスタンス）と解放の主題とのコントラストゆえであろう。さらに精神医療領域においては、このコントラストについては、占領地域において多くの患者を食料配給不足のために飢餓で死なせるままにした収容施設（およびナチによる精神障害者安楽死計画T4作戦）と、フランコ独裁に抗する闘士F・トスケィエスが運営し、レジスタンスの拠点ともなったサンタルバン病院の存在とによってさらに際立たせられた。[*3]

こうして一九四五年には、進歩的な精神科医の集まりにおいて収容施設のあり方が問題として提起される。さらにそれはまた国際的な視野で見れば、福祉国家の課題としての精神医療においてコスト面から病院収容主義の限界が指摘される中で、アメリカと並び、世界に向けて地域医療の展開のモデルを提示するという使命によって裏打ちされたものであった。[*4]

とはいえ目指される方法はひとつではない。いくつかの細かい議論が錯綜するなか、大きな二つの方向性をこ

＊1　この点について以下の論文が詳しい。E. Delille, « La « Loi Faure » (1968) et ses répercussions sur les études de psychiatrie en France », *Zinbun*, no. 46 , 2016, pp. 111-133.

＊2　この小史について以下も参照せよ。上尾真道『ラカン　真理のパトス』人文書院、二〇一七年。

＊3　当時の雰囲気に関して以下を参照せよ。M. Bellahsen, *La santé mentale*, La fabrique, 2014, pp. 32-38.

＊4　以下を参照せよ。C. Quétel. *Histoire de la folie*, Éditions Tallandier, 2009 et 2012, pp. 542-544.

こでは確認しておくこととしよう。第一には、病院の内部における集団心理療法や心理療法的作業療法を発展させようとする流れである。例えばサンタルバン病院のように、スタッフと患者が様々な活動に同時に関わるような仕方で、施設運営のあり方そのものを変えてしまうのだ。五三年にジャン・ウリが開設したラボルドクリニックが、今日では、施設をめぐるそうした思想を、ラカンを参照しつつ推し進めたものとして知られていよう。この流れは、制度精神療法という呼び名のもとに結集していく流れとなる。

第二には、病院を中心とすることなく、地域において特別なチームによって精神医療サービスを実現しようとする流れがある。これは精神科医ポーメル、精神分析家ラカミエなどが実施した「パリ一三区での実験」がそのパイロット版として知られている。この流れこそは、やがてセクター制度という、一定の地域住民を対象に、さまざまな職種のチームが連動して予防から予後までケアする精神保健制度の確立へと繋がっていくのである。

六〇年に次官通達が出されたのをもって、セクター制度の実現に関わる本格的な議論が開始している。その準備の中で、その多職種による議論が一九六五年から足掛け三年にわたって繰り広げられており、それらの内容は三巻からなる『精神医学白書』として出版されている。六六年の会議では、その主導者ともいうべき医師アンリ・エによって次の三点が改革の目標として述べられている。第一に「精神疾患患者の隔離法律の撤廃」、第二に「公衆サービスのための精神科病院組織」、第三に「今後一〇年で四〇〇〇人の精神科医」である。[*5] またそれにともなって、これまで神経医学と曖昧に同居してきた精神医学に、職業として固有の身分を与えることが、たっての望みとして明言された。いわば、これまで精神科医が、近代ヨーロッパ精神医学の出発点としての「病院」=「隔離施設」の主人として、その固有の身分を手にしてきたのだとすれば、この改革とは、セクター制という新たな舞台においてこの身分をアップデートすることであったといえよう。またそれは、〈68年5月〉の反権威の風潮にうまく合致するものでもあった。R・カステルが指摘するように、この改革は、病院において表現されるような「厳格で中央集権的な医学ヒエラルキーの垂直ないしピラミッド的構造に対立する」、「社会組織に統合される水平構造」として考えられていたのである。[*6] その限りで、六八年の改革は、まさに精神科医らの戦後二〇年の議論を裏書しにやってきたものであり、こうしてじっさい、セクター制度は一九七二年の次官通達をもって実現されるのである。

2 大学、新たな知の体制

先述のラカンのテクスト「穴の中の改革について」は、まさしくこのような変革について書かれた時評である。そこでラカンはまず、上記の動きにおいて問題となる精神医学の身分を、「精神医学 psychiatrie」ではなく「社会医学 sociatrie」であると述べ、その社会的機能の方に注目を向けている（psychiatrie は、ギリシャ語の精神 psyche と治療 iatros から、一九世紀初めに造られた造語である）。つまり精神医学は、いまや社会ないし人間集団の専門治療者であることへと動かされている、というわけだ。だが、そうした「社会医学」としての純化は、精神医学の進化であろうか。むしろ、この分離は、神経学の方から突きつけられた三行半ではないのか。次にあげるラカンの文章は、そうした見方をほのめかしているだろう。

さて、この〔精神医学と神経学の〕連結は二〇年の間、精神科医たちの積極的で教義化された支持を受け取ってきたことには驚かねばならない。彼らはいまや、その終わりを見て喜んでいるのである。事物の力によって生じたその終わりを。つまり、遠吠えを始める真理の力による終わりを。[*7]

＊5　H. Ey, « Exposé du Dr Henri Ey », in *Livre blanc de la psychiatrie française*, t. 2, Privat, 1966, p. 4.

＊6　R. Castel, *La gestion des risques*, Minuit, 2011, p. 45.

ここでのラカンは、精神医学のうちで推し進められた「進歩」も「改良」もいっさい認めていないというようだ。彼によれば、むしろこの変化は、事物の力、真理の遠吠えによってもたらされたものである。つまり、そこで主導権を握っているのは、精神科医の善良な企図ではなく、科学の方である。「穴の中の改革について」の続く議論をまとめておこう。ラカンは、ひとは精神科医が神経学的事実を知らないことの危険性をいってきたことを指摘する。ところでその反面、精神医学的事実については、専門性を認めず、誰にでも判断可能なものともしてきた。またそれゆえに人間学的な教育によって支援セラピーが可能となるとも現在考えられている。しかしそれは、その反対側で、脳をめぐる研究が「精神医学的事実の必然的隘路」であるがゆえに、神経学者の「安全と高品質」がすでに精神医学の専門性を占拠しにやってきているからだ。科学のこうした拡張は、「共同体が己に不調和な成員を隔離する「収容施設（アジール）」の場」へとすでに及んでいるのである。

それゆえラカンによれば、セクター制に具現されるものに、単に精神医学の権威的性格がリベラル化したという事態のみを見て済ますことはできない。そこでは、一方で科学実験室の非（反）社会的とも呼べる発展と、他方で、「人間」学的な精神医学教育の制度化が、同じ動きの両面として展開されている。かつては収容施設という異所において可能となっていた、科学と人間性の支配的一体性は、いまや分離し、別々の流れを形成し始めるというわけである。

さらにこのときに問題となるのが、「人間学」の専門家となった精神医学にたいしてその資格証明書を出す役を担った「大学」の役割、あるいはその変容である。「穴の中の改革について」において、ラカンは、この時代の大学の教育機能を、「養成」という概念と対立的なものとして取り扱っている。

ここで思い出しておくならば、養成とは、精神分析実践の要たるものとして、ラカンがことのほか強調してきたものである。ひとが精神分析家であるためには、自らも精神分析を受けなければならない。フロイトの時代に明文化されたこの要請を、時間の量的秩序として処理するＩＰＡ（国際精神分析協会）など正統派の流れに抗して、ラカンはその経験の形式を理論的問いとして立ててきたのである。「穴の中の改革について」では、こうした意味を含み持たせつつも、ある程度は一般的な意味において、養成の定義を、「知が価値へと働きかける効果である」としている。しかし、いまやこの働きかけは、逆向きのベクトルによって支配されている。ラカンはこれを、市場の台頭がもたらす事態としてみている。

我々がそういうのは、まさに、問題の価値が、資本主義市場において働く価値のもとに堕したからである。資本主義市場は商品の影響圏に、そして市場が労働を包含しつつ消費するその徹底化の影響圏に、この価値を打ち立てる。[*8]

すなわち知とは、ひとつの商品経済の秩序に従うものとなったというわけだ。ラカンはここにすでに、知的労働が、それまでとは別の仕方で制御されるようなシステムが登場するのを見ているのだ。このとき養成は、決して経験の水準において問えなくなるだろう。大学とは、まさにそうした知の市場である。同時代に行われた『精神分析の裏面』の講義では、ラカンはヘーゲル『精神現象学』の一節を取り上げながら、この大学的な知について次のように述べている。

例えばそこにはこうある。卑しい意識は貴い意識の真理である。〔……〕これは例えば最近の大学改革に光を当てる。すべてが単位 unités de valeur だ——これがみなさんを一兵卒からいっぱしの文化将校にし、さら

＊7　J. Lacan, « D'une réforme dans son trou », *Journal français de psychiatrie*, no. 27, 2006, p. 4.
＊8　*Ibid.*

に家畜品評会のように次々とメダルを与え、そうしてみなさんは、大胆にもマスターと呼ばれるもので差し留められるようになるのだ。大したことだ、そんなものがわんさかやってくるのだから。[*9]

ここにはいわば〈68年5月〉の水平的かつ民主的なリベラル化と考えられうるものに対する、ラカンの辛辣な批判が認められるだろう。己を市場価値へと還元していく知的労働者の姿を、ラカンは大学の新たな立ち上がりのうちに見ようとするのである。「穴の中の改革について」では次のようにいわれる。

ディプロマをもらうための〈単位 unité de valeur〉とは、ひどい言い間違いのように〔……〕知の市場役割への還元を白状している。精神医学「セクター」については、大学という新たな託児所同様、その青絵図は、システムが張り巡らされる目的によって素描される。〔……〕つまり一般化された強制収容所である。[*10]

こうして進歩的改革者たちの全体主義克服の試みは、知の市場への還元に飲み込まれるかぎりで、克服どころか、むしろその一般化を導くとラカンは見ている。そのことは、『精神分析の裏面』講義において、ラカンを、「知」のポジションをめぐる思索へと導いている。ラカンがこれを中心的に論じるために準備した「四つの言説」の理論装置については、ここで体系的な解説は行わない。そのかわりに、ラカンが、支配的言説の変遷として論じる、主人の言説と大学の言説について、知のポジションとの関係で簡単に触れておこう。

まず主人の言説とはラカンにおいて、知の略奪の言説である。つまり奴隷の知を、主人が略奪することの言説である。[*11] 奴隷とは、ギリシャ古代に見られるように、主人の生活を支えるノウハウ savoir-faire、いってみれば実践知の総体を指している。一方、そうした実践知を、主人はそのままにしておくのではなく、正しい場所へ移し替える。ラカンはここに「エピステーメー」の開始を見て取っている。それは何より、実践状態の知を、正しい知へと移し替えることであり、またそれゆえに、実践状態の知において担保されていた享楽を、喪失せしめることである。

他方、ラカンは六八年を機に、主人そのひとのこうした略奪よりも、むしろ知そのものが支配者の座にやってくるような変転を認めている。かつての主人の座に、「すべての知」が君臨し始めるのだ。[*12] それは、アメリカやソヴィエト連邦ですでに先駆的に生じていたことが、ヨーロッパにたどり着いたその一歩と考えてよいかもしれない。つまり今では支配は、確たる主人の形象のうちではなく、統治機構にすでに浸透したかたちで入り込んで、顔のない仕方で作用しているのだ。ラカンはそれゆえ、大学言説と「ビューロクラシー」との関連を示唆している。ただし、忘れてならないのは、この機構の作動は、それに先立つ知の略奪と蓄積によって支えられているということだ。いわば主人の略奪が、この知の支えとして水面下に潜伏しているのだ。最初の捕獲的暴力のうえで繰り広げられる、知的操作のニヒリズム的形態。大学と市場の結託は、そのようなものとして知の物象化の最前線を構成し、またその前線から学生たちに働きかけることによって、彼らの疎外を促進するのである。

そうであれば、このような大学的支配において、精神医学の人間学的教育にどれほどの期待が見込めるというのだろうか。ラカンはまさしく、こうした視点から、改革を冷ややかに見つめているのである。

＊9　J. Lacan, *Le séminaire livre XVII : L'envers de la psychanalyse*, Seuil, 1991, p. 212.
＊10　J. Lacan, « D'une réforme dans son trou », *op. cit.*, p. 5.
＊11　J. Lacan, *Le séminaire livre XVII : L'envers de la psychanalyse, op. cit.*, pp. 20-23.
＊12　*Ibid.*,p. 34.

3　反精神医学の政治と壁

一方、ラカン派精神分析家モード・マノーニにとって〈68年5月〉とは、まさにこうした養成・教育を立て直すための好機として映ったであろう。彼女は、〈5月〉が起こるとすぐさま『カンゼーヌ・リテレール』誌に寄稿し、なされるべき精神医学の革命の指針を記している。「カルチェ・ラタンのバリケードはフランス精神医学の建物も揺るがす。〔……〕もし明日の大学で精神分析に場が設けられねばならぬなら、それは「先生《パトロン》」のポストを占めることにおいてではなく、医学チームの中心で仕事に勤しむことにおいてである。学生に必要なのは新たな知を受け取ることより、自らが知と真理に対して結ぶ関係にかんして手直しされることである[*13]」。

こうした展望の出現のうちには、〈68年5月〉をめぐる精神の歴史のうち、地域医療へ向かう改良主義の動きとは異なる流れが認められよう。一方で、当時、改良主義が精神の新たな管理体制と通底していることが危惧されたとすれば、他方、マノーニを中心的人物像としてフランスに導入されていく「反精神医学」の潮流の存在は、この時代の精神の政治の射程を改めて照らし出すのに有用である。ここでいう「反精神医学」とは、精神医学の様々な側面——監禁、投薬、人体実験——についてかねてからなされてきた批判という、広義の意味においてではなく、むしろ六〇~七〇年代に議論が白熱するひとつの具体的な言説現象を指す。〈68年5月〉の影法師のようなこの言説について見るために、ここで二つの歴史的コロックについて、紹介していこう。

第一に取り上げるのは、六七年七月一五日からおよそ二週間にわたり、イギリス・ロンドンで行われた『解放の弁証法』のコロックである[*14]。この主催者のうち、R・D・レインとD・クーパーとは、「反精神医学」の旗のもと、アングロ・サクソン圏で精神医療のラディカルな革新を唱えていた[*15]。レインは、医学を修めるかたわら、サルトルの実存主義への関心を深めた人物であり、またロンドンのタヴィストック・クリニックに参じて精神分析を経験して、児童精神分析でつとに有名なドナルド・ウィニコットにスーパーヴィジョンを受けてもいる。彼は一九六〇年、『引き裂かれた自己』を出版して、精神病の病理を疎外の観点から記述することとなった。他方、クーパーは、「反精神医学」という言葉の生みの親である。南アフリカで生まれた彼は、植民地主義と精神医療の交点に自らを位置付けながら、より戦闘的な政治的立場から精神医学の批判を展開した。特に注記しておけば、この二人の活動に関する限りにおいて、「反精神医学」とは単に精神病院の収容主義への抗議や、あるいは精神疾患をひとつの社会的構築物としてみなすラベリング論の主張に限られるものではない。注目すべきは、彼らはなにより、患者との実践において、極めて特異な実験に専心したということである。狂気の発露を、社会のために矯めるべきものとみなすよりもむしろ、それ自体をひとつの旅として経験させることに賭けるというのだ。その範は、LSDを始めとする幻覚薬の使用を肯定的に捉えるサイケデリック文化にと同時に、先進工業国に回帰してきた諸々のシャーマン的・人類学的実践のうちに求めることができるかもしれない。六七年の著作でレインは、自己の解体を含むこうした経験を「超越的経験論」と呼んで、次のように宣言している。「狂気というのは全面的な崩壊《ブレイクダウン》である必要はありません。それはまた、或る突破《ブレイクスルー》かもしれないのです[*16]」。

二人が企画に携わったコロックの方はといえば、ただし、反精神医学に特化したものではなく、むしろその文脈を形成する政治的な複数の線を付き合わせようとするもので、参加者は多岐にわたっている。いずれもこの時代の政治と思想の交錯を印す著者たちだ。初期マルクスの研究で知られる哲学者であり、社会的な抑圧を超克し

＊13　M.Mannoni « *Une psychiatrie rénovée* », *La quinzaine littéraire*, 1968-6-15, no. 52.

＊14　ディヴィッド・クーパー『解放の弁証法』由良良美ほか訳、せりか書房、一九七〇年。

＊15　イギリス「反精神医学」の歴史についての総括として以下を参照。J. Hochmann, *Les antipsychiatries : Une histoire*, Odile Jacob, 2015, pp. 169-194.

＊16　R・D・レイン『経験の政治学』笠原嘉・塚本嘉壽訳、みすず書房、一九七三年、一四二頁。

たエロスの解放を唱えて、一部では〈68年5月〉の知的始祖とさえ称されるヘルベルト・マルクーゼ。またサイバネティクスと精神医学を環境思想の中で融合させようと試みるパロ・アルト学派のひとりグレゴリー・ベイトソン。アメリカ文化批判の立場から戦争分析を展開する人類学者ジュールズ・ヘンリー。そしてアメリカ黒人運動ブラックパンサーにも関わり、ブラックパワーを提唱するストークリー・カーマイケルなどである。ヴェトナム戦争、キューバ革命、文化大革命を背景に、人種差別やエコロジーといった様々な文脈における「自己破壊」と、また戦争という「大量殺人」の状況を認めつつ、これらを分析して「解放」の達成へ向かう示唆を得ることが期待されている。いずれにせよ我々はそこに、反精神医学を規定している明白な政治的問題提起の反響を聞き取ることだろう。

さて、こうしたコロックの開催から三ヶ月も経たぬうちに、レインとクーパーの二人は、シンポジウムへの参加のためにフランスの土を踏むことになる。このシンポジウムとは、児童領域で仕事を行なっていたラカン派分析家モード・マノーニの主催による『児童の精神病』コロックで、そこにはフランスからはラカン派の精神分析家やその周辺精神科医（ラカンやジャン・ウリ、フェリックス・ガタリなど）が参加した。イギリスからはレイン、クーパーに加え、D・ウィニコットが参加している。この記録は、フェリックス・ガタリが監修する雑誌『ルシェルシュ』に収録されたのち、一九七二年に単行本化された。[*17]

イギリスのコロックと違い、フランスのコロックの主題はむしろ臨床に関わっているが、それでもこのコロックは、イギリス反精神医学と、フランスのラカン派精神分析との思いがけぬ邂逅の場として意義深い影響を残した。その後マノーニは、六九年には当時、精神薄弱と呼ばれた児童を中心とした実験的施設、ボンヌィユ実験学校を設立し、運営を開始する。またさらに七〇年に彼女は『精神科医とその狂人、精神分析』を出版し、反精神医学とラカン派精神分析の二つの文脈を明示的に接続したのだった。[*18] マノーニの著作は、いわばそこに、自由と解放へ関わるような精神医療のためのひとつの極を、提示して見せたのである。フランスではそうしてじっさい、七〇年ごろから、反精神医学の著作の翻訳など、静かにその影響が浸透し始める。他方では、こうした動きをも欺瞞的とみなす批判がすでに現れていた。R・カステルは、マノーニの振る舞いが精神分析の影響力の強化をもたらすに過ぎないとして批判を提起している。[*19] また、レインの議論から大きく影響を引き継ぐドゥルーズ＝ガタリの『アンチ・オイディプス』も、やはりカステルを引き継ぐ形で、マノーニの家族主義、ひいては精神分析主義全体へと批判を向けていることは周知の事実である。[*20] さらにそうした反面、今度は進歩的精神科医らの側から、七一年には、「反精神医学」について、これをイデオロギー的として批判する議論も登場している。[*21]

では、こうした流行を、ラカンはどのように見ていたのだろうか。彼は、反精神医学のフランス的流行には、明確な反対を示してはいないながらも、確実に一線を画しているということはいえる。マノーニ主催のコロックで終わりの挨拶を任されたラカンは、児童、施設、そして精神病が問題となるこのコロックにおいて、「自由」こそが問題とされたのだと示した後、レインとクーパーの実践について次のように述べている。

精神病が、まさに、〔自由という〕この旗、このイデオロギー、文明人の武装のためのこの唯一のイデオロギーのもと口々に討議されているもの全ての真理であるとすれば、このたびわれわれのイギリスの友人にし

＊17　M. Mannoni et al., *Enfance aliénée*, Danoël,1984.
＊18　M.Mannoni, *Le psychiatre, son fou et la psychanalyse*, Seuil, 1970／モード・マノーニ『精神分析と反精神医学』松本雅彦訳、人文書院、一九七四年。
＊19　R.Castel, *Le psychanalysme*, Flammarion, 1973/1981.
＊20　Deleuze, G. et Guattari, F., *Anti-Œdipe*, Minuit, 1972/3.
＊21　H. Ey, « L'Anti-antipsychiatrie », *L'Évolution psychiatrique*, XXXVII, 1972, p. 49.

て同僚が証言してくれたような、精神病における彼らの行いの意味がよりよくわかるだろう。彼らはまさにこの場へ、まさにあのパートナーたちとともに入っていくが、それは、彼らが考える限りでの自由の表明として、主体がおのれを言い表せるようになる方法、様式を創設するためなのである。

だが、そこにあるのは少々不十分な展望ではないだろうか。つまり、これら主体を宛先とするひとつの実践が生じさせる自由、示唆する自由は、それじたいのうちに限界と罠を含んでいないだろうか。[*22]

ラカンは反精神医学の実践を、精神病の主体に、自由の表明としての自己の言表を可能にさせるものと理解する。そして、その方向性は評価しつつも、いわば彼らの見通しの甘さを指摘するのだ。反精神医学実践が示唆する自由のうちに、すでに限界が含まれているのではないか、と。ここでラカンが言わんとしているのは、この自由が、すでに医師たちによって想像され与えられた自由にとどまるということではないだろうか。じっさい、のちの一九七一年にサンタンヌ病院で行ったセミネールでは、ラカンは、反精神医学を「精神科医の解放」として論じている。[*23]これは単にレインやクーパーのことのみならず、その後の影響の広まりも念頭においてのことであろう。つまり、収容施設の主人であることをやめざるをえず、科学者の身分からも分け隔てられて得られた、「人間科学」的としか呼びようのない新たな精神医学の身分それ自体の居心地悪さにおいて、精神科医が己自身を解放しようとする運動なのだと。

このようにラカンが、反精神医学を、精神科医の側の都合に還元しようとするのなら、それは何より彼にとって、ひとつの未決の問いが、文明世界においてますます重要となってきているように思われることと関係しよう。「児童精神病」のコロックで強調されているように、「隔離差別《セグレガション》」の問題である。「ここで検討すべき要因とは、われわれの時代のもっともやっかいな問題だ。というのも、この時代とは、科学の進歩を通じたあらゆる社会構造が問い直されているのをひしひしと感じる最初の時代なのだから。われわれ精神科医の領分に限らず、われわれの宇宙が拡がるだけ遠くまで、われわれはこの要因と関わり続けるだろう。それもいっそう差し迫った仕方で。すなわち隔離差別である」[*24]。

じっさい興味深いことに、ラカンが〈68年5月〉を眺めるのは、まさに世界が隔離差別を焦眉の問題とし始めたという認識とともに、である。一般にはまさにこの時代は、ドイツ系ユダヤ人ダニエル・コーン＝ベンディットに象徴されるような、また植民地解放闘争、反人種差別運動への共感が掻き立てるような、他者たちとの連帯を、争点に掲げたのではなかったか。にもかかわらず、あるいはだからこそか、隔離差別こそは、我々がもっとも直面することを避けられない課題なのだ。『精神分析の裏面』の講義では、ラカンは、フロイトの原父殺害の神話をめぐる考察のなかで、次のように述べている。

私は兄弟愛の唯一の起源しか知らない〔……〕すなわち隔離差別である。もちろん、我々が今いる時代こそ隔離差別の時代だ、おぞましや。どこにももはや隔離差別はない。新聞を読んでもそんなもの聞くことはない。ただし社会において〔……〕存在するものの基礎は隔離差別であり、最初の段階においては兄弟愛なのだ[*25]。

『アンチ・オイディプス』でドゥルーズ＝ガタリをいたく戸惑わせているこのテーゼは、ラカンにおいて問題

＊22　J. Lacan, "allocution sur les psychoses de l'enfant", *Autres écrits*, Seuil, 2001, p. 362.
＊23　J. Lacan, *Je parle aux murs*, Seuil, 2011, pp. 13-14.
＊24　J. Lacan, "allocution sur les psychoses de l'enfant", *op. cit.*, p. 362.
＊25　J. Lacan, *Le séminaire livre XVII : L'envers de la psychanalyse*, *op. cit.*, p. 132.

が、兄弟愛を形成する最初の一撃をめぐる批判にかかっていることを示唆していよう。隔離差別がなければ兄弟愛は基礎付けられない。これはその後、ラカンにおいては例外と全体化をめぐる論理の問題として展開されていくことになる。そして今問題としている精神医学の領野に関していうならば、この一撃こそは、依然、イギリス的「反精神医学」も含むその言説全体の不可避の条件のままである。先に見たように、ラカンが主人の言説を、知の搾取、知の水準における捕獲と蓄積の暴力として捉えたのなら、精神医学においてもやはり同じことがいえるのだ。歴史的に確認しても、いくつもの善意によって改良を重ねてきた精神医療の基礎には、国家による隔離差別の最初の一撃が常に先行してきた。そのこと自体は、精神科医のなかに維持される反精神医学の実験によってても、ましてや慈善やヒューマニズムによっても、動かされてはいない。こうしてセクターは「一般化された強制収容所」となり、反精神医学は精神科医の解放となる。

先ほど「反精神医学」について彼がコメントしているのを見たサンタンヌ病院でのセミネールの別の回では、ラカンはこの点について次のようにのべている。

　精神科医は、結局、言説の定義によって自分が結びつけられている壁の機能に、よく気付いているのかもしれない。というのも、彼が専心しているもの、それは何だろうか。まさしく、一八三八年六月三〇日法で定義される病ではないか。つまり**自傷他害の恐れのある人物だ**。

　極めて興味深いことだが、言説に恐れをこうして導入することによって、社会秩序は安定するのだ。この恐れ danger とは何か。自傷の恐れ、結局、社会はそれのみを糧とする。他害の恐れ、この意味で自由なるものは各人へとゆだねられている。[*26]

精神医学はまさにその言説において、壁の機能を内に含んでいる。このことの自覚を医師たちに促しながら、一方で、ラカンが最後に勧めているように見えるのは、壁の内側に収容された人々の声を聞くことである。「というのも結局、それがどこかにたどり着くことがありうるからだ。対象 a とはなんたるかの正しい考えを作れるほどにまで」[*27]。しかし、それは壁からのどのような出口でありうるだろうか。

4　未来は私たちの手の中

我々がここまで見てきたのは〈68年5月〉の、いささか悲観的側面であるといえるかもしれない。だがそうではない。むしろ、問題の核心の前で人々がまさしく重要な分岐にさらされた、そんな機会が〈68年5月〉であったと考えるのがよい。ラカンは、時間が経つほどに、この分岐は、不本意な方向で閉じられたと見るようになっている。彼は〈68年5月〉を、無力さによって裏打ちされた「騒ぎ」の経験であって、ただ大学の台頭によってことを終えたのだと見るようになる。

しかし〈68年5月〉にまだ近い時期に書かれた「穴の中の改革について」では、それと少し違ったニュアンスでの評価も読み取ることができる。この議論はラカンがこの出来事を彼の対象 a の概念とともに考察にかけることにより、開かれている。「ここで、精神分析理論によってしか分節化されない機能が介入してくる。この機能を私は知の効果によって結びつけたのだが、それによって、喪失の効果と同時に主体が創設されるのである。この喪失の効果を意味しにやってくるのは、身体における裂け目である。これは、対象という代数的命名を施された」[*28]。

＊26　J. Lacan, *Je parle aux murs*, *op. cit.*, pp. 106-107.
＊27　*Ibid.*, pp. 107-108.
＊28　J. Lacan, « D'une réforme dans son trou », *op. cit.*, p. 5.

ラカンの対象*a*の概念については、この短い一節でもすでに、知の効果、主体の創設に伴う喪失、それを意味する身体の裂け目と横滑り気味に言及されている。さらに同じテクストにおいて、これは「欲望の原因ないし非原因」、そして「穴」へとパラフレーズされている。我々はここでこの概念の理解のための簡単な素描を試みておこう。まず知の集積の相関物として主体が創設されるという見方がある。これは、ラカンがかねてから言語的〈他者〉との弁証法という形で論じてきた主体性構造の理論を発展的に引き継ぐものと考えられるが、ラカンがここで強調しているのは、まさにその集積によって、同時に「喪失」が生産されるということだ。ラカンは他のところではこれを「享楽」の喪失として明言するだろう。対象*a*とは、この享楽の喪失の実定化であるが、それは、身体において、主体的なその形式の獲得から排除された部分を成す。身体に対して潜在的にとどまってそれを支える限りにおいて、この対象は、欲望を掻き立てる原因であるが、しかし、その欲望がこの対象に真に触れる場合には、もはやそれは意味や使用の埒外にあって、欲望の根拠そのものが解消される契機でもあるから、その限りにおいては欲望の非原因と呼ぶべきものだ。「穴」である、というのは、まさにそうした地位が、幾何学的な配置を問題にすることによってのみ、示されるからである。というのも、穴とは、それ自体、物質的実在ではありえず、ただ縁をなぞるという仕方でのみ、位置を特定することのできるものだからだ。そうした穴が、我々には空いているのである。

この穴の対処について、ラカンはここで二つの道の存在を示唆している。「対象*a*を整えるには、これを穴として抱える鏡像イメージに恋するほうが、それが剰余享楽として引き起こす渦を愛するよりも、よっぽどうまくいく」[*29]。対象*a*をこのようにうまく整えるものこそ、これまでは精神分析において転移と呼ばれたものである。知を想定された他者が、この恋のための理想として差し出されるのである。一方で、当時のラカンが精神分析の実践として構想したものとは、こうした知の想定に対して、真理を生み出す労働を進めていくこと、いわば穴を再発見しようとすることである。これは、精神分析家の養成の要として、当時、「精神分析的行為」の枠組みのもとに検討を重ねられていた。またさらに、知の脱臼において到達されるこの行為に基づいて、精神分析家集団を学派という形で維持していくための仕組みを、「パス」という形式で準備し始めたところであった。大学の言説の台頭とは、ラカンにおいて、この実験を逆向きに巻き戻すものであったといえよう。そしてここでさらに重要なこととは、ラカンはまさに同じ分岐が、〈68年5月〉の怒れる若者たちにおいても問題であると見ていると思われることである。

これを考えれば、視点の合流地点、〈5月〉騒ぎの動機が寄せ返しのかたちでより視えてくる（すぐ述べることになるように）。

これはその意味を抑え込むことではない。というのも、市場の削減と我々が見なしている効果を通じて若いブルジョワたちが影響の悪化を見るのを恐れているからといっても、やはり彼らが次のことを指摘した功績は揺るがないからだ。つまり、改革の計算を行うものは誰でも当然、測定しようとするだろう、と。次にこれを迎え入れるときには彼らにはもう金の舗石しかないだろうと、約束したからといって、彼らを静かにとどまらせることにならないということだ。

というのも、消費社会、歩道を埋め尽くすのにしか使えない車にかこつけて彼らが吐き出したものとは、この社会が彼らを思う存分それで満足させようと期待している対象だったのだから。なぜなら、それらは運命の定める対象 *a* の代わりにはならないのだから。[*30]

＊29　*Ibid.*
＊30　*Ibid.*

すなわちラカンは、〈68年5月〉の怒れる若者たちについて、その蜂起を、おしよせる消費社会的資本主義への抵抗としてみなすのだ。「普遍的資本主義の冠水」とラカンが呼ぶこの大波こそが、時代の局面を構成するのであり、それはまさしく真理の生産としての対象 *a* の析出を、市場の効果のうちに回収しようとしている。若者たちは、まさにそのことに抗っている。車や新たな商品を自分の欲望の対象として引き受けることを拒絶することによって。

市場と科学の拡張のうちで、様々な対象が運命的真理の場を占拠するようになる。このさまを、ラカンは、『精神分析の裏面』のセミネールでも論じている。問題はやはり、「運命の定める」という特徴を失った対象 *a* の変質である。「これら小さな対象 *a* には、外出すればすぐに出会うことになろう。街中の舗石の上であったり、ショーウィンドウの向こうであったり。皆さんの欲望の原因となるべく作られたこれらの対象がごまんとある。なにせ科学こそいま、欲望を統治しているのだ[*31]」。押し寄せる資本主義と科学の高波は、このようにしてそれぞれが己の経験において、喪失に接近することを妨げるのである。

さらにそうした欲望の統治を受け入れるとするならば、生きて活動する我々自身、ますますそうした対象どもと区別されにくくなっていくだろう。当時、毛沢東主義のもとで、実践知の状態への回帰が解放と結びつけて考えられていたことを踏まえて、ラカンは『精神分析の裏面』において、次のような問題提起を行っている。

毛主義と呼ばれる主題系のうちで何か私に強烈な印象を残すものがあるとすれば、それが肉体労働者の知を参照しているということだ。その点について十分な見解が自分にあるなどゆめゆめ主張しないが、ただ私の心に残ったひとつの注意書きについて指摘しよう。被搾取者の知を再び強調することは、構造の極めて深いところで動機を与えられているように私には思える。そこに何かおあつらえ向きのものがあるのではないか、知ることが肝心だ。ある世界に、まさに実在しているひとつの方法、世界における現前であるようなひとつの方法によって、科学の思考ではなく、対象化された科学が登場した。つまり、科学によって完全に捏造されたこれらの事物、ガジェットやら何やらが、当座、我々が、こうした発生が起こった世界において、我々と同じ空間を占拠している。そんな世界で、肉体労働者の水準におけるノウハウは、転覆的要素であるのに十分な重みを持ちうるのか。[*32]

いうならば〈68年5月〉を、ジェネラル・ドゴール(ドゴール将軍)が体現する垂直的な権威に代えて、ジェネラル・インテレクト(一般知性)と呼ぶべき自発性が立ち上がるような機会として捉えるだけでは、不十分であるということだ。まさに知が実践のなかの自発性へと送り返される時、それは奴隷の知としての形態へと差し戻されることになるが、それはいまやヘーゲル的に、主人に対する勝利としてそのようにされるのではない。むしろこのとき実践状態の知は、科学が支配する必然性のうちにこそ閉じ込められてしまうだろう。そのとき我々はいまや様々な小さな機械との競合状態に入ることになり、そのことは資本主義の構造にとって「おあつらえ向き」なのである。こうした主題の展開には、現在の我々に身近な資本主義形式についての先駆的問いかけを見出すことができるだろう。産業資本と労働力との矛盾的対立ではなく、むしろ知の市場の全面的組織化において、生産・再生産を含む我々の活動そのものが、徹底的な搾取の作用点となるような体制の始まりが、ここで論じ始められているのだ。

〈68年5月〉を論じるラカンにとっては、まさにこうした急変が、享楽喪失によって穿たれた穴の周囲において生じている。理想的なイメージによってはもはや塞がれることのないこの穴に、差し出されるガラクタを詰め

＊31　J. Lacan, *Le séminaire livre XVII : L'envers de la psychanalyse*, *op. cit.*, pp. 188-189.
＊32　*Ibid.*, p. 174.

込むことを拒否するがゆえに、若者たちは、ますますこの穴の周りに生じる渦へと巻き込まれていくことになるだろう。そしてその中心において、まさにこの穴が現にそこに穿たれていることを証しするべく立ち上がるだろう。「渦は穴の周りで加速する。縁に捕まる手段もなく。なぜならこの縁とは穴そのものだから。そして引きずり込まれて蜂起するものは、この穴の中心だから」[*33]。

このような見立てのもとで、ラカンはまさに彼らを「出来事の主体」と呼んでいる。「穴の中の改革について」の最後の文章は、そのような彼らに宛てて書かれていると読める。ラカンによれば、この出来事に、集団として応答することはできない。それぞれがひとりとして応答することしかできない。それはラカンにとって、隔離差別を基礎に持つのとは異なる仕方で、この局面に臨むやり方である。彼はさらにこう続けている。

そこに自分を見つけるために知るべきは、現在とは偶然であるということ、過去は取るに足らぬということだ。未来についてこそ、この点で譲歩したアリストテレスに反抗しつつ、こう言わねばならない。現在は、未来にある必然的なものをつかむのだ、と。明日の知られざる勝者は、今日から指令を発する[*34]。

出来事を時間のつなぎ目として論じながら、ラカンが我々にほのめかしているのは、科学と大学がこのさき押しつけるであろう必然性とは異なる、いわば政治的で歴史的な必然性を導くための論理である。〈68年5月〉は、当時そのような論理に基づき未来が把握された偶然的現在であるかぎりにおいて、未だに私たちにとって、未来への指令を探すべき「今日」という資格を持つだろう。

---

*33 J. Lacan, « D'une réforme dans son trou », *op. cit.*, p. 5.
*34 *Ibid.*

VI

〈68年5月〉にラカンはなにを見たか

立木康介

一九六九年一二月三日、新設されて間もないヴァンセンヌ実験大学センターでの講義に招かれたラカンは、ふだんの彼の「セミネール」とはまったく異質な雰囲気の聴衆に迎えられて、おそらく戸惑っただろう。

ヴァンセンヌ実験大学センターといえば、〈68年5月〉後にフランス国民教育大臣に抜擢されたエドガール・フォールの肝いりで、六九年一月に開校した高等教育研究機関であり、〈68年5月〉へのド・ゴール政権（及びポンピドゥー政権）のリベラルな応答の一環として、従来の大学の制度的枠組を脱構築する数々の試み（バカロレアをもたぬ人々への門戸開放、既存の大学では学べない研究分野の取り入れ、夜間授業の開講）を行ったこと、そしてなにより、ジル・ドゥルーズ、ミシェル・フーコー（コレージュ・ド・フランスに着任する前の数か月のみ）、アラン・バディウ、エレーヌ・シクスー、ロベール・カステルら錚々たる顔ぶれが草創期から教えたことで知られる。その後、七一年にパリ第八大学に改組、八〇年にヴァンセンヌからサン＝ドニに移転して、現在に至るが、ラカンの腹心の部下セルジュ・ルクレールの手で当初から精神分析学科も設置され、大学におけるラカン派精神分析の牙城に成長してゆく。

だが、ラカンが足を踏み入れたころのヴァンセンヌは、まだ精神分析の処女地に等しかった。〈68年5月〉の活動家たちの多くが参照していた「精神分析」はヴィルヘルム・ライヒのそれでしかなく、六四年一月から六九年六月までラカンがセミネールを開講していたパリ高等師範学校の学生や、大学で心理学を専攻する学生、あるいは、自らが分析を受けた経験のある学生を除けば、ラカンの名を聞いたことはあっても、ラカンに特段の関心をもつ学生は、むしろ少数派だったにちがいない。もっとも、ラカンのほうではもっと快い状況を想像していたかもしれない。折しも、毎週三〇〇人ほどの聴衆を集めていた高等師範学校から、この年の六月に事実上の退去を余儀なくされたのち（これについては後述する）、パリ大学法学部講堂に移転して再開されたセミネールに、高等師範学校時代よりさらに多くの聴衆が詰めかけたことに、ラカンが気をよくしたのはほんの一週間前のことだった。それとまったく同じとはいかずとも、それに近い熱気を帯びた聴衆を、ラカンがヴァンセンヌに期待していたとしてもおかしくはない。

その期待は、裏切られたとはいわないまでも、早々にしぼむことが避けられなかった。もともと、いわゆる「初心者」に手加減しながら話すという発想のないラカンが（どんな聴衆と相まみえても、つねに最新のこと、つまりいま自分の最も関心のあることを喋りたがるのは、彼の習性だった）、精神分析にかんする本格的な談話をはじめて耳にする聴衆に向かって、冒頭から「主《あるじ》のディスクール」だの「ヒステリーのディスクール」だのと、ごく最近自分が捻り出したばかりの新定式をぶつけたことからして、不用意といえば不用意だったかもしれない。加えて、お気に入りのおもしろネタが頭をかすめたときには、どんな場合でもそれを聴衆に披露せずにはいられない悪い癖で、こともあろうに「異議申立（contestation）」などという、その場にいた多くの若者が最もセンシティヴにならざるをえないシニフィアンについて、あたかも当てこすりのようにこう口走ったのも、余計といえば余計なひと言だっただろう――

異議申立というやつは、私の記憶が正しければ、いまは亡き私の親友マルセル・デュシャンがある日思いついて口にしたことばを思い出させる。曰く、「独身者は自分で自分のショコラを作る」と。異議申立を行う者は、自分で自分のショコラを作らぬようせいぜい気をつけたまえ。[*1]

どこか宛先を間違えたかのような、いや、そうかと思うとあからさまな挑発にも聞こえる、ラカンのこうした語らいに痺れを切らした一部の聴衆が、「議事妨害」ともとれる発言をはじめるのは、もちろん時間の問題だった。実際、ラカンに食ってかかるような二、三の発言がフロアから飛ぶと、会場のムードはみるみる荒んでゆく。そのさなかには、どうやらラカンを心底呆れさせたらしいこんなやりとりもあった——

学生：〔……〕大学をくたばらせる手段は外に求めて行かねばならないと、ぼくはいいたい。
ラカン：何の外にかね？ というのも、ここから外に出ていけば、きみは失語症にでもなるというのかね？いざ出ていったところで、きみは語り続け、だから内に居つづけるわけだ。
学生：失語症というのは何なのか知りません。
ラカン：失語症が何であるか知らない？ それはまったく言語道断だ。失語症者というのがどういうものか知らないのかね？ 最低限知っておくべきことというのがありそうなものだが。[*2]

大学の外に出ていこうという相手にたいし、誰も言語の外に出ることはできないと応じるラカンの理屈にも、

＊1　Jacques Lacan, Analyticon, in : *Le Séminaire, Livre XVII, L'envers de la psychanalyse* (1969-70), Seuil, 1991, p. 229.
＊2　*Ibid.*, p. 237.

飛躍がないわけではない。だが、ラカンにとって、「失語症」ということばを知らないこと、あまつさえその無知を口に出して憚らないことは、それ以前の問題だった。ここに聞きとられるのは、ラカンの憤りや苛立ちというより、むしろ驚きに近い落胆だ。このようにとりとめなく続けられた対話とも言い合いともつかぬ集会は、結局、ラカンによって次のように閉じられる――

ラカン：革命の希求にはたったひとつのチャンスしかない。すなわち、必ずや主のディスクールに行き着いてしまうというチャンスだ。それは経験によって証明されてきた。革命家として諸君が希求するのは、ひとりの主なのだ。諸君はそれを手に入れるだろう。

学生：もう手に入れた、ポンピドゥーがいる。

ラカン：ポンピドゥーが主だとでも思っているのかね。なんてことだ。私のほうから諸君に聞いてみたいことがある。誰にとって、ここでは、リベラルという語が意味をもつのかね。

学生：ポンピドゥーはリベラル、ラカンもだ。

ラカン：私がリベラルなのは、誰もがそうであるように、反進歩主義者であるかぎりにおいてだ。ただし、私は進歩主義の名に値するひとつの運動にとらわれているがね。というのも、精神分析的ディスクールが確立されると思うというのは、進歩主義なのだから。しかも、このディスクールが完成させる〔四つのディスクールから成る〕サイクルは、諸君が正確に何にたいして反抗しているのかを、諸君が捉えるのを可能にしてくれるかもしれないのだ。もっとも、だからといって、その何かがすばらしくうまく回転し続けることに変わりはないのだが。そしてそれに最初に協力する者たち、まさにここヴァンセンヌでそうする者たち、それは諸君なのだよ。というのも、諸君はこの体制の奴隷役を演じるのだから。諸君にはそれがどういう意味であるかも分かるまい？　体制が諸君に見せてくれるよ。「あいつらときたら愉しんでやがるぞ」といって。[*3]

私がいま「愉しんで」と訳したフランス語は jouir、すなわち「享楽して」の謂だ。〈68年5月〉後にヴァンセンヌに集まってきた学生たちは、ラカンの目にはもはや「欲望する主体」ではなく、むしろ「享楽する個人」と映っていたことがうかがわれる一節だ。いや、より正確には、彼らは「体制」によって「享楽する個人」と性格づけられ、そのような個人としてまさに統治されつつある、というのがラカンの見立てなのだろう。いずれにせよ、自らの最新の発明品「四つのディスクール」のシェーマを念頭に、革命がもたらすのは新たな――そして以前よりいっそう獰猛な――「主」たちの到来（のみ）であること、その主たちが君臨する大衆消費社会においては、学生たちもまた――つい一年ほど前に〈5月〉の革命家であったかどうかは別として、いまや等しく「享楽する個人」として――その「体制」を支え、それに隷従する駒にすぎないことを、おそらく彼らの意に反して、冷然と指摘して憚らぬラカンには、これらの学生にたいするいささかの媚びも迎合もない。とすれば、このアイロニー、いやこのシニシズムこそが、〈68年5月〉そのものにたいするラカンの立場をしるしづけるのだろうか。前年にフランス社会全体を覆った沸きたつような動乱の渦を、ラカンはやはり同じように冷ややかに、あるいは不感症的に、やり過ごしてきただけだったのだろうか。

1 連帯

もちろん、そんなことはない。

一九六八年、ソルボンヌ大学中庭からの学生の排除をめぐって、学生と警官隊の大規模な衝突が起きたのは、

---

*3 *Ibid.*, pp. 238-239.

五月三日だった。すると、全国高等教育職員組合（SNE‐Sup）が五月八日に発したストライキの呼びかけに応じ、ラカンはその日に予定されていたセミネール『精神分析的行為』の授業をとりやめる（にもかかわらず、会場である高等師範学校講堂には姿を現し、やってきた人々としばし懇談する熱意を見せた）。翌九日、学生叛乱の支持を表明するアピールに署名。一四日には、自らの学派「パリ・フロイト派（EFP）」の集会にて、ダニエル・コーン＝ベンディットら学生運動の代表と面会（ただし、ラカンはその場で「ひと言も発しなかった」という）[*4]。そして一五日――パリの老舗劇場オデオン座を二五〇〇人もの学生が占拠した日だ――、全国高等教育職員組合との連帯を継続して再び講義を中止したラカンは、しかし前週と同じく会場を訪れ、集まっていた人々に熱心に語りかけた。冒頭にみたシニシズムこそラカンだと信じたがる向きは、次のような一節にいささか面食らうだろう――

ようするに、さしあたって、出来事の高みに身を置くために、私はこういいましょう、たとえ精神分析家が、かなり激しい衝突に身を投じてきた人々――そうした衝突に立ち向かうには、とてもとても大きな勇気をもたなくてはならなかった、と強調しなければなりません――にたいして、共感を示すにしても、そのような瞬間にいったいどんなことを感じるのかという打ち明け話を受けとり、つまりわれわれ精神分析家がそうするように受けとり、この勇気が表しているものを、より上手に、その最も正当な価値において、推しはからなくてはならない、と。なぜなら、外野からは、こんな具合に、人は感心して見守りますが、しかし、じつに、若者たちがある瞬間に仲間と完全に結束し合っているという感情によってじつに突き動かされるということ、彼らがそれを望むとおりに表明しているということの価値も同じくらい大きいということに、外野からでは必ずしも思い至らないからです。棍棒で殴られている最中に「インターナショナル」を歌う高揚感は、この表面［そうした経験の現れ］にほかなりません。なぜなら、「インターナショナル」が美しい歌であるのはいうまでもありませんが、しかし、もしも彼らが、そこで、自分が腕と腕を組んでいる者たちと共に行動しながら、絶対的な共同体という感情によって動かされていると感じていなかったとしたら、自分たちがいまいる場所とは別の場所にいることはありえないというあのまったく抑えがたい感情をもつだろうとは思えないからです。これは深く探求されるべき何ごとかです。[*5]

何ものかへの共感をラカンがこれほど率直に吐露した場面が、ほかにあっただろうか。しかもこれは、ラカン自身が注意するとおり、出来事の「表面」のみを捉えて感化されるというのとは違った、いや、こういってよければ、それより一段深い感応だ。真の意味で「逆転移」的な自己投出といってもよい。警察権力の暴力に立ち向かう「勇気」や、仲間と「インターナショナル」を歌う「高揚感」といった表層を突き抜けて、そうした「勇気」や「高揚感」が表しているもの、すなわち「仲間と完全に結束し合っているという感情」、「絶対的な共同体という感情」、さらには「自分たちがいまいる場所とは別の場所にいることはありえないというあのまったく抑えがたい感情」にまで達しなくてはならない、そこに達することができてはじめて、精神分析家は「出来事の高みに身を置く」ことができる——そう訴えるラカンは、「感情」というイマジネールな表現にたいする日ごろの職業的警戒をかなぐり捨ててさえいるように見える。実際、いま挙げた三つの「感情」のうち最後のものは、ここではおそらく「神経症と最も縁遠い感情」という含みをもつ。「自分（たち）がいまいる場所とは別の場所にいることはありえない」という感情が抑えがたく湧き起こるとき、それは神経症的な「主体の分裂」の感覚のい

＊4　Élisabeth Roudinesco, *Histoire de la psychanalyse en France / Jacques Lacan*, La Pochothèque, 2009, p. 1182.

＊5　Jacques Lacan, *Le Séminaire, L'acte analytique* (1967-68), séance du 15 mai 1968, texte établi par l'École lacanienne de psychanalyse.

わば対極に立つ。といっても、主体の分裂はおよそ「話す主体」の構造的事実である以上、この分裂そのものが消滅するという意味ではない。そうではなく、この分裂が「症状」とは異なるしかたで架橋され、たったひとつのかけがえのない「いま・ここ」が作り出される、ということだ。「主体の分裂の非神経症的乗り越え」とでも名づけうるこの効果は、ほんらいなら精神分析（ひとつの治療プロセスを必然的に含むものとしての）に期待されてもおかしくはない。だが、ラカンによれば、この感情はひとえに「絶対的な共同体という感情」「仲間と完全に結束し合っているという感情」から導き出される。とすれば、純粋に個人的な経験である精神分析の出る幕など、そこにはないというのだろうか。いや、このように捉え直される「集団的なもの」を、精神分析はむしろ自らの「学派」のほうにこそ取り入れるべきではないだろうか。フロイトの構築した集団心理学の構図——ひとつの「理想」を共有する隣人同士のリビドー的結合——が、ラカンのめざす学派のモデルたりえないことはたしかだった。〈68年5月〉のアクターたちの連帯は、それとは別のモデルを提供してくれるのだろうか。「これは深く探求されるべき何ごとかです」というラカンのことばは、これらの問いを含んでなお切実に響く。

ちなみに、このような胸を打つ発言の傍ら、ラカンは、先に述べた「習性」をここでも発揮して、目の前で展開する同時代的現象に自らの概念を適用して愉しむことも忘れない。曰く——

雰囲気をちょっとでも緩めるために、ここで次のことを——こっそりというだけにとどめますが——指摘しておきましょう。対話の水準において、舗石はまったく予見されたとおりの機能を、すなわち、私が対象 *a* と呼んだ機能を、果たしています。対象 *a* にいろいろな形があることは、すでに示したとおりです。舗石はひとつの対象 *a* であり、それがもうひとつ別の、対話というもののいっさいの将来的イデオロギーにとって——そのイデオロギーがある水準から発する場合には——真に枢要な対象 *a*、すなわちいわゆる催涙弾に、応答しているのです。[*6]

六八年当時「欲望の原因」と定義されていた対象 *a* は、ほんらいは無意識の幻想のなかで、〈他者〉（議論を平易にするため、ここでは主体の属する「社会」そのものを指すと考えて差し支えない）に構造的に含まれる欠如（〈他者〉全体の真理を保証するシニフィアンの欠如）を埋め合わせるとともに、それを露わにし、際立たせる機能をもつ。ことば（シニフィアン）による交渉の尽きたところで、「舗石」と「催涙弾」という二種類の対象 *a* の応酬がはじまるという〈68年5月〉的「対話」の現実は、ラカンにとって、この対象 *a* の機能のほとんど戯画的な上演だった。だが、ここでも、ラカンが若き活動家たちのほうに肩入れしていることは明らかだ。ある一線を越えれば、もはや言語による交渉を放棄し、実力にモノをいわせるのが効率的で現実的であるとする「対話の将来的イデオロギー」を、催涙弾が代表するのにたいし、あくまでそれに「応答」し、それを迎え撃つのが、若者たちの投じる舗石なのだ。そこにおいて舗石は、一九世紀の諸「革命」全般を通じてそれが——どちらかといえばむしろ「バリケード」の素材として——担っていた機能、すなわち「抵抗の道具」としてのアガルマ的な機能を取り戻すだろう。

いずれにせよ、〈68年5月〉の若者たちへのラカンの深い共感は疑う余地がない。目の前でくり広げられる「出来事」を、ラカンはこれらの若者に同一化しつつ、いや、彼らに「逆転移」を起こしつつ、生々しく経験していたのではないかと疑われるほどだ。この連帯はどこから来るのだろうか。私の見るかぎり、多少なりとも裏のとれる答えはひとつしかない。それは、当時自らがＥＦＰに導入しつつあった新制度「パス」をめぐって、ラカンが学派のなかで、いや精神分析の世界で、街頭の〈68年5月〉にも匹敵する騒動を巻き起こしていたことだ。「パス」とは、ひとことでいえば、「教育分析家（analyste didacticien）」（英語圏では一般に「訓練分析家（training

---

＊6　*Ibid.*

analyst)」）というカーストを絶滅させることで、精神分析界の旧来のヒエラルキーを百八十度転倒させる大改革だった。その制度（実際には、ラカンは「制度」という語を好まず、代わりに「装置／仕組（dispositif）」というタームを頻用した）をラカンが提案したのは、六七年一〇月九日。この提案をEFPが投票により受け入れたのが、六九年一月二五、二六日。これらの日付が〈68年5月〉をすっぽりと覆っていることは、一目瞭然だ。つまり「パス」は――というより、「パス」の提案をめぐってラカンが行うことを余儀なくされる学派内の闘争は――、〈68年5月〉と完全にシンクロする出来事だった。いや、もう一歩踏み込んでこう断言してよい――パス闘争はまさに「ラカンの〈68年5月〉」だったのである、と。

2　精神分析史をふりかえる

だが、「パス」のもつインパクトを推し測るためには、精神分析の歴史をざっとふりかえっておく必要がある。「精神分析」が誕生したのはいつか。いくつかの答えが可能だが、フロイト永遠の主著『夢判断』が出版された一九〇〇年は、まちがいなくひとつのメルクマールだ。その翌年、ジャック・ラカンが誕生。ラカンはまさに「精神分析」とほぼ同じ年齢だったことになる。一九〇〇年代半ばから徐々にはじまる精神分析の国際化が、ひとつの制度的器、すなわち「国際精神分析協会」（当初はドイツ語略記でIPV、のちに英語略記IPAが一般化）の設立に結実したのは一九一〇年。その一〇年後、一九二〇年に世界初の精神分析家育成施設、ベルリン精神分析インスティテュート（ドイツ精神分析協会に付設された訓練センター）がオープンすると、「教育分析（訓練分析）」「スーパーヴィジョン」「理論的学習」を三つの柱とするそのカリキュラムはたちまち国際標準化され、一九二五年、バート＝ホンブルクのIPA総会にて、この国際規格に則った訓練が義務化される。それに先立って、一九二三年にフロイトが上顎癌の手術を受けたことも特記しておくべきかもしれない。フロイトの死期が近いと浮き足だったＩＰＡ中枢部は、絶対的リーダー亡き後の精神分析の発展を不安視して、訓練制度の世界標準化・均質化を――過剰なまでに――推し進めたのだ、とする見方がある。[*7] いずれにせよ、「教育分析（訓練分析）」を絶対的要件のひとつとするこの制度の特異性は、分析家の育成がなぜ「大学」で行われないか（シャーンドル・ラドが実権を握ったコロンビア大学医学部のような例外を除いて）を十分に説明する。いまも昔も、その最も枢要な部分を寝椅子の上でしか、つまり個別の分析家のオフィスにおいてしか学べないのが「精神分析」なのである。逆にいえば、だからこそ、このような個別の経験に制度的育成の枠組を被せる各地のインスティテュート（精神分析協会に付属する分析家訓練センター）は、往々にして権力闘争の舞台になる。第二次大戦後のフランスで起きたのも、そうした権力闘争のひとつだった。

そもそも、フランス初の精神分析家組織「パリ精神分析協会」（ＳＰＰ）は、ＩＰＡにおける制度的訓練の義務化が決定されたバート＝ホンブルク総会の翌年、一九二六年に設立された。それだけに、まさにこの訓練制度をめぐって、ＳＰＰは当初から軋轢を抱えこまねばならなかった。一方には、ベルリン・インスティテュートで訓練を受けたルドルフ・ルヴェンシュタインや、スイスから合流したレモン・ド・ソシュール（言語学者フェルディナンの息子）、さらには、ＳＰＰ設立直前の時期にフロイトのもとに通いはじめたマリー・ボナパルトのように、ＩＰＡの訓練制度を尊重する人々。それにたいして、精神科医で文法学者でもあったエドゥワール・ピションや、フランスで最初にフロイディズムを紹介したものの、一度も寝椅子に横になったことのないアンジェロ・エナールらは、精神分析のフランス化を求めて、訓練制度の厳格な適用を嫌った。とはいえ、ナチスの擡頭により中央ヨーロッパの精神分析コミュニティが崩壊してゆく一九三〇年代、フランスの訓練制度は曲がりなりにも

＊7　Cf. Nicole Beauchamp, « Sésame, ouvre-toi! ... je veux sortir » (Une mise en perspective historique), in : *Che vuoi ?*, n° 15, *La formation des psychanalystes*, 2001, L'Harmattan, p. 20.

機能しはじめ、次世代の精神分析を担う三人の俊英、サーシャ・ナシュト、ダニエル・ラガーシュ、ジャック・ラカンが揃ってルヴェンシュタインのもとで教育分析を受ける。風雲児ラカンの分析は三二年から六年にわたって続けられ、三八年、ラカンは物議を醸しながらもSPPフルメンバー（教育分析家）の資格を獲得したのだった。

ナチス・ドイツ占領下での休眠状態を経て、戦後に活動を再開したSPPには、急速な世代交代の波が押し寄せる。すると、一九五一年に新設されたインスティテュートの主導権をめぐって、新世代を代表するナシュトとラガーシュのあいだに軋轢が生まれた。医師を特権化する米国流の分析家訓練システムの確立を目指すナシュトにたいして、四六年以来パリ大学心理学講座の教授の地位にあり、心理学専攻の学生ら医師以外の候補生にも広く門戸を開こうとするラガーシュ。彼らのそれぞれに率いられた二つの陣営の勢力は拮抗しており、インスティテュートの厳格なカリキュラムや高額な登録料をめぐる「生徒」たち（訓練分析を受けている最中の候補生たち）の叛乱によって、一時はラガーシュ側に傾いた流れを、最終段階で一気に覆したのはマリー・ボナパルトだったといわれる。医師でない彼女の立場は、本来はラガーシュらに近かったのだが、ラカンこそがSPP内の混乱の元凶であると半ば偏執的にみなしていた彼女は、実際にはむしろナシュト一派によって「人身御供」にされたラカンをラガーシュが擁護するに及んで、明確なナシュト支持に回り、形成を逆転させたのである。その結果、五三年六月、ラガーシュ一派は新組織「フランス精神分析協会」（SFP）の設立を宣言してSPPを脱退し、ラカンもそれに同調することを余儀なくされる。フランス精神分析の「第一の分裂」である。

この分裂は、第二次大戦後加速してきたフランス精神分析の勢いを必ずしも削がなかった。むしろその反対だ。精神分析を「教える」ことへのアンビヴァレントな拘りを折に触れて公言しているラカンに、教育者の責任を担う覚悟を決めさせたのがこの分裂だった。ラカンのいわゆる「セミネール」は、SFPの教育カリキュラムの一環として一九五三年秋にはじまるのである。それに続くSFPの一〇年間は、フランス精神分析の紛れもない黄金時代だった。精神分析のフロンティアを守り立てる若い分析家も次々に現れた。にもかかわらず、SFPはひとつのハンディキャップを負わされていた。SPPから離脱した分析家たちは、それによってIPAの分析家資格を失っていたのである。したがって、SFPはIPAへの加盟手続きを一からやり直さなければならなかった。その際、ネックになったのがラカンの実践だ。ラカンは、IPAでは四五分から五五分と定められている毎回のセッションの長さを、いっさい固定せず、あるときは一五分、あるときは二〇分というように、ラカン自身にいわせれば「患者のディスクールの論理にもとづいて」短く切り上げていた。SPP内でのラカンの実権を奪う目的で、五三年の分裂以前にもナシュト一派やボナパルトによって政治問題化されていたこの通称「短時間セッション」の方法は、これ以後、すなわち、SFPがIPAへの加盟申請を開始して以後、たえずIPAによる公的な調査《インスペクション》の対象になる。まさにこれらの調査の結果、ラカンの技法が国際基準からの逸脱であると判断されたがゆえに、SFPの加盟申請はそのつど却下された。そして、それにもかかわらず続けられた交渉の末に、一九六三年、IPAがSFPに突きつけたのが、訓練分析家としてのラカンの資格を剝奪せよという最後通告、すなわち、ラカンのいう「破門」宣告だった。SFPはこの要求を受け入れ、ラカンがIPAに復帰する道は完全に閉ざされたのである。

こうしてIPA内で「教える」道を断たれたラカンが、しかしルイ・アルチュセールのような支援者を精神分析界の外部に見いだし、再起に向けて動き出すまでに時間はかからなかった。「破門」後ただちに中止した「セミネール」を、もはやSFPの教育プログラムの一環としてではなく、より広い聴衆に向けて精神分析を教える実践として、その場もサンタンヌ病院からパリ高等師範学校講堂に移して再開するのが、六四年一月。次いで、同年六月には、独自の新しい精神分析組織「パリ・フロイト派（EFP）」を設立。この新組織設立によって、いわゆる「ラカン派」が名実ともに誕生したことになる。これにたいして、SFP内でラカンから袂を分かったグループ、つまり、ラガーシュを中心に、ジャン・ラプランシュ、ジャン＝ベルトラン・ポンタリス、ダニエル・ヴィドルシェール、ディディエ・アンズィユら、ラカンの最も優秀な弟子の一団を呑み込んで形成されたグループは、同年五月に「フランス精神分析結社」（APF）を——ただし、公には当初 French Study Group の名で——発足させていた。一九六四年は、かくしてフランス精神分析の「第二の分裂」を画する年になった。このAPFが翌年七月にはIPAへの正式な加入を認められることからも分かるように、「第二の分裂」もまた、結局のところ、IPAと非IPAを分かつドラマだったことに変わりはない。とすれば、ここであらためて、そして今度は永久に、IPAの外部に立つことを余儀なくされたラカンが、自らの学派を組織すること、建設することは、ただその一事をもって、IPAという旧来の巨大な権威への抵抗、もしくはそれとの闘争の意味をもった。EFP設立の冒険《アヴァンチュール》は、その点で六八年を先取りしていたといっても、あながち誇張ではないかもしれない。

3　パス

その新学派にラカンが与える骨組みの青写真は、一九六四年六月の「設立宣言」に掲示された。学派内に三つの「部門」が設けられ、それぞれが次のように定義づけられる[*8]——

第一部門——「純粋精神分析部門」。「十全な意味での精神分析」すなわち「教育分析」の実践と学説にかかわる。また、訓練中の分析家のスーパーヴィジョンを請け負う。

第二部門——「応用精神分析部門」。治療論と医学的臨床にかかわる。精神分析経験の所与を医学的に吟味し、精神分析にフィード・バックする。

第三部門——「フロイト的領野調査部門」。精神分析領域における出版物の批評、精神分析の科学的身分の確立、および他の科学との関係構築にかかわる。

この第一部門と第二部門、すなわち「純粋精神分析」と「応用精神分析」の区別は、ＩＰＡにおいて従来から厳然と――制度的に――存在していた「教育分析」と「治療のための分析」の区別にほぼ等しい。だが、ラカンがここで教育分析を「純粋な精神分析」と定義し直したことの比類ない意義を見過ごしてはならない。教育分析を精神分析の純粋形態とみなすことは、精神分析固有の目的＝終結（fin）を新たな分析家の誕生、すなわち精神分析家の再生産に求めることにほかならない。つまり、いかなる精神分析も、それにふさわしい目的地＝終着点にまで至った場合には、患者を精神分析家に脱皮させずにはおかないというのが、ラカンの考えなのだ。これにたいして、患者の当座の症状が解消されれば事足れりとし、それを目標に精神分析を行うこと、いいかえれば、もっぱら治療の目的で分析を用いることは、ラカンによれば、精神分析の応用にすぎない。あるいは、精神分析を治療術（thérapeutique）に還元することだといってもよい（ただし、ラカンが学派の第二部門に期待するのは、もっぱら医学領域で「応用」された精神分析の技法や諸概念が、医学理論や医学的実践にいかなる効果をもたらすのかを見きわめることだった）。いずれにせよ、「純粋」と「応用」のこの区別を徹底させるとどうなるだろうか。それが導くのは、逆説的にも、「教育分析／治療のための分析」という区別の撤廃、すなわち「教育分析」の一般化である。実際、その後ラカン派の内部に起き、ラカン派を急成長させていくのはこの変革だった。いっさいの精神分析は教育分析でありうる、あなたがいつ誰と分析をはじめても、あなたは精神分析家になることができる――一九六四年に「パリ・フロイト派」（ＥＦＰ）という形でスタートする「ラカン派」の実践の根幹をなすのは、このテーゼにほかならない。

では、このように学派の文字どおり中核をなす「第一部門」、すなわち「純粋精神分析」の活動を、学派はい

＊8　Cf. Jacques Lacan, Acte de fondation (1964), in : *Autres écrits*, Seuil, 2001, pp. 230-232.

かに制度的に担保し、その諸成果を汲みとることができるのだろうか。この問いに答えるのが「パス」であり、その仕組を素描したラカンの「提案」、すなわち「学派分析家にかんする一九六七年一〇月九日の提案」だった。このタイトルが示唆するとおり、「パス」とは何よりも「学派分析家（analyste de l'École）」と呼ばれる分析家を認定する仕組である。それはいかなる分析家だろうか。ラカンの定義はこうだ——

AE、すなわち学派分析家は、枢要な諸問題を、それらが分析にたいして置かれている核心的な地点において、証言することができる人々のひとりであるとみなされる。彼らがそれらの問題について証言しうるのは、とりわけ、彼ら自身がそれらを解決する任務に取り組んでいるか、あるいは少なくとも、その最前線に立っているからである。[*9]

ようするに、自らの分析をつうじて、精神分析にとって決定的に重要な問題に出会い、その問題の所在や解決の道筋を学派に示すことができる分析家、その意味で学派に教えることができる分析家、それがラカンのいう「学派分析家」にほかならない。だが、この「学派分析家」を認定する「パス」の核心は、次の点にある——

教育という余計な語をつけて呼ばれる精神分析の終結、それは、精神分析主体から精神分析家への実際の移行である。[*10]

先に述べたとおり、「ひとつの精神分析の終結は新たな精神分析家を誕生させる」というのが、学派の「第一部門」に結晶化したラカンの考えだった。このことは、しかし、そのような「移行」がほんとうに生じたのか、生じたとすればいかに生じたのかを吟味することを妨げない。「学派分析家」のタイトルを望む主体は、学派からまさにこの吟味を受ける必要がある。いうまでもなく、そのプロセスこそが「パス」にほかならない。その結果、この「移行」が真正なものと確認されれば、主体は「学派分析家」に任命され、件の「枢要な問題」を自らの分析経験から証言する任務に就くことになる。それだけではない。この「移行」の確認は、同時に、当の分析のプロセスそのものについて、それが実際に「分析家を生み出した分析」、すなわち、固有の目的を全うしたという意味で「純粋」なひとつの「精神分析」（通常の意味での「教育分析」）であったことを、事後的に判明させる。「精神分析とは何か」という問いへの答えはけっして不変ではない。それは時代とともに、また地域によって変わり、永遠の正解などありえない。「パス」とは、ひとつの精神分析を終結まで推し進め、それによって新たに「精神分析家」となった主体の証言をつうじて、この回答をそのつど、まさに「いま・ここ」で創りあげ、決定してゆく仕組なのである。パスを採用する学派においては、だから誇張なくこう断言してよい――パスなくして精神分析なし、と。

　ところが、ラカンのこうしたアイデアは、学派の重鎮たちには簡単に呑み込めなかった。「パス」において認定される「学派分析家」に話を戻そう。この肩書きは、ＩＰＡにおける「教育分析家」の身分を想起させずにはおかない。ＩＰＡ諸組織のヒエラルキーの頂点に君臨し、次世代の分析家の育成を担うとともに（ＩＰＡ組織では一般に、「教育分析家」の資格をもつ分析家のもとでしか「教育分析」を行うことができない）、組織全体の指導に努めるのが「教育分析家」だからだ。たしかに、事実上、いや見かけ上、ラカン派における「学派分析家」はＩＰＡの「教育分析家」に等しい。だが、ラカンの考えでは、精神分析の枢要問題を教えるという学派分析家の機能は、すでに何年も分析家として働いている古株の分析家には全うすることができない。それはむしろ、いま自ら

＊9　Jacques Lacan, Proposition du 9 octobre 1967 sur le psychanalyste de l'École (1967), in : *Autres écrits*, *op. cit.*, p. 244.

＊10　*Ibid.*, p. 251.

の〈教育〉分析を終えたばかりの新米分析家、あるいは「駆け出しの」分析家によってこそ担われなくてはならない。ラカンの狙いは明らかだ。「学派分析家」と「教育分析家」の見かけ上の等価性とは裏腹に、ラカンが目論むのは旧来の「教育分析家」の絶滅なのだ。このことは、先に述べた「教育分析の一般化」〈教育分析／治療のための分析の区別の撤廃〉と論理的な一貫性をもつ。いかなる分析も教育分析になりうるとすれば、特定の分析家をあらかじめ「教育分析家」と位置づけ、それらの分析家のもとでの分析のみを「教育分析」と認める必要はもはやなくなる。ところがEFPには、SFPで「教育分析家」と認定されたヴェテランの分析家が少なくなかった。彼らはラカンに反発し、学派内に不穏な空気が流れはじめる。だが、ラカンはひるまなかった。六七年一二月の集会では、これらの反対者に挑みかかるような演説をぶった。曰く、「学派分析家」にふさわしいのは、「見込みのある非分析家、すなわち、〈分析家としての〉経験をいそいそとはじめることで、お約束どおりに自らの行為〈自分がそれによって分析主体から分析家になったところの行為〉のある種の健忘に陥ってしまう以前に取り押さえることのできる非分析家」[*11]である、と。ここにいう「非分析家」とは、すでに長年、職業的な分析家稼業をやってきたのではない者、すなわち、いま自分の分析を終えたばかりで、その瑞々しい記憶をまだ失っていない新米分析家の謂いだ。同じ意味において——

非分析家の属性は精神分析の保証である。私が欲するのはじっさい非分析家であり、彼らは今いる分析家たち、すなわち、その身分を自らを根拠づける行為の忘却に負うている者たちから、いずれにせよ区別される。[*12]

それゆえ、ラカンには自らの意図を、あるいは本音を、隠す理由もなかった——

〈AEとなった非分析家〉の手にこそ、私は学派を委ねよう。すなわち、何よりも、どういうわけで「分析家」たちは生産性を沈滞させてしまうのかを突き止めるという任務を。彼らが生産するものは、それを生き返らせようとする私の努力を除けば理論的な成果をもたらさず、そこではどれほどの概念的退行が、それどころか、有機体についていう意味での想像的退縮が生じているのか、測定しなくてはならないだろう。*13

目下職業的に「分析家」を名乗る者たちは、精神分析の知を萎ませるばかりで、何の役にも立っていない、とラカンは突き放している。彼らは自分たちが築いてきた指導的「分析家」の地位に胡座をかき、分析的経験の前線を切り拓くような仕事を何も生み出していない。だから彼らに期待するよりは、分析を終えたばかりのフレッシュな人材を「学派分析家」に起用し、精神分析の知の発展をこれらの若者の手に委ねようではないか——ラカンはそういいたいのだ。こうした発言に目を留めると、ラカンがいかに真剣に精神分析的知の刷新を欲していたのかがよく分かる。ラカンにとって、IPAの官僚主義的ヒエラルキーは、フロイトの発見のインパクトを鈍らせ、分析的知を惰性に陥らせることにしか役立っていなかった。そして自分を爪弾きしたのは、そのような惰性的まどろみに取り憑かれた人々であると、ラカンは考えていた。だからこそ、分析的知をこの停滞状態から解き放つことが必要であり、それを可能にする手段はひとつしかなかった。分析家として独り立ちしたばかりの(あるいは独り立ちする寸前の)「非分析家」に、自らの分析経験を語らせることだ。

もちろん、学派の「重鎮」を以て任じる古参の分析家たちは、ラカンが自分たちを排除しようと躍起になっていると感じた。実際、それがラカンの偽らざる望みだったのだろう。新たに学派にやってきた若い人々を鼓舞し、

---

*11 Jacques Lacan, Discours à l'École freudienne de Paris (1967), in : *Autres écrits*, *op. cit.*, pp. 270-271.
*12 *Ibid.*, p. 272.
*13 *Ibid.*, p. 271.

それによって旧勢力を一掃すること。ラカンの「パス」闘争は、こうして精神分析版「文革」とも呼びうる相貌をもった。ラカン（と二番目の妻シルヴィア）の娘ジュディットがマオイスムにかぶれて「プロレタリア左派」に参加すること、のちにその夫となるジャック＝アラン・ミレールもまた同じセクトの活動家になること、さらには、六〇年代末から七〇年代初頭にかけて、ラカンのオフィスの待合室はマオイストだらけだったこと、これらはおそらく偶然ではない。紅衛兵を焚きつけて文化大革命を推し進めた毛沢東にも通じるエスプリが、「パス」導入に邁進するラカンのうちに、本人が意識するとしないとにかかわらず、たしかにあった。少なくとも、ラカンの「パス闘争」（と私が呼ぶもの）の輪郭が、そう考えることでいっそう際立つことはまちがいない。そしてこの闘争は、ラカンにとってさしあたり好ましい結果に逢着する。発表から一年三か月を経た六九年一月二五・二六日の学派総会にて、ラカンの「提案」は投票にかけられ、可決された。投票に先立ち、パス制度に反対する三人の学派重鎮（ピエラ・オラニエ、フランソワ・ペリエ、ジャン＝ポール・ヴァラブルガ）はラカンに辞表を送っていた。彼らは同年三月、EFPから彼らに合流した他の分析家らとともに、俗に「第四グループ」（SPP、EFP、APFに次ぐ四番目）と呼ばれる新たな組織「フランス語精神分析組織」（OPLF）を発足させる。純粋精神分析を重視し、そこから誕生する「非分析家」を精神分析の中心に置こうとするラカンとは反対に、ペリエらはスーパーヴィジョンに力を入れ、育成される分析家の「治療者としての実力」の確保に腐心するだろう。彼らのEFP離脱によって印づけられるこの一幕は、フランス精神分析の「第三の分裂」と呼ばれる。これはまさに「パス」がもたらした分裂だった。

4　精神分析の内と外

ここまで描いてきたのは、ラカンを中心とするフランス精神分析のなかの〈68年5月〉の透視図だ。これが街頭の〈68年5月〉と――時期的に、また主題的に――完全にシンクロしていたように見えるのは、「時代」というもののなせる業なのだろうか。

いや、このシンクロニシティは、ラカンによって仕組まれたとはいわないものの、明らかに望まれたことだった。街頭の〈68年5月〉の風を、ラカンは学派のなかにも吹かせることを意図した。といっても、それを一方的に利用しようとしたのではない。ラカンのうちには、精神分析の側から街頭に、あるいは社会に、何をもたらしうるのか、いかなる貢献を行いうるのか、という明確な問いがあった。先に長く引用した六八年五月一五日の談話のなかで、ラカンが「出来事の高みに立つ」ことを分析家に求めたのも、まさにそうした理由からだ。「出来事の高みに立つ」は、ラカンにとって、精神分析の外で起きていることを分析家が真剣に受けとめ、分析家の視点で吟味あるいは議論し、その結果を精神分析の外にフィード・バックすることを意味した。いいかえれば、分析家はキャビネでの実践に自閉せず、精神分析を社会に向けて開いてゆかなければならない、ということだ。

だが、ラカンは同時に、現代の分析家にそれだけの力量があるだろうか、とも問わずにいられない。ラカンの答えはもちろん「否」だ。私たちはここで、「非分析家」の問題に再び出くわす。職業的「分析家」へのラカンの苛立ちは、たんに自身が推し進める改革への彼らの抵抗に起因するのではなかった。彼らが惰性的に留まろうとする分析的知の停滞のために、精神分析が独自の新しい理論なり視点なりから目下の「出来事」を捉え、それを説得力のあることばで街頭なり社会なりに届ける余地が奪われていることにたいする苛立ちなのだ。では、この点について、ラカンは自分自身をどう評価していたのだろうか。おそらく、自らは多少なりとも「出来事の高みに立つ」ことができているという自負が、ラカンにはあっただろう。だが同時に、まだ十分ではないという率直な思いもどこかにあったはずだ。いや、というより、「精神分析を社会に向けて開く」ことを、ラカンはいままさに、こういってよければ自覚的に、行っている最中だった。実際、ラカンのディスクールは目下急速に精神分析の外部に開かれ、広まりつつあった。それは、ラカンが心ならずも投げ込まれた状況と、それをプラスに活かそうとする本人の努力との相乗効果だった。あるいは、もっと単純に、「破門」の効果だったといってもよい。

六三年一一月の「破門」に続いて、ラカンの周りで何が起きただろうか。先に述べたように、ラカンはSFP公式プログラムとしてのセミネール（その年「父の名」と題されたそれは、SFPがラカンの教育分析家資格停止を決定した前日に始まっていた）を中断したものの、翌年一月にはもう、新たに提供された場所で新たなセミネールを開始することができた。かねてからラカンの理論的仕事に関心を向けていたルイ・アルチュセールが仲介役になり、制度的には当時フェルナン・ブローデルが部門長を務めていた実践高等研究院第六部門（経済社会科学部門）の講義のひとつとして、[*14] パリ高等師範学校デュサンヌ講堂という、フランス・アカデミズムの心臓部のひとつといってもよい場所に、セミネールの舞台を移転させることに成功したのである。SFP時代のセミネールにも、主に協会所属の分析家や分析家候補生を中心に、毎回「一〇〇人を若干上回る」[*15] ほどの聴衆が集まっていたといわれる。だが、高等師範学校に場所を移すや、フランスの知的エリート階級を構成する同校の生徒たち（高等師範学校に学ぶ若者は、「学生（étudiant）」ではなく「生徒（élève）」と呼ばれる）が詰めかけるようになったのをはじめ、受講者の数はたちまち倍増し、後述する「第二の破門」（六九年六月）の直前には三〇〇人にも上った。そこから、やがて多くの若者が、ラカンや他の分析家のオフィスに、さらには新たな会員としてEFPに、流れ込むことになるだろう。

そのEFPがフランス初の非IPA組織として発足するのは、高等師範学校におけるこのセミネール再開から五か月後、すなわち「破門」からわずか七か月後のことだった。六四年六月の「設立宣言」にて、新学派を「たった独りで」建設すると宣言したラカンには、[*16] すでに満帆の追い風が吹いていたといってよい。加えて、かつてラカンの寝椅子に横たわったひとりに、ウンベルト・エーコやロラン・バルト、ポール・リクールらの著作を手がけたことでも知られるスイユ社の敏腕編集者フランソワ・ヴァールがいた。ラカンにはそれまで、一九三二年の出版以来久しく絶版状態にあった学位論文『人格との関係からみたパラノイア性精神病』の他には一冊も著作がなく、彼が発表した論文も、SFPの機関誌だった『精神分析 *La Psychanalyse*』をはじめとする学術誌の誌面に分散していた。そこでヴァールは、それらの論文を一冊にまとめるようラカンを説得し、それを承諾したラカンは、一九三六年から六五年のあいだに発表された二八篇の論文（及び口頭で読まれたテクスト）に手を入れ直し、書き下ろしの数篇を加えた上、高等師範学校移転後のセミネールの「顔」のひとりになった若き俊英ジャック＝アラン・ミレールによる図表や索引を付して、全体で九〇〇ページにも上る大部の著作を完成させた。今日も超難解をもって知られる『エクリ』である。六六年一一月に刊行されたこのラカン生涯の主著は、ミシェル・フーコーの『言葉と物』と並ぶ同年の学術書ベストセラーとなった。

こうして、ラカンのディスクールの前線は瞬く間に拡大した。それは精神分析の領域を越えて、フランス社会の知的・文化的層にどこまでも浸透してゆくように見えた。だが、そこから翻って見れば、このことが精神分析的地平の内部にも反響を見いださないはずがない。一般聴衆に向けてのラカンのセミネールの成功は、IPAから「破門」されたはずの「教育分析家」の存在感をかえって高めることになった。フランス精神分析の主導権とはいわないまでも、無視するには大きすぎるモーターのひとつがラカンの手に握られていることは、誰の目にも明らかだった。加えて、内容の難解さをもろともせず流行書となった『エクリ』は、事実上、非IPA分析家として再出発したラカンの正真正銘の「マニフェスト」だった。この大著の言葉の渦に出会い、ラカンを理解したい、いや、ラカンには何かがある、と思った若者たちは、どう反応しただろうか。彼らの多くが採ったのは、ラカンや他の分析家の寝椅子でそれを学ぶという道だった（少なくとも世紀の変わり目ごろまで、フランスではこれが

＊14 Roudinesco, *op. cit.*, p. 1048, p. 1865.
＊15 Jean-Bertrand Pontalis, *L'amour des commencements* (1986), Gallimard (coll. Folio), 1994, p. 134.
＊16 Roudinesco, *op. cit.*, p. 1887.

ラカンにアプローチする最も一般的な道であり続けた)。こうして、ラカンと彼の学派が、フランス精神分析の「マーケット」を席巻しはじめるのは時間の問題だった。六四年の「設立宣言」において、学派の基本的な設計図をすでに明示していたラカンにとって、『エクリ』出版の段階で足りないのはもはや、精神分析に未曾有の知をもたらしうる新たな分析家と、それらの分析家を学派の指導的存在(「学派分析家」)として確保するための制度的装置、すなわち「パス」のみだった。

もうひとつ、ラカンのディスクールが精神分析の外部に浸透しはじめるにつれて、ひときわ目立つようになったことがある。『エクリ』の成功によって、自らが当代一級の知識人の仲間入りを果たしたという意識も手伝ってか、とりわけ〈68年5月〉後に、ラカンはいまをときめく思想的スターたちと積極的にコンタクト——対話とはいわないまでも——をもつようになる。もちろん、同時代の代表的な知識人との交流は、「破門」以前にもあった。人類学者レヴィ=ストロースや、レヴィ=ストロースの紹介で知り合った言語学者ローマン・ヤコブソンとの交流は、レヴィ=ストロースとディディエ・エリボンの対談『遠近の回想』(一九八八年)に詳しい。あるいは、ヘーゲルの翻訳者として知られる哲学者ジャン・イポリットは、ラカンの初期のセミネールの、フロイトの解釈学的読解という新境地を開いたポール・リクールは、「破門」に先立つ数年のセミネールの、それぞれ常連だった。だが、ラカンがレヴィ=ストロースやヤコブソンからいかに絶大な理論的影響を受け(しかしその逆はない)、イポリットといかに有益な意見交換を行い、リクールとのあいだにいかに期待と葛藤の入り交じった関係をもとうと、それらはまだ、必ずしもフランス思想の表舞台で交わされたメッセージの受け渡しではなかった。それにたいして、たとえば〈68年5月〉後のセミネールで、アルチュセール一派の『資本論を読む』(一九六五年)に触発され、対象 *a* を「剰余享楽」として再定義することを言明するとともに(この再定義は、六九年の「四つのディスクール」定式化に向けての第一歩となる)、言語構造におけるこの対象の機能への着目が、市場の構造における「剰余価値」の機能へのマルクスの関心に重なるという理由から、それまで留保なしに評価したことがなかった「構造主義」のレッテルを受け入れるとき(ただし、遅くとも七三年にはそれを撤回する)、それはまさにフランス思想の表舞台、それどころか檜舞台での目配せだった。やはり同じ年のセミネールで、『差異と反復』や『意味の論理学』に代表されるジル・ドゥルーズの一連の著作に率直なオマージュを捧げるとき、あるいは、パリのリセの講師を辞してチェ・ゲバラの革命に加わり、ボリビア軍警察に逮捕・収監され拷問を受けていたレジス・ドゥブレの解放を求める署名に、同時代の他の知識人とともに、〈68年5月〉の動乱のさなかに応じるとき、さらには、六九年二月、フランス哲学協会におけるミシェル・フーコーの講演「作者とは何か?」の会場に駆けつけ、質疑応答中にリュシヤン・ゴールドマンから批判されたフーコーの援護に回って、「構造は街頭に出る」と啖呵を切ったときにも、ラカンを捉えていたのはおそらく「破門」前とは異なる意識、もはやたんなる精神分析のリーダーではなく、まさに街頭に自らの占める座をもつ知識人としての意識だったにちがいない。

ただし、こうして「破門」のショックを完全に拭い去り、艱難をむしろ幸運に転じさせることに成功したラカンにも、落とし穴がなかったわけではない。六四年以来、学派の外から内へ、内から外へと自由に泳ぎ回るような若者たちを捉え、意気揚々と続けてきたパリ高等師範学校でのセミネールは、思いがけず短命に終わる。というのも、六九年六月、同校が事実上このセミネールの追放に踏み切るからだ。ラカンの周囲がやがて「第二の破門」と呼ぶことになる一幕である。当時の高等師範学校校長を務めていたのは、プルタルコスの翻訳者として知られる古典文献学者ロベール・フラスリエールだった。フラスリエールは同年三月一八日にラカンに書簡を送り、折からの――つまり〈68年5月〉後の、エドガール・フォールによる――高等教育改革に伴う実践高等研究院の組織再編のため、および複数の研究領域における教育の発展のためと称して、「一九六九年一〇月以降、デュサンヌ講堂をはじめとするENSのいかなる講義室も、貴殿の講義のために貸し出すことが不可能になります」と通告していた。[*17] これにたいして、当初沈黙を守っていたラカンは、六月二五日、同年のセミネール(『ひとつの〈他者〉からもうひとつの〈他者〉へ』)の最終回に、この通告書の写し三〇〇枚を手にデュサンヌ講堂に現れ、フラスリエールへの抗議行動をそれとなく促すと取れなくもない陳情を行いつつ、これらの写しを受講生に配布する（しかも、授業を通常より三〇分も早く切り上げた）。すると、授業終了後、セミネールの継続を求める一部の受講生らが高等師範学校校長室に押し入り、学校側と揉み合う事態に発展した。

まだ〈5月〉の余韻が色濃く残る時期だ。この一件は、翌日の『ル・モンド』紙で取り上げられ、注目を集めた。これを受けて、七月、ラカンが同紙紙上でフラスリエールを批判すると、フラスリエールはすかさず反論、それにたいしてラカンがさらに再反論するものの、フラスリエールが決定を覆すはずもない。高等師範学校からのラカンの立ち退きは避けられなかった。とはいえ、思いがけない反響もあった。この事件をどちらかというとラカンに肩入れして追っていたらしいヴァンセンヌ実験大学センターの教員組織が、一一月、ラカンを同センターに招聘する意向を本人に伝えてきた。そのころにはすでに――再び、幸運にも！――、セミネールの引越先はパリ大学法学部講堂に決まっていた。しかしラカンは、この申し出を受諾した。その結果が、本稿冒頭に記したラカンのヴァンセンヌ談話であることはいうまでもない。ここでは、しかし、高等師範学校からのラカンの「破門」という一幕に留まろう。あたかも〈5月〉のある種の延長のように、あるいは余波のように演じられたこの一幕には、はたしてどれほどの政治性があったのだろうか。ラカン締め出しの理由は、アルチュセールによってこう語られている――

〔「破門」直後の時期に〕サンタンヌ病院から締め出される恐れがあることにラカンが困惑しているのを見て、高等師範学校に〔彼のセミネールを〕受け入れる用意があることを申し出た。そしてその日から、数年のあいだ、毎週水曜日のお昼になると、ユルム通り〔＝高等師範学校の所在地〕は歩道の至るところに乗り上げた高級英国車で塞がれ、地域住民の顰蹙を買うようになった。ぼくはラカンのセミネールに一度も顔を出したことがない。ラカンが話しているあいだ、満員の講堂にはタバコの煙が充満し、それがやがてラカンの敗北の引き金になることは避けられなかった。というのも、その煙がちょうど真上にあった図書室の貴重書コーナーにこもってしまい、ロベール・フラスリエールの度重なる警告にもかかわらず、ラカンは聴衆に喫煙を控えさせることがまったくできなかったからだ。ある日、煙にうんざりしたフラスリエールは、ラカンに退去を申し渡したのだった。[*18]

じつにありそうなことだ。だが、フラスリエールのオフィスを占拠した生徒たちのひとりで、その場に武装した保安機動隊（CRS）が控えているのを目撃したフィリップ・ソレルスは、ラカンの排除を陰で仕組んだのはアルチュセールとデリダだったと指摘して憚らない。アルチュセールとデリダは、ソレルスが「共産主義的構造」と呼ぶレジーム（検閲、スターリニズム、他者の黙殺）に捕らわれ、「共産主義的秩序の回復に腐心していた」[*19]というのがソレルスの主張だ。これにたいして、当時ブザンソンで教職に就いていた（それゆえ校長室占拠に参加しなかった）ミレールは、ソレルスのどこか妄想めいた断定に取り合うことなく、高等師範学校でラカンに強烈な影響を受けた一世代が同校から姿を消しつつあったことに、注意を向けさせる。真相はおそらく、このミレールの弁に近いのだろう――

この世代は、徐々に〔高等師範〕学校を去っていった。一九六八年以降にはもう、われわれのうちの誰ひとり残っていなかった。私が思うに、実際、ラカンはやり過ぎだ、あいつが我が校の敷地に引き入れるのは大

＊17　Cf. Jacques Lacan, *Le Séminaire, Livre XVI, D'un Autre à l'autre* (1968-69), Seuil, 2006, p. 403.
＊18　Louis Althusser, *L'avenir dure longtemps, suivi de Les faits*, Stock/IMEC, 1992/94, p. 210.
＊19　Philippe Sollers & Jacques-Alain Miller, *Soirée Lacan*, Navarin, 2011, p. 5.

学の型にはまらぬ連中ばかりじゃないか、というふうに考える組織のコンセンサスができあがってしまった。〔……〕校長が号令をかけたということはありえない。当時、アルチュセールは事務局長で、デリダには大きな影響力があった。ラカンにはもう十分つくしてやった、だからそろそろあの講堂を取り戻さなくては、というコンセンサスができあがったことはまちがいない。この件について特定の情報をもっているわけではないが、私はそう確信している。それが組織の論理というやつなのだろう。[*20]

5　挫折

〈68年5月〉の「出来事」は、六月三〇日の国民議会選挙（二回目投票）におけるド・ゴール派の圧勝（七割以上の議席を獲得）により収束してゆく。ミレールが本人の口からじかに聞いたとして伝えているところによると、ラカンはこの選挙でド・ゴール派に投票したらしい。[*21]

街頭の〈5月〉の結末は、実際、ラカンを幻滅させずにはおかなかった。EFP総会でパスの「提案」が可決された〈つまり学派内の〈5月〉のほうは当座の目標を達成した〉直後、六九年二月三日の日付をもつ文章にラカンが記した次のような苦々しいことばは、彼自身の失望の裏返しと考えてはじめて腑に落ちる――

〔……〕若きブルジョワたちが消費社会の名のもとに、歩道を余計なもので塞ぐことにしか役立たない自動車の名のもとに、吐き棄てていたのは、それが彼らをふんだんに満足させてくれたらとこの社会が期待しているモノたち〔les objets〕だった。彼らがそれを吐き棄てたのは、これらのモノでは運命にかかわる対象 *a* の代わりが務まらないからだ。

資本主義の普遍的な蔓延は西から東へ振動し、とどまるところを知らない。この蔓延には演じるべき役割がある。

「もう以前のようにはならない〔Plus jamais comme avant〕」と、善良な人々は声を嗄らして五月記憶化〔maimorisation〕するが、このフレーズにはその喜劇的な面、すなわち嘆かわしい面から、手をつけるべきだ。というのも、いまやかつてないほど以前のようであり〔plus que jamais comme avant〕、五月疼き〔l'émoi de mai〕はそれを引き起こしたものを析出させていることが明らかだからだ。

　学位認定の尺度に抜擢された「単位 l'unité de valeur」は、ひどい言い間違いのような体で、知を市場に役立てるという表現でわれわれが何を捉えようとしているのかを明らかにする。*22


「五月《メ》(mai)」と「記憶に留めること《メモリザシヨン》(mémorisation)」を圧縮し、(年月日の)「月《ル・ムワ》(le mois)」に「疼き《レムワ》(動揺、l'émoi)」を掛けるウィットは、ここではもっぱら〈5月〉の出来事を揶揄する役目しか果たしていない。「運命にかかわる対象*a*」とは、それぞれの主体が、上述した「〈他者〉のなかの欠如」の帰結を我が身に引き受けつつ、自らの存在の喪失を際立たせることと引き替えに、新たに見いださねばならない、いや創造しなければならない「欲望の原因＝根拠」としての対象である。消費社会という〈他者〉の描くだまし絵を廃棄し、自らの「欲望」の在処を、あるいはその意味を、見いだす途についたはずだった〈5月〉のアクターたちは、残念ながら、そこにたどり着くことなく革命の旗を降ろした。いや、それどころか、〈5月〉後のフォール改革によりフラン

＊20　*Ibid.*, p. 7.
＊21　Le théâtre des opérations, conversation avec Jacques-Alain Miller, in : *tissage*, n°4 : *Mai 68, Mitterrand et nous — trois générations*, p. 102.
＊22　Jacques Lacan, D'une réforme dans son trou (1969), *Journal français de psychiatrie*, n° 26, 2006, p. 5.

スの大学で一般化しはじめた「単位」という数字を通して、社会が投資したのと厳密に等しい価値しかもたない「知」を消費させられるがままになる彼らは、結局のところ大学というシステムに囲い込まれ、飼い慣らされる運命にある。〈5月〉の騒動によって、「消費社会」は消滅したわけでも後退したわけでもなかった。むしろ反対に、それは「大学」にまで浸透しつつある。その意味で、「いまやかつてないほど以前のよう」だというのが、この時点でラカンが下す診断なのである。

私たちが冒頭にみたヴァンセンヌでのラカンの談話が、この一節と同じ認識を基調にしていることは言を俟たない。ラカンはここから「大学のディスクール」の定式化に向かい、それをつうじて大学を、さらには、それを下支えしている「哲学」（真理を棚上げし、知の無際限な蓄積を可能にした学としての）を、正面から批判することに向かうだろう。その大学批判、哲学批判の頂点をなすのが、一九七四年、「反哲学」を標榜しつつ書かれた次のような一節だ——

〔「反哲学」という〕ことばで私は、大学のディスクールが、その「教育的」な想定に負うているものについての探求の題目としたい。諸理念の歴史という、どうにも悲しげな学が、この探求をとことんまでやりおうせるというわけではなかろう。

大学のディスクールを特徴づける愚劣さを辛抱強く蒐集すれば、望むらくは、この愚劣さをその不壊の根源において、その永遠の夢において、際立たせることができるだろう。

この夢からの目覚めは個別のものでしかない。[*23]

ここで大学のディスクールの「永遠の夢」と呼ばれているのは、ラカンの別のテクストでの言葉でいえば、「我《われ》支配（Je-cratie）[*24]」、すなわち、言表を行う主体と言表される内容のあいだにいかなる食い違いもない（したがって言表行為は言表内容に還元できる）と考える立場にほかならない。そこでは、いかなる言表もひとつの「〈一〉(Un)」をなすかのように振る舞う「超越論的自我」の幻影によって、主体の分裂はひたすら否認され、忘却されつづけるだろう。そこからの目覚め、どこまでも個別的でしかないその目覚めをもたらすもののひとつは、いうまでもなく精神分析である。「大学のディスクール」と「精神分析のディスクール」のあいだのこの根源的なアンティノミーは、ラカンにおいて、まさに〈5月〉をつうじて、いや街頭の〈5月〉の挫折をつうじて、はじめて定式化されたといってよい。

では、その精神分析の側では、〈5月〉はいっさいの挫折を免れたのだろうか。「学派内の〈5月〉は当座の目標を達成した」と先に述べた。だが、「当座の目標」とは「パス」制度の採択であって、この制度の運用が成功したかどうかは、いうまでもなく別の問題だ。必ずしも街頭の〈5月〉の挫折とパラレルだといいたいわけではないが、EFPにおける「パス」はいわば絵に描いた餅に等しかった。というのも、まず、ラカンの策定したグランド・デザインには、実際の運用を可能にするプロトコルや細則が欠けていたからだ。ラカンの想定を裏切るタイプの事例に出会うと、パス装置全体が麻痺することは避けられなかった。一九七七年、「パス」の申請を却下されたのちに自殺したジュリエット・ラバンのように、分析を終えてから何年もたつ元分析主体《アナリザン》が「パス」を行う意志を示した場合、それにどう応じればよいのか、学派内の審査委員会には決め手がなかった。加えて、「学派分析家」の肩書きが学派内でみるみる高騰していったことも、よい効果を生まなかった。「学派分析家」の位置づけについてのラカンの基本的な考えが学派に浸透しないまま、その肩書きだけが羨望の的になり、「パス」の申請件数は増え続けた。もともと明確な審査基準などありえない認定制度であるだけに（新たな「精神分

＊23 Jacques Lacan, Peut-être à Vincennes ... (1974), in : *Autres écrits, op. cit.*, pp. 314-315.

＊24 Lacan, *L'envers de la psychanalyse, op. cit.*, p. 71.

析」の誕生／発見を確認する審査に、従来のいかなる「基準」が適用されうるだろう？）、そうなると審査委員会そのものがパンクすることは目に見えていた。「学派分析家」が事実上、終身タイトルであったことも、その高騰に拍車をかけた。実際、ラカンの死の間際に新設された「フロイトの大義＝原因学派（ECF）」では、EFPの「カウンター実験」の名のもとに、「学派分析家」の任期制を採用することで、パス制度がみるみる回転しはじめるだろう。そして最大の問題は、パスの本義が「精神分析を下から教える」ことに存するにもかかわらず、ラカン本人がつねに、上から教える主＝師の座に留まり続けたことだ。「学派分析家」とは本来、まさにラカンに取って代わるべき存在、すなわちアナザー・ラカンでなくてはならない。「パス」をつうじて学派全体から承認されたならば、「学派分析家」が教える「精神分析」は、ラカンが教えるそれとは似ても似つかぬものであってもおかしくはない。それどころか、ラカンの本来の意図に立ちかえるなら、そうでなくてはならないはずだ。にもかかわらず、ラカンは唯一無二の主＝師として学派に君臨することをやめなかった。とりわけ、「パス」の審査委員会の座長はつねにラカンが務めていた。その現前が審査委員会の機能を停滞させ、新たな「学派分析家」の生産を阻碍したであろうことは想像に難くない。一九七八年、「パス」の「失敗」を宣告したラカンは、その二年後に学派そのものを解散する。精神分析史上の「革命」とも呼びうる「パス」の経験＝実験は、こうして最初の幕を下ろしたのである（ただし、上述のECFも含め、今日でもラカン派の九つの組織でパスは運営され、それぞれに結果を出している）[*25]。

6　精神分析があり、学派がある

しかし、ラカン生前の「パス」の挫折をもって、ラカンの〈68年5月〉が無に帰したと考えるのも、やはり早計だ。

いまいちど「破門」の時点に戻って、補足しておきたいことがある。「ラカン派」の文脈に捕らわれずに見るなら、「破門」がもたらしたのはSFPの分裂、すなわちEFPとAPFという二つの組織の誕生だった。APFの発足は、SFPが背負い込んだラカンの桎梏からの解放の意味をもつ。だが、先に見たように、APFのメインストリームを形成してゆくのは、ジャン・ラプランシュ、ジャン＝ベルトラン・ポンタリス、ダニエル・ヴィドルシェール、ディディエ・アンズィユら、ラカンの手で育成された分析家たちだ。彼らは、やはり彼らと同じくAPFの創設にかかわったヴラディミール・グラノフ（ただしグラノフ自身はラカンの分析を受けたわけではない）のことばを借りれば、「精神分析はラカンより偉大である。ラカンは私の分析家だったが、もはや私にとって重きをなさない。ひとり分析のみが重きをなすのである」[*26]という原則から、ラカンの教育分析家資格の停止を求めるIPAの指令を受け入れ、ラカンと袂を分かったのだった。それは、ラカンによれば「私の分析家仲間の行為化[*27]」だったが、ラプランシュらにとっては「倫理と欲望に根ざした決断」、つまり「なんらかの思想的主＝師〔maître à penser〕や圧力団体へのいっさいの従属を拒絶する[*28]」挙措だった。この「思想的主＝師」の語に透けて見えるとおり、彼らにはこれが「叛乱」の名に値する決断だったという自覚、それどころか、来たるべき〈68年5月〉的なものの先取りだったという歴史意識があることはまちがいない。とすれば、ラカンの周りには、じつは二つの、互いに反対のベクトルをもつ〈5月〉があったと見なくてはならない。ラカン（派）にとっては、

＊25 Cf. Sophie Aouillé, La solitude du coureur de fond, in : *Essaim*, n°18, érès, 2007.
＊26 Wladimir Granoff, *Filiations*, cité par Roudinesco, *op. cit.*, p. 1062.
＊27 Jacques Lacan, La méprise du sujet supposé savoir (1968), in : *Autres écrits*, *op. cit.*, p. 337.
＊28 Association psychanalytique de France, L'APF : Histoire, Formation, 2012/2015, http://associationpsychanalytiquedefrance.org/lapf-histoire-formation/

EFPの設立がすでにIPAという〈他者〉にたいする〈5月〉的反逆であり、その延長線上に、よりラディカルな革命としての育成制度改革、すなわち街頭の〈5月〉とシンクロする「パス」闘争という〈5月〉があった。その一方で、APFに合流するラカンの弟子たちのあいだでは、ラカンという「主=師」にたいする〈5月〉的反抗の意識が共有されており、それが新組織APFの存在意義の中核を構成してさえいた。この捩れを伴う二重性のうちにこそ、私たちは真の意味での「ラカンの〈68年5月〉」を見なくてはならないのかもしれない。

だが、事情はさらに込みいっている。一九七一年から七二年にかけて、APFはラプランシュとポンタリスを先頭に組織内の訓練制度改革に踏み切る。その目玉は、なんと「教育分析の廃止」だった（ただし、EFPにおけるように「教育分析家」の絶滅にまでは進まない）。その主眼はこう説明されている――

いっさいの個人分析の歩みの「治外法権性」を損なうおそれのある「目標表象」（とりわけ、個人分析の開始に先立って訓練の達成を求めるようなそれ）がこうして斥けられたのであり、今日でも斥けられている。[*29]

二つの点を押さえなくてはならない。まず、分析主体のいっさいの求め（要求、demande）――そこには「分析家になりたい」という求めも含まれる――は、分析においては括弧に入れられねばならない（分析家がそれに応じてはならない）こと。次いで、ひとつの精神分析が「教育分析」であったかどうかは、事後的にしか判定されえないこと。これら二つの理由から、APFは「教育分析」を、いや、より正確には、あらかじめ「これは教育分析である」と決め（つけ）て始められるいっさいの分析を、廃止するのである（そこから、「教育分析」及び「治療のための分析」に代わって、「個人分析」という語を用いる必然性が生まれる）。これは、いうまでもなく、分析家の育成にかんするラカンの教えそのものだ。IPAの重鎮オットー・カーンバーグは、APFのこうした訓練制度を「フレンチ・モデル」と呼び[*30]、二〇〇一年から二〇〇五年にかけてIPA会長を務めたヴィドルシェールは、

「フレンチ・モデル」の国際的普及に尽力した。しかし、ここまでの経緯から明らかなとおり、このモデルは事実上「ラカン・モデル」にほかならない。

とすれば、ラカンは勝ったのだろうか。分析家の育成にかかわるラカンの教えは、ラカン派のもとで今日も一般的に実践され、フランスにおける精神分析のポピュラリティを押し上げるとともに、他方では、彼から離反した弟子たちの手で、IPAの側でさえ、さすがにまだ浸透するとまでいかないにせよ、広く認知されるに至ったのである。いや、ラカンの「勝利」というのはいいすぎかもしれない。だが、APFがIPAの構成団体のひとつである以上、少なくともこう考えることはできる。すなわち、IPAがラカンの教えを排除したにもかかわらず、この教えはIPAにおいて完全に無化されたわけではない、その一部はたしかに生き延びている、と。だが、このことが真に意味をもつのは、厳密に、分析家の育成にかかわる「ラカン的なもの」(あるいは、しいていえば「ラカンの〈5月〉的なもの」)が、「精神分析とは何か」という問いを、党派——IPA派か、ラカン派か——を超えたところで吟味することを可能にするかぎりにおいてであり、しかもそのかぎりにおいてのみでなくてはならない。なぜなら、ラカンはこうも述べているのだから——「精神分析があり、学派がある」[*31]、と。これはどういう意味だろうか。

ラカンが学派の活動の中心に「パス」を置き、学派分析家に精神分析を「下から」教えさせることを望んだのは、学派で伝達されるべき「精神分析」とはいかなる意味でも既存のもの、すなわち、あらかじめ「こういうもの」として存在する何かではなく、新たな学派分析家によってそのつど発明し直され、それゆえ更新されるべき

---

*29 *Ibid.*

*30 See : Otto Kernberg, A Concerned Critique of Psychoanalytic Education. In : *International Journal of Psychoanalysis*, n°81, 2000.

*31 Jacques Lacan, Adresse à l'École (1969), in : *Autres écrits*, *op. cit.*, p. 293.

ものであると考えたからだ。いいかえれば、ラカンにとって、いや精神分析家の育成にとって、学ぶべきことがらがあってはじめて学派があるのであり、その逆ではない（はじめに学派＝学校があって、その次に学ぶべきことがあるのではない）のである。「精神分析があり、学派がある」というラカンのテーゼがいわんとすることも、まさにそれに尽きる。つまり、精神分析の学びのために学派があるのであって、学派のために精神分析があるわけではない、ということだ。これは、ある意味では、当たり前のことといえるかもしれない。「精神分析とは何か」が決定される際には、諸学派の党派性より、精神分析の経験そのものの吟味が優先されるべきであり、けっしてその逆ではありえない。ところが実際には、今日でも、学派間の対立、組織間の壁はきわめて高く、また分厚いままだ。この傾向は、一九八一年のラカンの死後、四分五裂し、ＩＰＡのような統一組織に再び糾合されるいかなる見込みもないラカン派において、とりわけ著しい。「ラカン派」の殻、それどころか、ラカン派という潮流の内部での組織の殻に、多くの分析家がいわば引きこもったままだからだ。

だが、「パス」とは、そもそも、そうした党派的垣根をいささかも前提にしてはならない仕組ではなかっただろうか。つまり、「パス」という装置を、その本来の使命において活用しようと思うなら、たとえば英国のクライン派のもとで教育分析を終えた分析家がパスを行い、その結果、ラカン派組織の学派分析家に任命される、という例があってもおかしくない。いや、むしろそのような例があってしかるべきなのだ。ところが、実際には、そのように学派の垣根を越えた「パス」の試みは、一部のラカン派組織間のマイナーな取り組みを除いて、いまだほとんど企てられたことがない。いわんや、ラカン派組織とＩＰＡ系組織のあいだで「パス」をめぐる連携が試みられる例など、目下のところ思い描くことすらむずかしい。非ラカン派組織で訓練を受けた分析家がラカン派組織の学派分析家になることは、ようするにまだ夢の夢なのだ。ここに、「ラカンの〈68年5月〉」がなおも果たすべきチャレンジがあり、なおも踏破すべき道のりが残されている。これらのリミットを乗り越えたとき、すなわち、非ラカン派組織出身の学派分析家から「精神分析とは何か」を学ぼうとするラカン派組織が現れたときにはじめて、ラカンの〈5月〉は真に革命的な転覆を引き起こしたといえるのだろう。[*32]

＊32 もうひとつ、これはほとんど語られないことだが、「パス」を運用しているフランスのラカン派諸組織に、精神病や同性愛（少なくともカミング・アウトされたそれ）の学派分析家がいると耳にしたことは一度もない。「パス」のなかで何か暗黙の篩のようなものが機能している可能性、いや、「パス」装置そのものがそのような篩として機能している可能性を、真剣に調べてみる必要があるかもしれない。

VII

学知ってなんだ
――エピステモロジーと〈68年〉

田中祐理子

1　はじめに：「私たち」はいま学知を問うか

私は哲学と科学史を研究しています。今回は、その二つが合流しているエピステモロジーという学問の方法と、〈68年5月〉周辺の状況との接点について、考えてみたいと思います。そのために、基本的にはフランスの哲学史を主題として論じます。[*1]

ですが前提として二点、まず個人的な問題設定があることに、触れておきたいと思います。本稿のタイトルを、「学知ってなんだ」としました。これは、少し前に「民主主義ってなんだ」という問いかけをした若者たちがおり、彼らについては、多くの人が賛同したり、あるいは冷笑したりした、ということを今回のセミナー全体のテーマ「〈68年5月〉と私たち」から連想したためです。[*2] 問いかけた彼らの多くは大学生であって、大学生たちが「民主主義ってなんだ」と問うたことに、たくさんの年上の人間たちが反応しました。私はその経験に関連づけながら、「学知ってなんだ」という問いを、今回あらためて思い起こしました。

では「学知ってなんだ」と、今日、大学生が「民主主義ってなんだ」と同じ熱量で問うことはあるか。まして、「学知ってなんだ」という問いに対して、「これだ！」と自分の行動をもって、返答として路上に示すということがありうるか。あるいは、私を含めて、大学にいる誰かが、「これだ」と答えることはありうるか。

「〈68年5月〉と私たち」という言葉を見て、まず初めにそんなことを考えたという事実を念頭に置きながら、今回は話したいと思いました。そのためにタイトルに「学知ってなんだ」を残しました。そしてさらに、もう一つ確認しておくなら、「民主主義ってなんだ」という問いに「これだ！」と断定的に答えることに対しては、本当に多くの批判がなされました。それと同じように、「学知ってなんだ」という問いに「これだ！」と叫ぶことに、いまここにいる私は、率直に難しさを覚えます。そして多くの場合、黙ってしまいます。そんな自分の身振りを、今日の機会に哲学史のなかで考えてみたいと思ったのです。

ところで、これを考えているときに、やはりこのところずっと頭にあったもう一つの点が、つながって浮かんできました。今回の連続セミナーでなされている議論の土台の一つに、『現代思想と政治――資本主義・精神分析・哲学』という論集があります。[*3] そしてこの論集が刊行された年に、長時間の合評会が行なわれました。その合評会も電子ブックの形で刊行されたので、記録を読むことができます。[*4] この合評会の席上で、市田良彦さんが「経験は伝えられないけど、歴史は伝わってしまう」と発言された場面がありました。もしくは「経験は伝わらないけど、歴史は伝わってしまう」、そういう言葉を市田さんがいわれたという記憶が残り、それ以降、私は折々にその意味を考えていました。今回、あらためて電子版に記録された文言を確かめたところ、次のようになっていました。

〔……〕これはこの本の理論的に大事な部分にかかわるところです。というのも、最終的には、政治経験というのは伝承されないですよね。上の世代がやってたことなんて知らんと常に言われる。ところが歴史の方は忘れてくれない。どんどん蓄積されていくし、なにかを忘れたら誰かから怒られる領域が歴史です。歴史においては忘れてよいものはない。政治に関しては、昔のことは忘れて当然なのに。これはほとんど政治と歴史の本質的な違いでしょう。あるいはこの違いをどう考えるかということが、僕としては、これからも思想的に中心的な論点になると思っているんです。現代思想を通して、そういうところに話をもっていきたかったところがある。[*5]

こうして読むと、主として対比されているのは「歴史」と「政治」だったとわかります。ですが私の方では「経験」の語の方が頭に残っていたわけで、間違っていたといわねばなりません。ですが、それでも私がここで気になるのは、「経験」が「政治」と結びついたときには、それは「歴史」とは異なる運命を辿るしかないのだ、という認識が語られているという点です。

「歴史」が「経験」と無関係であるとは決していえません。ですが「歴史」における「経験」は、「上の世代がやってたこと」とは何か異質の「経験」となるということでしょうか。そして、ひとたびそのようにして「歴史」が蓄積されたなら、もう一つの「経験」、市田さんが「政治経験」と呼んだ種類の経験は、「忘れて当然」に

＊1　本稿は連続セミナー「〈68年5月〉と私たち」で読み上げた原稿に大幅な加筆・修正を行なったものです。
＊2　SEALDs（自由と民主主義のための学生緊急行動）編『SEALDs　民主主義ってこれだ！』大月書店、二〇一五年。
＊3　市田良彦・王寺賢太編『現代思想と政治――資本主義・精神分析・哲学』平凡社、二〇一六年。
＊4　『徹底討論　市田良彦・王寺賢太編『現代思想と政治』@京大人文研（読書人eBOOKS）』読書人、二〇一六年。
＊5　同右「I　檜垣立哉氏コメントとそれへの応答」（位置 no. 626-634）。

なるのでしょうか。そのように機能する、ある種の「経験」をそのように排除・抹消するような動きを見せる「経験」を、私たちは「歴史」と呼んでいるのでしょうか。私は今回、市田さんのこの発言のなかで名指されていた、ある種の「経験」と「歴史」との奇妙な対立についても、思い起こしました。

あるいは、このこと、つまり「政治」と結びつくような「経験」がそのために「歴史」とは異なるものになって、そしてこちらの方は「知らん」といわれるのに対し、他方については「忘れてよいものはない」と「怒られ」たりする、という、これ自体を一個の現象としてとらえてみることができるとも思いました。そして、この現象と、エピステモロジーという学問のありかたも、どこか「本質的」という言葉がふさわしい深さでつながれているものではないかと考えたのです。

私はそれが、「学知」と「歴史」の関係にかかわって生じる、「本質」の問題なのではないかと思いました。そして、「学知」においてもまた、「経験」をめぐって、分かれる道があるように感じたのです。そのことを、エピステモロジーという研究が経験した歴史のなかで、もう一度考える必要があると考えました。それが、本稿の始まりです。

2　エピステモロジーと歴史／エピステモロジーの歴史

前述のような問題設定のうえで、私はフランスにおけるエピステモロジーの展開と、〈68年5月〉という場面との関わりを考えてみたいと思います。

ところで、ここまで私が「学知」と呼んでいるものとは、la science、抽象単数としての science です。ですが、これ以降に私が「科学史」をいう際には、これは histoire des sciences であり、sciences は複数形になります。この言葉の問題、特に複数・単数の問題は、エピステモロジーという学問の展開と深く関わるものなので、確認して

認識論：théorie de la connaissance 理性＝機能の問い［Cf. 存在論、行為論、感性論］
→ -「合理」デカルト、スピノザ、ライプニッツ
 -「経験」ホッブズ、ロック、バークリ、ヒューム
→カント　超越論的「真理」の設定／「人間学＝認識の機能」とセットで
→「(諸）科学の哲学」アンペール（科学哲学）、コント（精神史＝科学史）、
ヒューエル（科学史＝諸科学の認識論）【※狭義のエピステモロジー】
→ホワイトヘッド、ラッセル、ウィトゲンシュタイン「言語論的転回」→〈ウィーン学団〉
→論理実証主義〈精密科学の認識論のための会議〉(1929-30)
→ドイツ語圏から英米圏へ
［※フッサール（のフランス語訳)］
→現代「科学哲学」の二潮流　分析哲学／科学認識論（「歴史的科学認識論」）

：フランスの科学認識論（「歴史的科学認識論」）
メイエルソン「批判的合理論」、バシュラール、カヴァイエス「概念の哲学」、
カンギレム、フーコー、（ドゥルーズ）、セール、ダゴニェ……

図1　チャート：エピステモロジーにつながる西洋哲学史上の展開*6

おきたいと思います。

次に、そもそもエピステモロジーとは何か。エピステモロジーの訳語としては、科学認識論という言葉がおおむね定着しています。この日本語の科学認識論という言葉を手がかりにすると、科学と哲学の関係性をよく理解することができます。より正確にいえば、「科学と哲学の関係を、今日の私たちがいかにとらえにくくなっているか」ということ、そこに何か整理できていない混乱が起こっているのだということを、よく理解することができます。それを、ふだん私がエピステモロジーと呼ばれる学問を整理するために使っているチャートを材料にしながら、まず見てみます（図1）。

その際には、「エピステモロジー」という語が指すものを、便宜的に「広義のエピステモロジー」と「狭義のエピステモロジー」の二種に区別しておきます。そうして「広義のエピステモロジー」を、よりシンプルに「認識論」と訳してみます。すると、「認識論」における「エピステーメー（真の知）」と「ドクサ（臆見）」の区別をめぐる問題意識は、「存在」、「美」、「徳」の問題意識が古代までさかのぼるのと同じく、西洋哲学史を一貫する主題としての歴史を持つことになります。

ところで、一方で「狭義のエピステモロジー」の方に目をやると、実はこれは「エピステモロジー」という言葉の初出から、歴史の始まりを辿ることができます。それは一九世紀半ばから始まるものとされます。ドミニク・ルクールによれば、「エピステモロジー（epistemology）」の語が生まれたのは一八五四年のことであり、スコットランド人のドイツ観念論者ジェームズ・フレデリック・フェリエが「無知論（agnoiology）」と一対をなすものとして作り出したということです。[*7] フェリエの「エピステモロジー」のモデルとなっていたのは、フィヒテの「知識学（Wissenschaftslehre）」でした。さらにルクールは、この「エピステモロジー」という語がバートランド・ラッセルの翻訳を通じてフランス語に入り、エミール・メイエルソンが自らの仕事を説明するために活用したと述べています。

ここでいったん、ある特殊な状況が生じていることを確認しておきます。つまり、「エピステモロジー」という哲学的営為ははるか昔から存在しているのですが、「エピステモロジー」という言葉は、一九世紀に生まれたものだということです。そして、ひとたび私たちがこの「エピステモロジー」の語が示したい関心対象の方を理解すると、その理解からひるがえって、「古代以来のエピステモロジーの歴史」が書けるようになるということが起こります。これは、ガストン・バシュラールが「回帰的／再帰的（récurrent）[*8]」と呼ぶ歴史意識の働きの事例に、ぴったりと当てはまるでしょう。

さて、今日は二〇世紀の哲学史が主な関心事なので、「狭義のエピステモロジー」の方を中心に見ます。「狭義のエピステモロジー」は、現在では「フランスのエピステモロジー」とほぼ同義となるでしょう。そしてこの「フランス系」の哲学の傾向が「英米系科学哲学」または「分析哲学」と対比される形をとり、これらが大きく二つに分かれた潮流として、「科学哲学」と呼ばれる領域を形成しているといえます。

この「フランスのエピステモロジー」は、フランス的な伝統としてとらえるなら、コントが淵源にあります。「実証的哲学」を創設しようとした人物であり、社会学の祖でもあるコントが、コレージュ・ド・フランスに開設してくれるようギゾーに頼み込んだ講座の名前は、「一般科学史（Histoire Générale des Sciences）」というものでした。[*9] さらにコントを通じて、人間精神の進歩という図式に、精神の歴史として科学の発展の歴史をとらえるということで、コンドルセをこの伝統の原型に数え入れることもありえます。そうして、「進歩しうる人間精神」なるものの能力と限界を思考する歴史ということになれば、つまりはデカルトまで、近代フランス哲学史のなかでも最も重要であり続けた系譜として線をひくことも可能です。

ただもう一方で、この「フランスのエピステモロジー」が、フランスにおけるカント哲学の受容という哲学史的契機を抜きにすると理解できない特性を持つ、ということも確認しておく必要があります。[*10] それは、今日の

＊6　『岩波　哲学・思想事典』（岩波書店、一九九八年）の「認識論」の項（大橋容一郎・赤松明彦執筆）およびルクールによる「科学哲学」の歴史的整理を参照しつつ、筆者が作成したメモにもとづく（Lecourt, D., *La philosophie des sciences*, 3e réed. PUF, « Que sais-je ? », 2006 [2001]／ルクール『科学哲学』沢崎壮宏・竹中利彦・三宅岳史訳、文庫クセジュ、二〇〇五年）。

＊7　ルクール『科学哲学』一二三－一二五頁。

＊8　バシュラールは科学史を「回帰する（récurrente）歴史、判定された（jugée）歴史、価値づけられた（valorisée）歴史」であり「非合理的なものの敗北の歴史」と呼んだ（Bachelard, G., *Épistémologie*, texte choisi par D. Lecourt, PUF, 1971, p. 200／バシュラール『科学認識論』竹内良知訳、白水社、二〇〇〇年、二六六頁）。

＊9　Canguilhem, G., « La philosophie biologique d'Auguste Comte et son influence en France au XIXe siècle », in *Etudes d'histoire et de philosophie des sciences*, 7e rééd. & augmentée, 1994[1968], pp. 63-64／カンギレム『科学史・科学哲学研究』金森修監訳、法政大学出版局、七一頁。

＊10　一九世紀フランス哲学界におけるカント受容からの展開を、フランス・エピステモロジーの系譜に接続した研究として、Roth, X., *Georges Canguilhem et l'unité de l'expérience : juger et agir 1926-1939*, Vrin, 2013／ロート『カンギレムと経験の統一性——判断することと行動すること　１９２６－１９３９年』拙訳、法政大学出版局、二〇一七年。

「フランスのエピステモロジー」にとっての問題系においては、「認識論」が実はほぼ「存在論」と同じ価値を持つ、という点にもかかわるものです。それはカントの「哲学におけるコペルニクス的転回」が出現した後にしか発展できない哲学の道筋であって、したがって「フランスのエピステモロジー」も――他のすべての現代的な哲学の領野と同じ、ということになりますが――カント哲学に起点を持つ系譜ということになります。

そういってしまえば、先ほどのコントも、実は啓蒙主義というもう一つの筋で、カント以降の系譜として回収できます。そして啓蒙主義をキーワードとするなら、ミシェル・フーコーがフランスのエピステモロジーの系譜を、フランクフルトに生まれた「社会にたいする歴史的・政治的な反省」という系譜と関連づけていたことも思い出されます。[*11] ならば前掲のチャートのどこかに、フッサールの存在、特に彼の『デカルト的省察』の影響も位置づけないといけません。また、ルクールが「歴史的エピステモロジー」の系譜と呼んだバシュラールやカンギレムと並走する存在としての、ポール・リクールの独自の位置づけも本当は必要です。このチャートは未完成の粗いものです。

さて、ここで先に述べた科学と哲学の関係性の問題、およびその文脈における科学認識論という訳語の難しさという論点に立ち戻ってみます。

もうおわかりのように、たとえば「エピステモロジー」にかかわる何らかの本を欧米語から翻訳しようとすると、どこかの段階で訳語を使い分けないといけない、ということが起こります。つまり、「カントにおけるエピステモロジー」というフランス語の記述があったとして、これをためらいなく日本語で「カントの科学認識論」と訳すわけにはいきません。そういうとき、私は「カントの認識論」や「カントの認識の理論」といった訳し方をします。もちろん「カントのエピステモロジー」とも書けますが、今度は「エピステモロジー」というカタカナから、日本語の読者のすべてが「認識」や「知識」を近しく想起できるわけではありません。そうすると、なぜ「認識」なのか、つまり、なぜ「存在」でも「道徳」でもなく「認識」をここで論じるのか、という問題意識を呼ぶ文脈が字面から消えてしまう。少なくとも私個人は、「エピステモロジー」という言葉は安心して使えません。

では、「認識論」で統一してしまえばいい。そのような考え方もあるでしょう。そこで再び先のチャートを見ますが、それでは、ある時期以降の「認識論」が示している、明らかに対象を「科学」に特化した関心のありようを、表すことができなくなります。しかも重要なこととして、この「人間における認識の機能」についての関心が、他の何よりも「科学」を主要な対象とするようになった際には、そこでの「科学」はもはや「la science」であるよりも「les sciences」であることを始めている、ということがあります。ですから、ここには実は「学知」と「科学」の訳語上の分岐点という問題も、同時に発生します。そもそも西周の作った「科学」という語が、「百科の学」の複数性を含み込んだ言葉だったことを思い起こしてもいいでしょう。la science で示すことのできなくなった「知」の歴史的形態が、遅くとも一九世紀半ばには自明のように現れていたことを、日本語の「科学」は証言していると私は理解しています。そして反対に考えれば、「科学」の語では示すことのできない la science も、歴史上にはやはり存在するのです。

la science と les sciences をめぐる歴史性の標識を、たとえばコントにも見ることができます。彼は「人間の認識の機能」つまり「精神」の発展を、その認識の形態の変遷でとらえるという態度を明確に示しています。そこで出てくるのが、数学、天文学、化学、物理学、生物学、心理学、社会学といった諸科学の段階的発展ということになるわけです。ある時点ではっきりと、「認識」の分析と、対象としての「諸科学」とが、特権的に結びついたと

＊二　Cf. Foucault, M., « La vie : l'expérience et la science », in *Dits et écrits*, tome II, Gallimard, « Quarto », 2001, pp. 1584-1587／フーコー『フーコー・コレクション6』小林康夫・石田英敬・松浦寿輝編、ちくま学芸文庫、二〇〇六年、四二三－四二八頁（廣瀬浩司訳）。

いうことをここで確認しておきます。その時点以降に「私たち」がおり、だからこそ、これだけ「科学認識論」を論じているのだということは、エピステモロジー研究の前提として重要な歴史であると私は考えるからです。

3 諸科学の歴史から諸真理の歴史性へ

認識と科学に対する哲学的な関心については、「歴史的」と呼ぶしかない一つの新たな状況が、現代に向かう段階のどこかで生じている。前節でのエピステモロジーと歴史をめぐる問題を、このように言い換えておきます。この問題に関しては、まだ若いときのユルゲン・ハーバーマスによる、次のような表現もあります。これは一九六八年の『認識と関心』の、冒頭に近い一節です。

哲学の科学に対する立場は、かつては認識理論という名で呼ぶこともできたけれども、いまは哲学的思想そのものの運動によって空洞化されてしまった。哲学は哲学によってこの立場から追放されたのである。認識理論はこのとき以来、哲学的思想に見捨てられた科学的方法論によって代用されなければならなかった。なぜなら、十九世紀中葉以降認識理論の遺産を相続する科学理論は、諸科学の科学主義的自己理解の中で営まれる科学方法論だからである。「科学主義」とは、科学の自己自身への信仰を意味している。すなわち、われわれはもはや科学を可能的認識の一形式とみることはできず、むしろ認識を科学と同一視しなければならない、という信念を意味している。[*12]

ここに「諸科学の科学主義的な自己理解」という言葉があります。これは、先に参照したルクールの整理による「フランスの伝統」としてのエピステモロジーでは、特にコントの同時代人であるアンペール、それからメイエルソンの事例と重なるものと理解できます。[*13]そこでは「科学者による哲学」というものの、あるいは「科学者の哲学」というものの、主題としての前景化が始まります。そして、「科学者の哲学」こそは「真理」の成立に最も深く作用するメカニズムを持ちます。だからこそ、コントにおいても、アンペールにおいても、各々の「哲学」を内包する「諸科学」の「認識」には、「進歩」の階梯を構成する序列が論じられます。ハーバーマスの表現を借りるなら、「認識」はもはや、「形式＝方法」としての「科学」に対して、独立に求められることはありません。そこにあるのは「完成すべき人間の認識＝形式」なのであって、「至高の認識」としての「真理」が、「方法としての認識」とは別の地位から人間の知性を審判することはない。これが一九世紀半ば以降の哲学史であり、科学史である。そのように、私はハーバーマスの言葉を読みます。こうして、「認識」が「存在」にとって代わる哲学史が開始されるのです。

この基本的な状況理解からは、二つの帰結が導かれます。一つは、「科学者の哲学」が「真理」を基礎づけるということは、「諸科学」を専門的に身体化する「諸科学者」が持つ、「その科学」ごとに、「諸真理」が成立しうるということです。そして、「諸科学」の「諸真理」が存在することに目を向けた時代において、コントを代表に、「諸科学」を「人間性」の発展段階として序列化する動きが伴っていたことは示唆的です。そこには、「諸真理」はただ並列的に共存することができるのか、という問いが発見できます。そして、この「序列」へと向かう思考には、諸真理の並列的共存は困難だという事実が、すでに表現されていたと思います。それは、コントが「序列」を「進歩の歴史」と同一視したことと直結しています。「真理」には階級と盛衰があるというのですから。

第二の帰結は、これ以降は「科学者の哲学」こそが「分析」の対象になるということです。そのとき「諸真

＊12　ハーバーマス『認識と関心』奥山次良・八木橋貢・渡辺祐邦訳、未來社、一九八一年、一一一―一一三頁。
＊13　ルクール『科学技術』二〇―二二頁、および一一七―一二二頁を参照。

理」は、その成立構造が説明できる「真理」となります。「科学者」が語る「真理」は、「この、科学者の、科学、」が語る「真理」です。メイエルソンはこのような位相に成立する「真理」の一般的構造をとらえる意志を持ち、「知性の心理学」という方法を提唱しました。

ところで、この「知性の心理学」に対立するものとしてバシュラールが提示したのが、「科学的精神の形成」という対象領域と、「客観認識の精神分析」という方法論にほかなりません。メイエルソンも、「知性の心理学」の実態を収集するために、科学史的研究が重要だと主張していました。その点で、彼らが歴史的に把握される存在としての科学者のなかに「科学」をとらえる視点を共有していたことは強調されるべきです。ただしバシュラールは、知性が「心理学」のとらえる形式で運動するものではないということを、同じ科学史的研究によって主張することになりました。バシュラールが歴史のうちにとらえるのは、構造が時間性にしたがって特定の機能を展開するという、反復的な「事例＝ケース」ではありません。むしろバシュラールの記述した「歴史」とは、それがひとたび時間性のうちに展開したことの結果として、何らかの特定の機能を担う構造を、そこに痕跡として残すものであると理解するべきでしょう。「科学的な精神」は「認識の構造」を「心理学」として持つのではなく、それは構造として時間的に「配置」されるのです。ですから、バシュラールにとって「科学教育」は「歴史」と同じ重さの意味を持ちました。[*14]「科学的精神」はそのようなものとして生まれつくのではなく、「形成」される。つまり時間的なプロセスの「痕跡」としてしか出現しない。したがって、「科学的精神」は事前ではなく、事後のものとしてしか、その構造を理解することはできない。[*15]だからこそ、バシュラールは科学的精神による認識を理解するには「精神分析家」が必要だと明言できました。[*16]

バシュラールが「対象認識の精神分析（une psychanalyse de la connaissance objective）」と呼んだこの手続き[*17]は、ハーバーマスが「諸科学の自己認識」に向けた視線と、ほぼ同じものを見ています。ただし注目すべきこととして、バシュラールはハーバーマスのように、そもそもフロイトの精神分析学それ自体をも分析するというような問題意識を、そこで示してはいませんでした。この点は、フランスのエピステモロジーに特有の、それこそ「批判理論」とは一線を画す、ある種のあいまいさの起源になっているように私は思います。ひと言で述べれば、それは「科学主義」との関係におけるあいまいさ、につながります。あるいは、自らは「哲学」として、どのように「科学主義」と対しているのか？　という問い自体の不在、もしくは見えにくさ、です。

ここから、もう一つの問いに進んでみたいと思います。エピステモロジーとは、「認識の諸形式」、「諸真理」の成立構造を分析することに、力を注ぐ哲学の方法だとしてみます。ではその「エピステモロジー」は、それが「哲学」であるとして、それ自体はいったいどう「認識」するのか？　そしてそれは「思想」として、何かを「思考」することができるのか？

さらに少し視点を動かして、フーコーが書いたジョルジュ・カンギレム論の一節を見てみます。この有名な一節は、カンギレムの人物像に決定的なインパクトを持ちました。

六〇年代という奇妙な時期に、政治的・学問的な議論のすべてにおいて、哲学者——哲学科で大学教育を受

＊14　「認識論的障碍の概念は、科学的思考の歴史的発展と教育の実践とにおいて研究されることができる。いずれの場合においても、この研究は容易ではない」（Bachelard, *Épistémologie*, p. 160／『科学認識論』二一三頁）。

＊15　「認識論は、だから、歴史家が集めた資料を分類しなければならない。それはそれらの資料を理性の見地から、しかも発達した理性の見地から、判定しなくてはならない。なぜなら、われわれが精神的過去のもろもろの誤謬を十分に判定できるのは、ただ現代からだけだからである」（*Ibid.*）。

＊16　*Ibid.*, pp. 170-174／邦訳二二七－二三一頁。

＊17　Bachelard, *La formation de l'esprit scientifique : contribution à une psychanalyse de la connaissance objective*, Vrin, 1938／バシュラール『科学的精神の形成——対象認識の精神分析のために』及川馥訳、平凡社ライブラリー、二〇一二年。

けた者というだけのことだが――の役割は非常に重要であった。重要すぎると言いたがる人もいるだろう。これらの哲学者たちのすべて、あるいはほとんどすべてはジョルジュ・カンギレムの教育や著作に、直接的ないし間接的にかかわってきたのである。／その結果ひとつの逆説が生まれる。カンギレムの作品は飾り気がなく、科学史のある特定の領域に注意深く身を投じている。いずれにせよ科学史などはおもしろおかしい学問としては通用しない。ところが、彼自身はおよそ参加しようとはしなかった議論のなかで、彼の作品が問題とされることとなったのである。[*18]

「厳格な科学史家が、彼自身は絶対に参加しようとしなかった議論に常に影響していた」、そして「この人物が、六〇年代のあらゆる領域で活動した思想家に影響を与えていた」。このようなカンギレム像によって、エピステモロジーという学問は強く〈68年〉につながる時代と結びつけられてきました。

ここで「カンギレム」の名前で呼ばれている「影響」が、実は「バシュラール」をうちに色濃く含むものであったことは明らかです。それは特に「精神分析」との関係において、明らかです。それというのも、カンギレム自身は、実際には精神分析についてほとんど議論を展開していません。心理学と脳神経科学については、大変強く、批判的に意見しています。[*19]それに比して「精神分析」との関係においては、むしろカンギレムは「沈黙」の方が、はっきりと彼の態度を示すものだと考えた方がよいのです。[*20]フーコーはカンギレムから「六〇年代」への影響を例証する名としてアルチュセールとブルデューを挙げていますが、彼らによる「認識論的切断」概念の展開を考えても、そこにあるのはバシュラールからの「影響」であり、カンギレムはそこに介在した何者かだという方が正しいように思います。

そう考えると、六六年に高等師範学校の学生たち、特に、アルチュセールの紹介で、パリの高等師範学校でセミネールを開くようになったジャック・ラカンの影響を強く受けた学生たちが結成した、「エピステモロジー・

サークル」が思い起こされます。彼らが、自分たちの雑誌『分析手帖（*Cahiers pour l'Analyse*）』の冒頭にカンギレムの著作からの引用を掲げていたことはよく知られています。それはフーコーの一節とセットになって、ますますカンギレムの「六〇年代のあらゆる領域への影響力」というイメージを強くします。ですが、「エピステモロジー・サークル」とカンギレムとの関係性は、それほど明示的なものと思えません。

ただ、『分析手帖』の引用が、カンギレムによるバシュラール論の結論部からなされたものだと知れば、状況が変わります。ここでも、カンギレムが介在して、バシュラールから彼らが受け取ろうとした系譜が示されていると理解できるからです。すると、「エピステモロジー・サークル」の名称と、先述のフランスのエピステモロジーの流れとが、確かに結びつくものであることがわかります。『分析手帖』に掲げられた引用は次のようなものです。

> 概念を加工（＝仕事）するということは、その概念の外延と内包を変化させ、また、例外的な性質を取り込んでそれを一般化し、その概念を生まれた領域の外へ輸出し、それをモデルとして採用し、あるいは逆にそ

＊18 Foucault,« La vie : l'expérience et la science », p. 1582／『フーコー・コレクション6』四二二頁。

＊19 Canguilhem, « Qu'est-ce que la psychologie ? »[1956], in *Etudes d'histoire et de philosophie des sciences, op. cit.*（邦訳は前掲『科学史・科学哲学研究』所収）; « Le cerveau et la pensée »[1980], in *Georges Canguilhem : Philosophe, historien des sciences*, Albin Michel, 1993.

＊20 フロイトについて質問された際のカンギレムの応答は以下の通り。「（F.-B., J.-F.B）その逆に、あなたはご著作のなかであまりフロイトについて語っていません」「（G.-C.）総じて、私は自分が十分に消化できていないと思うものについては、多くを喋りません」（*Actualité de Georges Canguilhem, Institut Synthélabo,* « Les empêcheurs de penser en rond », 1998, p. 126.）

れに合うモデルを探すことである。要するに概念を調節しながら変化させ、それに形式としての機能を徐々に与えることである。[*21]

ここでカンギレムが記述しているのは、バシュラールの論じた「精神分析的」な構造をもって成立する「合理性」というものが、より精細に見て、いかに生成しているのかというプロセスです。私はそのように解釈しています。これが「合理性」についての記述だというのは、この議論では「概念」が外部との広い関係性のなかに位置づけられており、この関係性それ自体において変化・調整されるべきものとして、記述されているためです。つまりこれは、概念と概念のあいだをつなぐ関係性、理路そのもの＝「合理性」が、変化・調整可能なものだということを論じていると考えられるからです。

ある「概念」に対して「加工する／作業する（travailler）」という行為が加えられるときには、この「概念」と「例外的な性質」との交渉が生じていると、カンギレムは述べています。「概念」の外皮と内容の範囲は変化させられ、そして「概念」は自らが由来した「領域」の「外」と接触させられながら、その「外」との関係性そのものである「形態」のうえで「変容（transformation）」を加えられます。そのときこの形態上の変容は、他の「モデル」との交渉も経験します。そのうえで、変化した「概念」は、新たな「形式」においてもその「概念」として「機能」するように、「調節」されることとなるのです。

カンギレムは、バシュラールの「適応合理主義（rationalisme appliqué）」から、つまり場面に「適用する（appliquer）」ことを許容する機能、「変化する自由」を備えた「合理性」というアイデアを受け取っていたと考えられます。これはカンギレムの「生命的な概念」の思考に表現されます。[*22] この「合理性」の「自由」を基礎づける「概念」の可塑的な性質と、これに対する「travailler」、つまり「操作」の活動領域での姿を論じたのが、引用箇所だと私は理解します。

そのように考えれば、『分析手帖』の第一号の表題が「真理」で、かつその主な内容が「精神分析」だった、ということもよく納得できるように思われます。[*23]「認識」の領域に直接「変容」を与えることが「概念を加工する」ことの力であるとすれば、その「認識」を生成させている「精神」の側の構造を「分析」することには、大きな力が見いだされます。「認識」が「存在」にとってかわるならば、「認識」にこそ、私たちのありようを「変革」する道筋が求められることとなるからです。

4　「科学（la science）」はあるか：エピステモロジー・サークルと「縫合」の概念

ただ、そのように納得しても、説明しきれない不一致が残ります。その不一致の場面を、最後に見ることにします。それには、「エピステモロジー・サークル」立ち上げの主役だったジャック＝アラン・ミレールの「縫合」の理論と、これをめぐるアラン・バディウとの論争が手がかりになります。[*24]ミレールは六四年に書いたテクスト「構造の作用」のなかで、「主体は無意識の素養を持つ」という基本認識

＊21　Canguilhem, « Dialectique et philosophie du non chez Gaston Bachelard », in *Etudes d'histoire et de philosophie des sciences, op. cit.*, p. 206／『科学史・科学哲学研究』二三九頁（文中注記は邦訳による）。なお、*Cahiers pour l'Analyse* 全号の内容を復刻した貴重な資料を、坂本尚志氏のご厚意によって紹介いただいた。本稿でのミレール、バディウ論文の参照はすべてその資料によるものである。

＊22　Canguilhem, « Le concept et la vie », in *Etudes d'histoire et de philosophie des sciences, op. cit.*（邦訳は前掲『科学史・科学哲学研究』所収）

＊23　『分析手帖』第二号の特集は「心理学」で、前掲のカンギレムによる五六年の講演 « Qu'est-ce que la psychologie ? »（五八年に *Revue de Métaphysique et de Morale* 誌に掲載）もそこに再掲された。

に立ち、したがって「言説」において明示的には不在でありながら語る「主体」の様態を念頭において、その「無意識たる主体」が語り続ける行為の標的にほかならない「構造化の機能を支える欠如」を論じています。[*25] 坂本尚志さんの言葉を借りると、このような「主体」がつむぐ「言説」とは、「構造の作用の結果として、欠如を取り巻くように「縫合（suture）」によって形成される」ものである。[*26] ミレールの構想する「分析」は、この「無意識たる主体」にとっての「欠如」を突き止めることで、その周囲に張りめぐらされた「言説」の「構造」を読み解くものとなります。ミレールは「あらゆる科学は精神病として構造化されている」[*27]とも書いています。つまりミレールの構想する「分析」は、「科学＝言説」における「構造＝病気」に対して向けられるのだと理解できます。そしてこの分析は、この「病的な構造」を通じて常に「科学」に混入する、「イデオロギー」や「誤り」をあぶり出す機能を持つことになります。

一方、「エピステモロジー・サークル」の指導的な先輩の立場にあって、のちに主力として参入するバディウが、右のミレールの論文を掲載した『分析手帖』第九号に次ぎ、かつ同誌の最終号となる第一〇号に、「縫合」の理論に対する批判を寄せました。[*28] バディウは、ミレールのいう「縫合」の理論とは「科学者たちによる、自分たちがしていることについての表象（イデオロギー的なもの）を、自分たちがなしているもの（ある科学 une science）に縫いつけること」を論拠としたものだとし、この論拠からミレールが「あらゆる言説にこの概念（＝縫合）を適用できると結論すること」は、「イデオロギーの中で科学について考えることだ（c'est réfléchir la science dans l'idéologie）」と述べました。[*29]「病いを招く欠如」に「イデオロギー」が縫いつけられるのは、「科学者」という「イデオロギーの主体」が「彼らのしている科学（une science）」を「表象する」、その過程でだけ起こる現象である、とそこでバディウは論じています。言い換えるならば、「科学者の科学」はいつでも「病む」のですが、その「病い」とは別のところに、バディウの「科学（la science）」なるものが措定されていることが理解できます。

そのようにバディウが呈示している la science は、本稿がまとめたような意味での「エピステモロジー」という方法によって、はたして接近されうるものでしょうか。ここで、先に一度触れた論点に戻ってみます。バシュラールは「諸科学」や「諸真理」を「精神分析」しても、そこに「精神病」を発見することはなかった。彼は、治療者ではなかったという点です。

すると、これにかかわる象徴的な場面が別にもあるように思われます。六五年にテレビ放映された「哲学と科学」という対談で、バディウがカンギレムに、「科学なのか、それとも諸科学なのか？（La science ou les sciences?）」と問いかけた場面[*30]があるのです。それに対して、カンギレムは「哲学が科学という概念の外延および内包を定めることはできない。かつ、科学という概念は一義的ではない」と答えました。さらにこの対談でカンギレムは、「哲学的真理というものはない」、「哲学は科学でないから（La philosophie n'est pas une science）、したがって、真理という言葉は哲学には適していない」とも述べました[*31]。

＊24　これ以降の「縫合」をめぐる考察は、ほぼすべて以下の文献の教示に依拠して進めたものであることを特記したい。上野修・米虫正巳・近藤和敬編『主体の論理・概念の論理――二〇世紀フランスのエピステモロジーとスピノザ主義』以文社、二〇一七年。特に、坂本尚志「構造と主体の問い――『分析手帖』という「出来事」」をはじめとする、同書第二部〈主体〉の各章。

＊25　Miller, J.-A., « Action de la structure », *Cahiers pour l'Analyse*, 9, été 1968, pp. 101-103. および、坂本、前掲論文、一七九－一八二頁。

＊26　坂本、同論文、一八二頁。

＊27　Miller, *op. cit.*, p. 103.

＊28　Badiou, A., « Marque et Manque : à propos du zéro », *Cahiers pour l'Analyse*, 10, hiver 1969, pp. 150-173.

＊29　*Ibid.*, p. 162. および、坂本、前掲論文、一八五頁。

＊30　« Philosophie et science » in Canguilhem, *Œuvres complètes*, tome 4, Vrin, 2015, p. 1098.

＊31　*Ibid.*, p. 1107.

このカンギレムの発言は、基本的には、先に引いたハーバーマスの哲学史的認識と近いものと理解できます。つまり、カンギレムの哲学史的認識から見た現状を語ったものであり、そこでは哲学には「真理」を成立させうる「科学主義的自己認識」のための形式がないのです。それゆえ彼が見る限り「真理」とはもう「科学の形式」としてしか出現しないのであり、しかも彼にとっては科学とは変化しつづける形式である。つまり、「変化する自由を持つ合理性」の「生成」としての「歴史」を持つものであるために、これは永遠に histoire des sciences としてのみ記述されるもの、永遠に複数形としてしか存在しえないものであるだろうと私には思われます。

この六五年の対話では、カンギレムよりずっと若く、聞き手であるバディウの発言は、控えめに留まっています。ですが当然バディウにとって、決して病むことなどない、「裏面もそれが排除したものの痕跡も場所もない、純粋な空間」[*32]である科学とは、「複数」で示されるものではなかったでしょう。

単数と複数の科学をめぐる思考は、フーコーからの「エピステモロジー・サークルへの回答」が掲載されていた『分析手帖』第九号全体にとっては、問いそのものとして掲げられてもいました。[*33]バディウとカンギレムは、「科学」の複数性をめぐっては異なる考えを持ち、かつ、「哲学」がもはや「真理」に対して無力だという点では同様の態度を示すものともいえます。ただし最も決定的な点として、バディウの「科学 la science」は、先の問答のなかでカンギレムが言及する「科学 une science」とは、対立的に異質のものであるはずです。カンギレムのエピステモロジーが凝視する歴史のなかの科学と、バディウの科学とは、避けがたく衝突するものだったと思います。

5 おわりに：「最も強い真理などない」という経験をめぐって

やがて来た〈68年5月〉に、カンギレムとバディウが、まったく異なる向かい方をしたことは想像できます。その三年後に、カンギレムは大学の仕事から退きました。七七年に彼がまとめた最後の論集『イデオロギーと合理性』の序文では、ほとんど何もいっていないかのような晦渋な表現で、自分と目の前の時代とが異なる「学知」のうえに立つものだということを述べていると、私には読めます。

公然と自らの非を認めて、また認識論上の信任授与の新たな権威に忠誠を示して、私がおよそ四〇年前に採用したいくつかの方法論上の公準を否認するには、確かに私はあまりにも年老いており、私はそれらの公準を私なりの仕方で、私のリスクを賭して活用してきたのであり、それにその修正、再吟味、あるいは進路転換がないわけでもなかった。[*34]

では、なぜ、カンギレムという個人にとっては、「科学／学知」がそのようなものとなったのか。私自身は、このことが気になり、学んでいる人間です。私は、ここで示されている、彼が「四〇年前に採用した方法論」の映し出した「認識」については、それを「知らん」とはいわない立場に立っています。それは同時に、私には六五年、六九年のバディウの見ている「la science」が、まだうまくつかめないということにもつながります。その一方で、「哲学」が「真理」に対しては無力になったという理解のあとに、バディウがそれでも、あるいはそれだからこそ、la science にかけようとした「純粋」については、これもまた「知らん」とはいいたくないと思って

＊32　Badiou, « Marque et Manque », p. 161. および、坂本、前掲論文、同箇所。
＊33　同号のテーマは Généalogie des sciences であり、フーコーによる回答を「諸科学の考古学」（Archéologie des sciences）の呈示と位置づけながら、サークル側からは「科学の理想」（Idéal de la science）の探究が示されている。
＊34　Canguilhem, *Idéologie et rationalité dans l'histoire des sciences de la vie*, Vrin, 2e éd. & corrigée, 1988[1977], p. 9／カンギレム『生命科学の歴史――イデオロギーと合理性』杉山吉弘訳、法政大学出版局、二〇〇六年、一頁。

います。

さて、「学知」と「経験」と「歴史」の位置づけ、という冒頭の問題設定に対して、私はきちんと答えを出すことができませんでした。代わりに、もう一つだけ「真理」に対する「哲学」の態度表明の事例を挙げて、今後に残される考察の材料にしたいと思います。それは一九二一年の、アランの言葉です。これは先に掲げたチャートのなかで、だいたい半ばごろに位置するものです。

このところ不滅の『パイドン』を読みながら、私は再びあの勇気のない、「選ぶ」という必要をなくしてくれる証拠をいつでも待っている、あれらの思想家たちのことを考えていた。もし私たちが考える機械なのであって、そして正義や平和、その他の純粋で混じりけのない理念が、疑いを退け、魂をとらえる力を備えているのだとしたら、それは都合よすぎるというものだ。しかしソクラテスは決して、奴隷となった魂などを求めはしなかった。そのような魂、たとえばこのようなことを口にする情けない思想家を、誰も求めたりなどするわけがない。すなわち、「正義とは最も強いものだ。真理とは最も強いものだ」などと。[*35]

自動的に最強である真理なんて、そんな都合よいものはない。そうアランは書いています。本日のテーマである〈68年〉から「およそ四〇年前」、アランが若いカンギレムの重要な教師だったということはよく知られている通りです。そしてアランも「歴史」のなかで「失敗」した「政治経験」のために、すなわち平和主義に由来する第二次大戦直前の対独関係における判断の「失敗」のために、「いま彼は煉獄にいる」とカンギレムがいったことがあるそうです。[*36] この発言もまた先のバディウとの対話と同じ、六五年のことだったそうです。アランは今日、通常はエピステモロジーの歴史には姿を見せません。ですが「自動的に最強である真理などというものはない」ということを知っていたという彼の体験もまた、「フランスのエピステモロジー」の形成に深く関わっていると私は考えています。

そこでは、ここでアランが言及していた「選ぶ」という「勇気」と、「思想家たち」の関係性が重要な意味を持っていたはずだ、とも私は思っています。そして「情けない（triste）思想家」に直面したこの「勇気」という主題こそが、今日の私がエピステモロジーを問う問いでなくてはならないと考えています。〈68年5月〉を見る「私たち」として、私が理解する私の問題とはこのようなものです。

＊35　Alain, « Vouloir », in *Mars ou la guerre jugée*, 2e éd. & augmentée, Galimard, 1936[1921], p. 247.
＊36　Roth, *Georges Canguilhem et l'unité de l'expérience*, p. 55／『カンギレムと経験の統一性』七六頁。

VIII

京大人文研のアルチュセール
──〈68年〉前後

王寺賢太

1 「重層的決定」──〈68年〉、京都

この連続セミナーは、フランスの〈68年5月〉の出来事を中心に据え、その出来事が私たちの現在にどんな余波を及ぼし続けているかを問うことを狙いとしています。その際、焦点となるのが、〈68年5月〉に前後してフランスで勃興した構造主義・ポスト構造主義の諸潮流です。講演者たち全員が参加した、この京大人文研の共同研究班「ヨーロッパ現代思想と政治」で、「現代思想と政治」の関係を問う際に念頭にあったのも、〈68年〉の思想と出来事の同時代性であり、そこで勃興した「新左翼」(反・非共産党系左翼)の思想と運動の帰趨でした。

いささかローカルに映るかも知れませんが、私はここで、アルチュセールの日本への導入についてお話ししたいと思います。ちょうど一九六八年に主著『マルクスのために』の邦訳(初出邦題は『甦るマルクス』)が刊行されてから、このマルクス主義哲学者が生前──より正確には、妻殺害事件を起こし、公的な書き手としての生命を絶たれる八〇年以前──に公刊した一連の著作は、日本ではもっぱら、河野健二、阪上孝、西川長夫ら、京大

人文研の共同研究に集った学者たちの訳業と読解によって一般に知られました。河野・西川と『マルクスのために』を共訳した田村俶は、その後フーコーの『狂気の歴史』や『監獄の誕生』の翻訳を手がけます。七五年に日本初のアルチュセール研究書を刊行した今村仁司も、京大大学院在籍当時は河野班のメンバーでした。八〇年代の京大人文研助手時代、「ニューアカ」ブーム、「現代思想」ブームの只中にいた浅田彰や、「現代思想と政治」研究班班長の市田良彦もこの系譜に連なることを考えれば、私の話が単なる昔話ではないことはお分かりいただけると思います――その後、日本における「現代思想」受容が、人文研の枠をはるかに超えるインパクトをもっただけになおさら、です。

ただし、アルチュセールとその受容を語ることは、〈68年〉とはすれ違いを演ずることかもしれません。いうまでもなく、アルチュセールは、五六年のスターリン批判とハンガリー蜂起弾圧のあともフランス共産党内にとどまり続けたマルクス主義哲学者でした。彼はまた、高等師範学校でフーコー、デリダ、バディウ、バリバール、ランシエールら、現代フランス思想のスターたちを「弟子」とした「教師」でもありました。アルチュセール自身は〈68年5月〉を学生運動と労働運動が一瞬「接触」しえた出来事として評価しますが、それは後日のこと。[*1] 出来事の最中には、精神的な病の悪化のため入院していたことが知られています。もちろん、アルチュセールによるマルクス主義の理論的・哲学的再検討が、既存の共産党の路線とも、大学の哲学研究とも一線を画すものだったことはたしかです。しかしまただからこそ、〈68年〉後、師から離反したランシエールは、理論的刷新の思わせぶりによって、急進化する学生たちを「旧左翼」政党の指導の下におしとどめる、アルチュセールのいかさま教師ぶりを批判することにもなった。[*2]

かたやアルチュセールを受容した京大人文研グループの面々は、共産党主流とは距離を置き、それぞれの立場からマルクス主義の理論と政治を模索していた学者たちでした。日本でも五六年以降簇生し、六〇年の安保闘争以降、離合集散を重ねた新左翼諸潮流に棹さす最初の大学人たちといっていい。六八年は、戦後人文研の大立て者、桑原武夫退官の年でもありました。桑原さんに代わって「西洋部」の思想史研究を牽引したのが河野さんであり、河野さんの助手を務めたのが阪上さんです。[*3] 一口に京大人文研の新左翼系といっても、この二人は世代も政治的立場も随分異なります。同じことは、桑原武夫に私淑するスタンダール研究者として出発しながら、在外研究先のパリでアルチュセールやバルトに接し、〈68年5月〉にも立ち会って、後年、自身の引き揚げ者経験を独自の国民国家批判へと結実させた西川さんにも当てはまるでしょう。

人文研でも〈68年〉には、阪上さん以下の当時の助手たちが共同研究の現状を批判して、助手を「班付き」の立場から解放し、自ら組織する「助手班」を承認させたことが語り継がれてきました。学問や知を、教師と学生、大学と国家・資本主義といった関係のなかに置き直し、既成の知=権力に対する激しい批判を展開した〈68年〉は、人文研とも無縁ではなかった。その背景にはむろん、東大安田講堂「落城」と入れ替わりに起こった京大全共闘の昂揚や、新左翼諸党派の勃興がありました。その発端となったのは、全国的な青医連処分問題とともに、現在自治寮廃止問題に揺れる吉田寮と、当時は共闘関係にあった熊野寮、両寮自治会による「増寮要求」です。[*4]

京都を拠点とした運動の筆頭には、一般に「ベトナムに平和を！市民連合」（六五年結成）が挙げられるでしょ

＊1　Cf. Maria Antonietta Macciocchi (cur.), *Lettere dall'interno del PCI a Louis Althusser*, Feltrinelli, 1969 所収、一九六八年一一月三〇日付、および一九六九年三月一五日付の二つのアルチュセール書簡参照。

＊2　ジャック・ランシエール『アルチュセールの教え』市田良彦・伊吹浩一・箱田徹・松本潤一郎・山家歩訳、航思社、二〇一三年。

＊3　以下では、共同研究の場を自由なものにするため、班員は「さん」づけで呼称するという、鶴見俊輔由来ともいわれる戦後京大人文研（旧西洋部・旧日本部）の「美風」にしたがう。

＊4　京大の〈68年〉については、さしあたり『京都大学百年史』総説篇第七章、一九九八年を参照のこと。https://repository.kulib.kyoto-u.ac.jp/dspace/handle/2433/152877

う。ベ平連には、主導的立場にあった鶴見俊輔（人文研元所員）はじめ、京都地区代表の飯沼二郎、飛鳥井雅道、樋口謹一といったかつての人文研所員たちも積極的に参加しました。しかしそれ以上に、京大は六〇年代後半〜七〇年代、「関西ブント」から「赤軍派」（六九年結成）までのブント（＝共産主義者同盟）系の拠点校であり、そこからは日本赤軍も登場しています。武装闘争を呼号した「過激派」は京都から生まれたといっても過言ではなく、百万遍は当時、ピョンヤンにもパレスティナにもダイレクトに通じていたのです。学内でも、経済学部助手の竹本信弘は「極左暴力学生」のイデオローグとして知られ、六九年には「京大パルチザン」を結成します。竹本さんは、七一年、朝霞自衛官殺人事件の首謀者として指名手配され、その結果生じた「竹本処分問題」は、七〇年代を通じて京大の新左翼系学生運動の結集軸になりました。「竹本処分粉砕！」の旗を最後まで降ろさず、闘争を継続した京大同学会委員長が、他ならぬ市田さんです。[*5]

この連続セミナーの初回、佐藤淳二さんと小泉義之さんは、異口同音に〈68年〉の「革命的状況」と、〈ポスト68年〉の「反革命の勝利」について語っていました。佐藤さんのように、〈68年5月〉に国家や社会、個々の主体の存在までも一挙に崩落させかねない出来事を見るか、小泉さんのように、〈68年〉後の日本にヴェトナム戦争の後衛基地で新旧左翼に「国家権力の奪取」の展望が開けた状況を見るかはさておき、いずれの意味でも「革命的状況」を生きた人たちが、京大に数多く存在していたことは確実です。ただし、京大人文研のアルチュセールは、決してその「革命的状況」を後押ししたわけではなかった。事態はむしろまったく逆でした。

しかしその京大人文研のアルチュセールも、〈68年〉の「革命的状況」のなかで「重層的に決定」されていたとはいえます。アルチュセールがこの「重層的決定」概念を提起したのは、歴史を一つの実体＝主体の表現・表出とみなし、一つの因果関係の連鎖に還元する、ヘーゲル的弁証法と経験主義とに共通の前提と縁を切るためでした。これに対して、マルクスの唯物論的弁証法は、相対的に自律し、それぞれ固有の矛盾を抱えた、複数の次元（「審級」）からなるものとして「社会的全体」を捉える。したがって歴史は、従来のマルクス主義が捉えてきたような経済的下部構造における生産関係と生産力のあいだの唯一の「矛盾」の表現ではなく、経済下部構造による決定を「最終審級において」保ちつつ、さまざまな局面における矛盾が互いに相関し、複雑に干渉しながら遂行される「重層的決定」の作用において捉えられねばならない。アルチュセールが疎外論的とか人間主義的といわれるマルクス主義に対置した、もっともシンプルなアイデアはそのようなものです。そして京大人文研グループがまず注目したのも、この「重層的決定」概念でした。

一般に、「重層的決定」は、下部構造決定論や労働者本隊論から左翼運動を解放するものと理解されます。私自身はさらに、「人はそう知らないが、そう行う」という、マルクス主義の根幹にあるペシミズム／オプティミズムないまぜの認識の反響を、この概念から聞き取れるように思ってきました。人間たちの実践が、常につきまとわれざるをえない「無意識」の次元を、マルクス主義の観点から明示するための概念として理解してきたということです。まさにそのようなものとして、「重層的決定」は、この概念を取り上げて論じた京大人文研グループの学者たちにおいても働いていたといえる。そしてそのように捉えるとき、京大人文研のアルチュセールは、大学で理論と運動が一瞬交錯しつつ、相互に疎隔していく地点を図らずも指し示しているように思われます。〈68年〉前後の新左翼運動の昂揚と、その後の急速な退潮を通じて、もはや「党」に多くを期待することのできなくなった日本の新左翼知識人の多くは、長いあいだ、「言論界」とともに「大学」に理論と実践をつなぎとめうる最後の拠り所を見出してきました。しかしいまや、大学は、もはや政治運動の拠点としては完全に死に絶えつつあるように見えます。〈68年〉から半世紀、この五〇年の帰趨と功罪を考える一つの手がかりとして、以下の話を聞いていただければ幸いです。[*6]

＊5　市田良彦「『俺が党だ』――ポスト〈68年〉の理論的悲哀」『情況』二〇一八年秋号、三二－五八頁。

2 河野健二と「過渡期」の問題

京大人文研グループのアルチュセール受容を主導した河野健二（一九一六〜一九九六）は、京大経済学部出身のフランス経済史家で、一九四九年の人文研発足以来、桑原武夫の指揮する共同研究に参加し続けた学者でした。今日の大半の読者には、アルチュセールの他、マルク・ブロック『フランス農村史の基本性格』、フュレ／オズーフ『フランス革命事典』などの紹介で記憶にとどめられる程度かもしれませんが、〈68年〉前後には、西洋史・西洋思想史関連の数多くの著作を背景に、一定の聴衆を得た論壇人でもありました。とりとめなくも見えるフランスからの学知の導入も、この西洋史家の一貫した問題意識に密接に結びついてなされています。

五〇年刊の最初の著作『絶対主義の構造』以来、河野さんははっきりと講座派＝大塚史学（河野さんは両者を同一視します）批判をモティーフとしてフランス史研究を進めていました。講座派＝大塚史学は、経済的下部構造と政治的上部構造を対応させる観点から、ブルジョワ革命は初期産業資本（マニュファクチュア）の成立を俟って初めて成立するという立場をとりました。それに対して河野さんは、アンシャン・レジーム期の絶対主義国家を、封建的要素とブルジョワ的要素の「階級均衡」に依拠する「過渡的体制」とみなし、商人資本の発展と農村における商品生産の拡大に、フランス革命をもたらす下部構造の変動を認めようとしたのです。[*7] 河野さんがブロックの農業史に注目したのも、この観点からのことでした。

講座派史観は、第二次世界大戦前の日本の体制を「半封建的な専制的君主制」と規定したコミンテルンの三二年テーゼを承けて、共産党系の歴史家が提出した歴史観です。これが明治期以来の日本にブルジョワ社会の成立を見た労農派との対立を生み、三〇年代以来、「日本資本主義論争」を引き起こしたことはよく知られています。[*8] 講座派は、政治的には、日本の革命運動の当面の目標をブルジョワ革命とし、その後、社会主義革命を強行する、という二段階革命論を支持しました。対米自立と民主化をさしあたっての目標とする、六全協（五五年）以降の宮本顕治体制下の日本共産党に受け継がれる路線です。河野さん自身は、六〇年代初頭まで共産党員だったようですが[*9]、すでに五〇年には、明治以来の「天皇制絶対主義」を四五年の敗戦とともに終焉したものとみなし、WWⅡ後の東欧・アジアにおける社会主義体制成立を、「世界資本主義」の現段階におけるプロレタリアート急進化の結果と位置づけています[*10]。だとすれば、戦後まもない日本で、河野さんが次の段階として社会主義革命を展望していたといっても、間違いにはならないはずです。当時の多くのマルクス主義史家同様、河野さんにとっても、歴史研究は、自分自身の生きる現在の歴史的段階と、そこで望まれる政治的変革はいかなるものか、そしてその変革の主体は誰なのかを問うことと不可分でした。

その後、河野さんは『資本主義への道』（五九年、他に角山栄・飯沼二郎・上山春平・関順也が参加）で、西欧と日本の資本主義成立史の共同研究を行ったあと、六〇年代を通じて、講座派＝大塚史学批判の観点を独自の世界資本主義論へと展開して行きます。『世界資本主義の形成』（六七年）と『世界資本主義の歴史構造』（七〇年）に

＊6　以下では、拙論「« non-lieu » 一歩前――一九六〇～七〇年代日本のアルチュセール受容」（市田良彦・王寺賢太編『〈ポスト68年〉と私たち』平凡社所収）の一部に、新たな知見と考察を加えて再論する。

＊7　河野健二『絶対主義の構造』日本評論社、一九五〇年、特に第一篇第一章を見よ。ブロック『フランス農村史の基本性格』創文社については、第二篇第三章附論を見よ。

＊8　河野自身、六〇年代にあらためてこの論争の歴史的再検討を行っている。河野健二「『資本主義論争』の評価をめぐって」『思想』一九六四年四月号初出、『現代史への視座』中央公論社、一九七二年、二二五－二四八頁を見よ。

＊9　田中真人「京大人文研時代の緊張の相部屋」、江口圭一追悼文集刊行会編『追悼　江口圭一』人文書院、二〇〇五年、一二一－一二二頁。

＊10　前掲『絶対主義の構造』三二二頁。

まとめられた仕事です。元々、一八三〇～七〇年代の西欧と日本における産業革命を対象としてスタートしたこの共同研究は、資本主義＝ブルジョワ社会の成立を一国史の枠組みにおいて捉えるのではなく、国際的競合関係や帝国主義的拡大まで視野に収め、各国の政治経済史が世界資本主義の「不均等発展」のなかでいかに分節されてきたかを問おうとするものでした。イギリス史やフランス史を範にとり、それとの比較によって他の国の発展段階を云々するのではなく、いまや世界資本主義の「不均等」な展開の果てに「世界社会主義」が展望されるようになったのです。[*11]

この世界資本主義論は、私には二つの異なる背景をもつように思われます。一方で、河野さんは戦時中、京大経済学部の『東亜経済論叢』に仏領インドシナにおける経済的収奪にかんする歴史研究を発表しており、帝国主義批判と植民地解放の主張は戦時下から一貫したものでした。[*12] ただし、戦時体制下の国策研究の枠内で、この帝国主義批判は西欧批判にとどまり、表面的にではあれ、大東亜共栄圏構想を追認するかたちをとっていた。しかしまただからこそ、戦後の河野さんは、アジア・アフリカの脱植民地化の意義を強調し、資本主義後進地帯における社会主義革命の展望を断固擁護しようとしたのでしょう。六〇年代、河野さんのこの立場は、はっきりと第三世界主義に接近してゆきます。

もう一つの背景は、他ならぬ京大人文研の共同研究です。五〇年代、桑原指揮下に立て続けに刊行された『ルソー研究』（五一年）、『フランス百科全書の研究』（五四年）、『フランス革命の研究』（五九年）という一連のフランス一八世紀についての共同研究は、今日、往々にして日本における「戦後民主主義」の時代の文化的象徴のように語られます。ただし、この一連の研究は、啓蒙と革命のフランスをモデルに日本にブルジョワ革命を実現しようとするような「講座派的」立場とは、ほとんど無縁でした。事実、『フランス革命の研究』のあと、桑原さんは『ブルジョワ革命の比較研究』（六四年）を組織し、明治維新にフランス革命と比較しうる「ブルジョワ革命」を認める歴史観を打ち出します。その後、桑原ファン司馬遼太郎の『竜馬がゆく』（連載六二～六六年）などを介して、「国民的」支持を得る歴史観です。同時期、人文研界隈では、梅棹忠夫の「文明の生態史観」（初出五七年、六七年刊）が、独自の風土論的観点から、近代日本の宿痾ともいうべき西欧に対する後進性の意識をあっけらかんと解体し、巷間の好評を得ていました。

河野さんは、桑原さん流の比較史に対しては留保を示しつつ、明治維新をブルジョワ革命とみなす反講座派的立場には積極的に与してゆきます。[*13] 六〇年安保後、高度成長期に急速な工業化の進展した日本で、「封建制」の乗り越えや「近代化」といった問題自体がリアリティを失いつつあったという事情もあるでしょう。この頃、河野さんが、先に挙げた第三世界主義と並行して、構造改革派の先進国革命論に接近していったのも、おそらくそのせいです。講改派は、イタリア共産党をモデルに、議会主義と漸進的改革を通じた社会主義への移行を目指した社共の分派的潮流です。ベ平連も基本的に講改派系の影響下にあったようですが、そのベ平連京都地区代表の飯沼さんは河野さんの研究上の盟友で、二つの世界資本主義論集の共編者でもありました。人文研の反講座派潮流は六〇年代、「右」では、高度成長期の日本に肯定的なイメージを提供した桑原・梅棹路線に（七〇年大阪万博への積極的加担に行き着く路線です）、「左」では、河野・飯沼らの講改派的な改良主義路線に結びついたといって

＊11 河野健二・飯沼二郎編『世界資本主義の形成』岩波書店、一九六七年、序参照。

＊12 河野健二「印度支那におけるフランスの経済政策」、京都大学経済学部内東亜経済研究所編『東亜経済論叢』第二巻第一号（一九四二年）、および同「仏印関税制度の意義」『東亜経済論叢』第三巻第二号（一九四三年五月）ほか、一九四二年に京大経済学部紀要『経済論叢』に掲載された河野の諸論考を見よ。河野には、同じ『東亜経済論叢』第一巻第二号（一九四一年）に「支那論に於けるケネーとモンテスキュー」という論文もある。『東亜経済論叢』には、第二次大戦中の京大経済学部の研究者たちが「総動員体制」で寄稿しており、そのなかには〈68年〉当時の京都府知事、蜷川虎三も含まれる。

＊13 河野健二編『資本主義への道』ミネルヴァ書房、一九五九年、二四九頁参照。

もよいかもしれません。
いずれにせよ、河野さんの世界資本主義論は、アジア・アフリカにおける脱植民地化と日本における議会主義的・漸進的改革という社会主義への二つの道を、世界資本主義の「不均等発展」の観点から一挙に正当化しようとするものだったといえる。そして、この世界資本主義論の理論的支柱として注目されたのが、アルチュセールの「重層的決定」概念でした。
ただし、他ならぬ六八年五月に『思想』に公刊された「現代マルクス主義の二つの道——ヒューマニズムと構造主義」での河野さんの論調は折衷的です。河野さんはこの論文で、アンリ・ルフェーブル以下の「ヒューマニズム」と、アルチュセールの「構造主義」をスターリン批判以後の西欧マルクス主義の二大潮流として紹介しています。その際、ルフェーブルの「ヒューマニズム」については、「構造改革主義」や左翼の「統一戦線」と結びつくその実践性を評価しながら、ソ連社会主義と西欧のヒューマニズムのつながりを重視するあまり、階級闘争を軽視し、中国革命を周縁化する傾向があることが指摘されます。これに対して、アルチュセールの「構造主義」は、マルクス主義の「科学性」を再評価するもので、とりわけ「重層的決定」概念は、ロシアや中国の革命——「マルクスに反する革命」(グラムシ)——を歴史の「不均等発展」から理解させ、歴史学を実証史学や歴史の目的論から解放してくれる。とはいえ、それは社会的実践をいかに正当化するかという実践的問いには答えてくれない、というのです。[*14]
この議論は前年、構改派の雑誌『現代の理論』に掲載された連載記事「マルクス主義の新しい道」の議論を踏襲するものでした。[*15] 日本へのアルチュセール導入自体は、六三年、『思想』に「矛盾と重層的決定」の邦訳(初出邦題は「矛盾と多元的決定」)が掲載された時点に遡ります。[*16] フランス語オリジナルの発表から一年も経たないうちの翻訳でした。その後、六五〜六七年には、共産党を離脱した春日派(講改派系)の拠点であった社会主義政治経済研究所の資料叢刊に、『マルクスのために』主要論文が続々と掲載されます。[*17] 河野さんたちの邦訳刊行以前、アルチュセールの紹介は、もっぱら西欧マルクス主義の新潮流を積極的に導入していた構改派の仕事によるところが大きかったのです。「surdétermination」の訳語として「重層的決定」が定着したのもその過程でのことでした。ただし講改派諸潮流は、アルチュセールに対して必ずしも肯定的ではなかった。前述の『現代の理論』の記事でも、デッラ・ヴォルペ以下、マルクス主義を社会主義実現のための実践を導く「世界観」とみなし、「歴史主義－人間主義」を標榜する、イタリア共産党の論者による批判が掲載されていました。[*18] 経験主義を厳しく排し、理論の次元の自律性を強調した上で、マルクスにおける「認識論的切断」の意義を説くアルチュセールの立場は、グラムシ主義者たちにとっては、理論と実践、構造と歴史の乖離を示すものとしか思えなかった。河野さんはこのグラムシ主義者たちの批判を受け容れつつ、マルクス主義の「科学性」擁護の観点から、アルチュセールを評価しようとしたのでした。

翌六九年初出の「マルクス・レーニンの歴史観序説」でも、河野さんはアルチュセールをマルクス主義の「科学性」を重視する論者として紹介しています。[*19] この論文は、講改派の井汲卓一と長洲一二が編んだ日本評論社版

＊14　のち河野前掲『現代史への視座』（九九－一一八頁）に再録。現在、平凡社ライブラリー版の『マルクスのために』に「あとがき」として収録されている。

＊15　藤沢道郎訳・解説「マルクス主義の新しい道（一）」『現代の理論』一九六七年六月号、五九－八三頁。

＊16　ルイ・アルチュセール「矛盾と多元的決定（上・下）」石川湧訳、『思想』一九六三年五月号・七月号。

＊17　「マルクス主義と人間主義」が『社会主義政治経済研究所研究資料』一九六五年四号・六号に、「序文」、「フォイエルバッハの「哲学宣言」」、「カール・マルクスの一八四四年草稿（経済学と哲学）」が一九六七年七／八号に、「青年マルクスについて」が一九六七年一二号に掲載されている。社会主義政治経済研究所については、石堂清倫『わが異端の昭和史』平凡社ライブラリー、二〇〇一年、全二巻、上巻一六一頁を見よ。

＊18　藤沢道郎訳・解説「マルクス主義の新しい道（二）」『現代の理論』一九六七年六月号、四三－五九頁。

『講座マルクス主義』で、河野さん自身が責任編集を務めた『歴史』の巻に発表されました。河野さんはこの論文で、資本主義的生産様式の解明を目指したマルクスが、同時に「アジア的」「ギリシャ・ローマ的」「ゲルマン的」といった前資本主義的な「社会構成体」に注目していたことを指摘します。そこでは、政治・宗教・文化といった経済外的次元を視野に入れながら、資本主義社会の特質が問われていた。つまり、マルクスにとって、資本主義社会は、政治・宗教・文化など相対的に自律する諸審級からなり、最終的に経済的審級の決定を蒙る矛盾的複合体だった。河野さんはここから、アルチュセールのいう「重層的決定」を、「社会」一般が矛盾的複合体であり、「歴史」が一般に「不均等発展」のかたちをとるほかないことを明示する概念として評価するのです。その認識は、河野さん自身が講座派＝大塚史学批判の文脈で強調してきた、下部構造と上部構造の相対的自律性や、複数の生産様式の共存、そしてこの二点に基づく「過渡期」という時代概念を支持するものでもありました。河野さんはこの論文末尾で、自身の生きる同時代の世界に、ロシア革命以来の世界資本主義の解体＝分化による「不均等発展」の激化を認めています。〈68年〉は「さらにいっそう豊かな社会へと向かうための過渡期」の症候だというのです。[*20]河野さんは同じ六九年には、論集『問題としての大学』を編み、全国的な全共闘運動の激化にいち早く反応した大学人の一人でもありました。ただしこの本で河野さんが提唱するのは、〈68年〉のフランスで興った「自主管理」の潮流——フランス全国学生同盟UNEFや非共産党系労働組合・フランス民主労働連盟CFDT、あるいは統一社会党PSUの主要戦略[*21]——に想を得た、学生自治・職場自治の拡大であり、全共闘的な「戦後民主主義」批判や暴力行使に対しては、はっきり否定的です。[*22]この態度はさらに、「中ソ論争」を含む南北問題の激化と、資本主義圏の脱工業化を背景とする「自主管理」「自己管理」の拡大に〈68年〉前後の「過渡期」としての特徴を見る、「現代史の基礎にあるもの」（六八年）と「現代史への視座」（六九年）の二論文にも引き継がれます。[*23]この時期、河野さんがユーゴスラヴィアに注目したのも、第三世界主義と先進国革命論を車の両輪とする、「自主管理」路線の新たな社会主義のイメージをそこに認めたからでした。

いい換えれば、河野さんは〈68年〉後、日本における社会主義への移行と「国家の死滅」への道筋を、戦後民主主義体制の下での直接民主主義の拡大の過程の果てに展望しようとしていた。そこで「共産主義」の展望が堅持し続けられていたにせよ、河野さんの「過渡期」概念は、「革命」という断絶を呼びかけるどころか、むしろそのような断絶を回避し、社会主義確立に向けた漸進的改良を呼びかける含意をもっていたのでした。

その意味では、〈68年〉後、河野さんがマルクス主義の「科学性」の立場から、新左翼の急進化に対して批判的に応接したのも当然でした。河野さんはこの点で、アルチュセールが改めて強調したマルクス主義の基本概念である、「科学」と「イデオロギー」の対立を前面に打ち出します。そこで「イデオロギー」として退けられるのが、「疎外からの解放」や「人間性の回復」を唱える一切の革命運動であり、アルチュセールが主要な批判の

＊19　河野健二「マルクス・レーニンの歴史観序説」『講座マルクス主義　第七巻　歴史』日本評論社、一九六九年、一－二五頁。のち河野前掲『現代史への視座』（六八－九八頁）に再録。

＊20　前掲『現代史への視座』九六頁。

＊21　PSUはその後、社会党に合流し、その支持基盤となったCFDTとともに、ミッテラン政権以来、反中央集権的で「リベラル」な中道左派路線を主導する。前者に参加したのがフランソワ・フュレであり、後者の委員長を務めたのがピエール・ロザンヴァロン。ともに河野が後年翻訳紹介する『フランス革命事典』の主要メンバーとなる。

＊22　河野健二編『問題としての大学』紀伊國屋書店、一九六九年、特に一八三－二〇二頁参照。この書物には、一九六八年一二月から一九六九年五月の間に行われた、河野健二・森毅・星野芳郎・作田啓一・杉村敏正・高橋和巳の共同討議が収められている。

＊23　河野健二「現代史への視座」（初出『思想』一九六九年一〇月号）および「現代史の基礎にあるもの」（初出『現代人の思想　第一三巻　新しい歴史観』平凡社、一九六八年）、いずれも河野前掲『現代史への視座』、八－二五頁および二六－六七頁所収。

対象とした疎外論的・人間主義的マルクス主義の理論でした。河野さんはすでに「マルクス・レーニンの歴史観序説」の時点で、マルクス主義の「科学」はあくまで「生産関係の批判」に主眼を置くものであり、この批判を回避してなされる一切の革命運動は「ドン・キホーテ的な企て」に終わるほかない、と断定しています。[*24] そのとき、全共闘運動から赤軍派や「滝田修」に至る、京都の〈68年〉の「過激派」は、マルクス主義の「科学」の名の下にもろともに否定されるのです。

たしかに河野さんのこの科学主義は、第二次大戦中から戦後にかけてそのつど強い政治的なプレッシャーのもとで学問研究を続けてきた自身の経験に裏打ちされていたにちがいありません。実際、七一、二年まで、河野さんが繰り返しアルチュセールを引き合いに出しながら、「歴史認識」や「社会科学」の「科学性」について語る際には、大学の学知が西欧からの移入によって成立した日本で、歴史学や社会科学が「科学性」よりも「イデオロギー性」、「思想性」によって評価され、その時々の風潮に追随してきたことが嘆かれています。[*25] けれども、そのとき同時に、河野さんは「科学」の名のもとに、社会主義に向かう漸進的改革という自身の政治的選択を正当化し、あくまでも学者として政治にかかわる自身の職業的立場を温存しようとしていたのです。[*26]

しかし〈68年〉とは、まさに河野さんが求めたような「科学」や学者の立場の特権性自体を覆そうとする運動でもありました。この点にまつわる興味深いエピソードがあります。六〇年代、河野さんの共同研究の常連であった角山栄の回想によると、角山さんが『経済史学』（七〇年）に収めた世界資本主義の現状分析が丸写しにされ、京大全共闘の展望として『京都大学新聞』に掲載されたことがあったらしい。その際、学生たちは「一方の大塚史学・講座派、他方の宇野（弘蔵）シューレの論客・岩田弘、これらは全部もう駄目だ」といっていたというのです。[*27] 曖昧な証言ですが、京大人文研の世界資本主義論・「過渡期」論が、共産主義者同盟赤軍派の参照項であったことの傍証にはなるでしょう。その名もズバリ、赤軍派の「過渡期世界論」は、〈68年〉に世界革命戦争に至る前兆を見てとり、「前段階蜂起」を呼号した武装革命路線です。岩田については、「万年危機論」とも揶揄された世界資本主義論の客観主義的傾向から「主体主義」的に離脱することで赤軍派が成立したとする絓秀実さんの議論がありますが、[*28]どうやらその離脱に際してスプリングボードになったのは、中立的かつ「科学的」であることを標榜し、岩田以上に「客観主義的」であろうとした河野グループの世界資本主義論であったらしいのです。そのとき、赤軍派の「主体主義」は、河野さんたちが曖昧に共存させていた先進国革命論と第三世界主義の齟齬を突き、河野さん流の現状認識からは決して導き出されない「革命」という断絶を武装蜂起によって招きよせようとしていた、といえる。たしかに、まぎれもなく「ドン・キホーテ的」ふるまいでしょう。しかしその「ドン・キホーテ的」ふるまいこそが、「科学」に依拠して政治を教導しうると考える学者の思い上がりを、それが滑稽に見えるほど朗らかに突破するものであったのもたしかです。

＊24　前掲『現代史への視座』九四頁。
＊25　河野健二「歴史認識の科学性――アルチュセールのマルクス主義」『思想』一九七一年八月号、一一一三頁、および同「社会科学の「科学性」――アルチュセールに関連して」『経済論叢』一〇九巻一号、一九七二年一月、一一一七頁。
＊26　なお一九七二年、河野は京大人文研所長として、日中国交回復後初の学術訪問団を率いて中国を訪問している。参加メンバーは、河野の他、井上清・上山春平・小野和子・島田虔次・林巳奈夫・林屋辰三郎・福永光司の人文研所員。あくまでも学者として政治にかかわるという、河野にふさわしいふるまいと見える。ただし、京大人文研には国立大学独法化以前まで、河野が模索したと思しき職場自治の痕跡が残っていたことも付記しておく。事務職員が所長選挙の投票権を持っていたのはその一例である。
＊27　角山栄『「生活史」の発見』中央公論新社、二〇〇一年、六六頁。
＊28　絓秀実『革命的な、あまりに革命的な――「1968年の革命」史論』作品社、二〇〇三年、二三四頁。

3 阪上孝と「革命的状況」

河野さんのあとを承けて、アルチュセールから出発してマルクスの再読に取り組んだのが、カウツキー研究者として出発し、〈68年〉前後、京大人文研助手の職にあった阪上孝（一九三九年〜）でした。阪上さんは、アルチュセールの『政治と歴史――モンテスキュー・ルソー・ヘーゲルとマルクス』（紀伊國屋書店、一九七四年、西川長夫との共訳）と『科学者のための哲学講義』（福村出版、一九七七年、西川長夫・塩沢由典との共訳）の訳者の一人でもあります。この阪上さんのアルチュセールへの関心は、河野さんとも一見似通いながら、河野さんとは微妙かつ決定的に異なるもので、私はこの阪上さんの仕事に、〈68年〉前後の京大人文研グループが示したもっとも優れたアルチュセール読解の成果を認めることができると思っています。ただし、ここでもそのアルチュセール読解は、〈68年〉前後の「革命的状況」に没入するどころか、そこからいかに一線を画すかという課題を負っていたのです。

阪上さんと河野さんのアルチュセールへの関心が似通いながら決定的に異なっているのは、阪上さんが河野さんのようにマルクスの「歴史の科学」にではなく、あくまでも「歴史理論」に関心を示す点です。河野さんが受容したアルチュセールの著作がもっぱら『マルクスのために』であったのに対して、阪上さんが『マルクスのために』以上に重視するのは『資本論を読む』でした。アルチュセールはそこで、『資本論』から、『資本論』のなかでは「実践状態」にとどまっている「マルクスの哲学」を取り出そうと試みていました。河野さんが最初から「マルクスの科学」の側に自分自身を位置づけ、自分が歴史学者として続けてきた仕事を理論的に基礎づけるためにアルチュセールに依拠したのに対し、若き日の阪上さんは、まさにアルチュセールを読みながら、自身の理論的な道を模索し、理論的著作を読む自分自身の道を模索していたといえます。

阪上さんが七一年八月『思想』に発表した「経済学批判とマルクス歴史理論の形成」は、全面的に『資本論を読む』に依拠しながら、マルクスによる古典派経済学諸カテゴリーの批判から、マルクスの「歴史理論」、すなわち、「歴史の科学」の実践を可能にするマルクス固有の問題設定と諸概念を明らかにしようとするものでした。曰く、古典派経済学が経験主義的な前提にしたがって、資本主義の経験的所与を「普遍的」な経済学諸カテゴリーに概念化し、そうすることによって資本主義を永遠化してしまうのに対し、マルクスは「労働力」概念の導入によって、「資本主義的生産様式」の根底に「労働力商品」と「搾取」があることを明示し、この「労働力商品」の可能性の条件そのものを問い、「資本主義的生産様式」とその再生産の条件を「理論的対象」とした。さらにこの「生産様式」概念は、それが依拠する「労働力」と「生産手段」の「結合」を、「所有」と「現実的領有」(実際の生産の組織)という二重の観点から分析するように促している。この観点からすれば、資本主義的生産様式への「移行」も、単なる原蓄過程の歴史記述を超えて、労働過程の資本への「形式的包摂」(所有関係)と「実質的包摂」(現実的領有関係)の二つの視点から分析されねばならない、云々。

阪上さんが再構成するマルクスの「歴史理論」はこうして、資本主義的生産様式の基底にある経済的かつ政治的な支配関係の批判への展望を開きます。しかしこれだけなら、『資本論を読む』のアルチュセール論文とバリバール論文の祖述にすぎないかもしれません。阪上さんのアルチュセール読解が優れていると思う点は他所にあります。河野さんにおいて、「歴史の科学」の対象はもっぱら歴史の発展段階なり、その複雑性・重層性の記述にありました。しかし、阪上さんがマルクスの「歴史理論」の特権的対象とみなすのは、資本主義生産様式への「移行」であり、あるいはより一般に「生産様式」間の「移行」の条件の認識でした。なるほど、資本主義的生産様式への「移行」は、『資本論を読む』に寄稿されたバリバール論文の主要テーマでしたが、阪上さんはそれを敷衍しつつ、むしろ資本主義的生産様式からの「移行」、すなわち「革命」を、自分自身のマルクスの歴史理論の再構築の特権的対象と見定めるのです。ここでいう「移行」は、フランス語では「transition」、河野さんが時代概念として用いた「過渡期」の「過渡」と同じ言葉ですが、阪上さんにおいて、「移行」はもはや歴史の発展段階図式のような連続的発展の相の下には捉えられない。「移行」とは「革命」という出来事にほかならず、この出来事を可能にする諸条件の把握こそが課題とされるのです。論文中のある注に書かれた次の一文は、そのことをよく示しています。「労働者階級が政治的階級として登場するためには、特殊な諸条件が必要である。政治的階級闘争の概念、労働者階級の政治的階級への熟成の条件、とりわけそのさいのイデオロギー的要素の役割などの解明は、われわれにとっての重要な理論的課題である」[*29]。――「労働者階級が政治的階級として登場する」、この革命的状況への関心こそ、阪上さんのアルチュセール読解を特徴づけるものにほかなりません。

七二年二月、京大人文研の紀要に発表された「アルチュセールのイデオロギー論（I）」は、前年の論文で明示された「理論的課題」に応えようとする試みであったといえます。いうまでもなく、イデオロギー論はその後のアルチュセール研究において中心的となる主題ですが、日本において初めてこの主題を本格的に紹介し、議論したのが、阪上さんでした。二年にわたって書き継がれ、『資本論を読む』を中心に、理論の領域における科学とイデオロギーの関係を論じる第I部と、高名な論文「イデオロギーと国家のイデオロギー装置」（七〇年）を中心に、実践の領域におけるイデオロギーの機能に焦点を合わせる第II部（七三年三月発表）からなる、この論文の結構を見ても、河野さんとの違いは明らかでしょう。河野さんにおいては、「歴史の科学」はあらかじめ存在し、「イデオロギー」はその「科学」の立場から退ければ足りるものだった。阪上さんはよりアルチュセールに忠実に、この「科学」と「イデオロギー」の関係に焦点を合わせます。理論の領域と実践の領域ととりあえず種別化しましたが、まさにこの「科学」と「イデオロギー」の関係を問う地平こそが、阪上さんにとっての「理論」的地平だったのです。

このイデオロギー論文でも、阪上さんの「革命的状況」への関心は持続しています。この点で特に注目すべきは、第I部末尾、阪上さんがマルクスの『フランスにおける階級闘争』の一節に、アルチュセール張りの「徴候的読解」を施す箇所です。「新しい革命は新しい恐慌に続いてのみ起こりうる。しかし革命はまた、恐慌が確実であるように確実である」。エンゲルス以下のドイツ社会民主党の論者たちが、マルクス主義の「経済主義」的解釈の根拠としてきたこの一節を、阪上さんはマルクスにおける「イデオロギーの巻き返し」を示す徴候として読み解きます。この文言は、七月王政下の国内外の特殊な情勢を背景に、前年の経済危機をきっかけとして、経済的矛盾と政治的・イデオロギー的矛盾が相互作用を起こした結果、フランス二月革命が勃発したとする、マルクス自身の分析と齟齬を来している。そればかりか、『哲学の貧困』以来「実践状態」で潜在していた、「それぞれが異質な構造を形成し、相対的自律性をもって運動する諸関係の共存と相互依存によって構成される〔社会的〕全体」[*30]の観念ともはっきりと理論的齟齬を来している、というのです。いい換えれば、マルクスは二月革命分析のなかで「重層的決定」概念を素描しながら、いまだそれを概念として把握するには至っていない。だからこそ、「経済主義」的読解を許すような単純化をなしえたのだ、というわけです。だとすれば、この「重層的決定」概念を生み出し、練りあげることこそが、経済的諸矛盾の土台の上で、その諸矛盾が政治的・イデオロギー的諸矛盾といかに結合し、凝集するかを示す、「具体的現実の具体的分析」（レーニン）[*31]を可能にするのだ、ということになるでしょう。その「具体的分析」によって阪上さんが把握しようとしているのは、「労働者階級が政治的階級として登場する」ための諸条件であり、すなわち「革命」の生起の条件にほかなりません。

河野さんにとって、講改派的＝改良主義的な「過渡期」概念を支持するものとして呼び出されていた「重層的決定」が、阪上さんにおいては、生産様式と政治体制の「移行」＝「革命」を実現する出来事の一点を把握するために取り上げられるのです。阪上さんが〈68年〉の人文研で、助手共闘の一員であったことはすでに触れまし

＊29　阪上孝「経済学批判とマルクス歴史理論の形成」『思想』一九七一年八月号、四九頁。
＊30　阪上孝「アルチュセールのイデオロギー論（Ⅰ）」『人文学報』三三号、一九七二年二月、五二頁。
＊31　同右、五一頁。

たが、その阪上さんはまた六〇年代初頭をブントの活動家として経過し、大学卒業後には、労働者のオルグを目指して工場勤務を経験しています——御本人が、難儀なことでした、と洩らすのを聞いたことがあります。この労働者の組織化の試みを含め、阪上さんのブント的行動主義は、「革命的状況」の一点に注視する、独自のアルチュセール読解にも確実に影を落としている。さらに、阪上さんが「重層的決定」概念を楯に、「経済主義」や「生産力至上主義」を批判する際には、[*32]単なる「反スタ」にとどまらず、日本では全共闘を機に勃興する「近代批判」——資本主義批判と科学技術批判——の反響も聞き取れます。当時の阪上さんの周辺には、中岡哲郎や山田慶兒といった科学技術批判の俊英たちも存在していました。いずれにせよ、その阪上さんが考える「革命」も、その「革命」後の世界も、河野さんとは随分異なるものだったはずです。

しかし、その阪上さんのアルチュセールもやはり、河野さんとはまた違ったやりかたで、同時代の新左翼の過激化から一線を画そうとするものでした。先の論文で、阪上さんには珍しくパセティックな調子で、「条件のないところでの蜂起を否定するマルクス・エンゲルスと「革命の製造」を主張する熱狂的革命家たちとの激しい論争」に言及されているのは偶然ではありません。[*33]阪上さん自身が「激しい論争」を行ったか否かはともかく、まぎれもない「熱狂的革命家たち」は少なからぬ数で当時の阪上さんの周囲にも存在していました。阪上さん自身がかつて属した関西のブントからは赤軍派が生まれ、すでに大菩薩峠での大量検挙（六九年一一月）やよど号ハイジャック事件（七一年三月）を引き起こしていました。阪上さんの論文第Ⅰ部が発表された七二年二月は、奇しくも、あさま山荘での連合赤軍の弾圧後、「革命戦士」たちのあいだの陰惨な「総括」が露見した月でもあります。一方、阪上さんの大学院時代以来の友人で、当時ともに京大助手を務めていた竹本信弘＝滝田修が、朝霞自衛官殺害事件の首謀者として指名手配を受け、長期の潜伏生活に入ったのは、七二年一月でした。アルチュセールに倣って、阪上さんが論文第Ⅱ部末尾に記す「1972. 11. 27」という日付は、阪上さんのアルチュセール読解、イデオロギー論読解が、こうした一連の出来事を横目で睨みながら続けられていたことをはっきりと証言しています。[*34]

この点、阪上さんによる『フランスにおける階級闘争』の「徴候的読解」が、マルクスにおける「イデオロギーの巻き返し」を指摘するものだったことは意味深長です。アルチュセールにおいて、「歴史の科学」を体現する『資本論』のなかに、不在の「マルクスの哲学」を発見するための方法だった「徴候的読解」が、阪上さんにおいては反対に、「歴史の科学」の創設者であるマルクスさえ、常なる「イデオロギーの巻き返し」に晒されていることを示すために用いられるわけです。——いわんや「マルクス主義者」においておや、ということでしょう。そのような認識をもっていたからこそ、阪上さんは早くからアルチュセールのいう「認識論的切断」のアポリアに拘泥することにもなったのでしょう。「認識論的切断」はいうまでもなく、『マルクスのために』のアルチュセールが、初期マルクスの疎外論・人間主義的なイデオロギー的立場と、『資本論』の科学的立場を峻別するために持ち出した、フランス流の科学認識論に由来する概念でした。アルチュセールは、その「認識論的断絶」やイデオロギーと科学の峻別にもとづく自身の議論を、「理論偏重主義的」であったとして自己批判し、その後、『科学者のための哲学講義』(六七年執筆)では、マルクス主義哲学にイデオロギーと科学のあいだの「境

*32 同右、五四頁。
*33 同右、四九頁。
*34 一九七四年にも、阪上は以下のように記している。「歴史の主体にかんする思弁やそれにつきものの希望的観測からきっぱりと訣別して、「歴史的諸条件の経過全体」を分析しなければならない。これら諸条件の分析を放棄して、国際帝国主義に対する武力闘争を呼びかけるものは、「できの悪い革命家であり、全然、革命家ではない」のである。この分析によってはじめて、歴史全体のなかで自己をいかなる主体として組織すべきかが具体的に提起される」(「日常性・主体・歴史」『展望』一九七四年一二月号、三二頁)。こののち、阪上は思想史や歴史社会学の分野で仕事を続けてゆくことになる。

界画定」を行う任務を託すようになります。阪上さんはその経緯を踏まえながら、イデオロギーと科学とが、哲学による「境界画定」＝「切断」によって初めて分離されうるのだとしても、当の「切断」においてイデオロギーと科学は踵を接し続けている以上、この「切断」が一度きりのもので済むわけがない、と指摘します[*35]。さらに、アルチュセールの「イデオロギーと国家のイデオロギー装置」論文に見られる「実践はつねにイデオロギーによって、イデオロギーのもとで行われる」を捉えて、ではいかなるイデオロギーのもとで、いかにして「科学的実践」が行われうるかを問わざるをえないはずだ、とも記しています[*36]。阪上さんが七三年の段階で、いち早くアルチュセールのイデオロギー論のアポリアに立ち止まり、そこにアルチュセールが断続的な自己批判を強いられた原因を認めているのは慧眼といえます。

けれども、阪上さんはアルチュセールのように、哲学に「理論における階級闘争」を認め、イデオロギーに対して継続的に「境界画定」を施し続ける哲学＝批判の立場に開き直るわけにはいかなかった。阪上さんにとっては、なにより「革命的状況」の客観的条件を理解することこそが、階級闘争を政治闘争に結びつけ、労働者階級を政治階級へと押し上げるための前提であったからです。その意味で、阪上さんもまた、河野さんと同様に、マルクス主義の「科学性」に執着し続けていた。マルクス主義の「哲学」、その理論的実践は、あくまでも革命運動を教導する「歴史の科学」、「革命的状況」の「科学」に道を開くものでなければならなかったのです。もちろん当時の阪上さんは、「科学」の立場をあらかじめ自分に割り振ることができた、河野さんのような学者の安定した立場を持ってはいなかった。革命運動の前線から一歩退き、大学のなかで研究者としての道を模索していたその途上で、阪上さんが出会ったのがアルチュセールであり、「理論」でした。その意味では、アルチュセールのいうマルクス主義哲学、「科学」のはじまりを告知することを任務とする「哲学」は、若き日の阪上さんの模索に正確に対応するものだったといえます。その「哲学」を、アルチュセールのように「理論における階級闘争」、イデオロギー批判といい切ってしまえば、ふたたび理論的実践を政治的選択に従属させ、峻拒すべき主観主義的政治を呼び戻してしまうことになりかねないではないか――阪上さんはそう考えたのです。だからこそ、七七年の『科学者のための哲学講義』に付された訳者あとがきで、労働者階級に対する素朴なまでの信と「理論偏重主義」とを共存させるアルチュセール、そして「理論的実践の理論」を離れ、「理論における階級闘争」を呼号するようになったアルチュセールに対して、阪上さんはいち早く自身の「当惑」を表明することになりました。[*37]

4 〈ポスト68年〉の理論と実践――講壇新左翼の孤独、京大人文研の困難

こうして京大人文研グループのアルチュセール受容は、六八年から七二年にかけての日本の――あるいは京都の――新左翼運動の昂揚と過激化と軌を一にして勃興し、その後の急速な退潮と軌を一にして収束してゆくことになります。ただし、京大人文研のアルチュセールは決して、〈68年〉当時の「革命的状況」を後押しし、それに参画するようなものではなかった。まったく逆に、その「革命的状況」とは一線を画し、疎外論的・人間主義的マルクス主義の立場から出発して一気呵成に武装闘争に突入してゆく同時代の「過激派」から批判的に距離をとるためにこそ、アルチュセールは持ち出されたのです。「重層的決定」は、労働者本隊論の観点からは軽視されるほかない学生・大衆運動を支持するためにではなく、歴史の発展段階の重層性・漸進性を強調するために（河野）、あるいは革命的状況を規定する社会的諸条件の見通しの悪さを強調するために（阪上）こそ取り上げら

＊35　阪上前掲「アルチュセールのイデオロギー論（Ⅰ）」四〇頁。
＊36　阪上孝「アルチュセールのイデオロギー論（Ⅱ）」『人文学報』三六号、一九七三年三月、一八六頁。
＊37　阪上孝「アルチュセールの理論的軌跡」、ルイ・アルチュセール『科学者のための哲学講義』西川長夫・阪上孝・塩沢由典訳、福村出版、一九七七年、一八七頁。

れた。そのとき、「イデオロギー批判」のさしあたっての標的とされたのは、支配階級の思想であるよりもむしろ、武装闘争を呼号する新左翼の疎外論・人間主義であり、あくまで主観主義的かつ「ドン・キホーテ的」な政治路線でした。

私はここで、河野さんや阪上さんが同時代の「過激派」に対して示したこの批判的・否定的反応をそれとして退けるつもりはありません。私自身、同時代に赤軍派の怒号を傍らで聞いていたら、ウンザリしたかもしれない。ただし、河野さんや阪上さんがそれをアルチュセールの「科学」や「理論」に依拠してなそうとしたことには、ある種、「世代的」ともいえる距離を感じます。河野さんや阪上さんは明確に、マルクス主義の「科学」や「理論」こそが、革命的実践を導くべきであり、導きうるのだと考えていました。しかし、いったい革命的実践が、前もって存在する「科学」や「理論」によって基礎づけられるなどといったことがありうるのだろうか。そんなことがあるとすれば、それはまさに「革命」の断絶を、あらかじめ存在する原因の帰結として連続性のもとに回収してしまうことにならないだろうか。

そもそも、「科学」や「理論」の旗を掲げてマルクス主義政治に介入しようとしたアルチュセール自身が、「科学」や「理論」があらかじめ実践の真理の保証となるようなメタ言語としては存在しえないことを、身を以て示してはいなかっただろうか。なるほど、『マルクスのために』と『資本論を読む』の頃のアルチュセールは、自身がのちに自己批判の対象とするような「理論偏重主義」的傾向を示していました。けれどもその最中でさえ、アルチュセールは、マルクスが古典経済学に適用した「徴候的読解」をマルクス自身のテクストに適用することによって、「マルクスの哲学」を抽出し、マルクス主義の「科学性」の由来を問おうとしていた。マルクスがそれ自体としては「科学」や「理論」の真理性・客観性を保証してくれないこと、マルクスのテクストがけっして真理性を保証する「メタ言語」として読まれてはならないことは、アルチュセールにとっては出発点をなす大前提だったといえます。だからこそ、アルチュセールの「理論」的介入は即座に共産党内部での「実践」的な政治的介入でもありえたのだし、まただからこそ、アルチュセール自身、その後の自己批判を通じて、「哲学」を「理論における階級闘争」と位置づけ、常なるイデオロギー批判の継続を呼びかけたのだったはずです。マルクス主義者を含め、誰もイデオロギーから一人で覚めていると思いなすことなどできないし、あらかじめなにものもイデオロギーの外に「科学」的、「理論」的立場を確保してくれはしない――アルチュセールはこの認識において、たしかに〈68年〉と出会っていたのではないでしょうか。そして、もはやなにものをも「最終審級」とみなして安心することのできない空間の内部に身を置きつつあったのではないでしょうか。

そのように考える時、河野さんはもちろん、阪上さんさえ、アルチュセールが抱えようとしていたその困難、〈ポスト68年〉のその困難からは遠かった、という印象を受けます。むろんこれは、マルクス主義の「科学性」や「理論」によって政治的実践を導きうるなどと一度も考えたことがない、後から来た者の勝手な言い草かもしれません。その後から来た者に固有の「理論」的な限界を示すもの、といってもかまいません。しかし、河野さんにせよ、阪上さんにせよ、マルクス主義に忠実に、歴史と政治の「客観性」を理解せねばならないという衝迫に突き動かされていたからこそ、彼らのアルチュセール読解がアルチュセールと出会い損ね、また〈68年〉とすれ違わざるをえなかったこともたしかに思われます。その河野さんや阪上さんの「科学的」・「理論的」なある種の前衛主義はまた、京大人文研という、桑原時代以来、学界と論壇をつなぐオピニオン・リーダー的役割を長く期待され続けてきた制度的場所が、それなしでやって行けないような立場であったかもしれません。

いずれにせよ、〈68年〉前後を境に、同時代の新左翼政治との緊張関係を失った日本のアルチュセールは、ただちに「フランス現代思想」受容の枠内に囲い込まれていきました。早くも七五年には、今村仁司(一九四二〜二〇〇七年)が、日本初のアルチュセール研究書『歴史と認識』で、このマルクス主義哲学者を、バシュラール、カンギレーム、フーコーと連なる「フランス科学認識論」の系譜のなかに位置づけ、「歴史の科学」や「社会科学」の認識論的基礎づけを行った哲学者として評価しています。同時にアルチュセールは、ラカン、レヴィ＝ストロース、バルト、フーコーらの現代構造主義者の一員として、同時代の人文・社会科学の動向に呼応しつつ、マルクス主義に理論的刷新をもたらした理論家として賞賛される。その際、今村さんがなおアルチュセールに「政治性」を認めようとするにしても、その「政治性」は、もはや河野さんや阪上さんのアルチュセール読解がもっていたような大学の外の新左翼運動との緊張関係を失った、あくまでも理論や言説の領域内部のものにすぎません。まさにこの点で、今村さんの仕事は七〇年代以降、大学に一つの拠り所を求めた新左翼知識人たちの仕事の先駆であり、典型であったように私には思えます。

ただしそれも、マルクス主義の「科学」や「理論」が政治的実践を教導するといった信奉がもはや完全に過去のものとなってしまった〈ポスト68年〉的地平における現象であったにはちがいない。八〇年代以降、その地平からはまたあらためて、私がここで語った「京大人文研のアルチュセール」の末裔として、理論・言説の次元に定位するあくなき「逃走」＝「闘争」（浅田彰）や、「理論」と「実践」の「連結」としての「革命的状況」についての思考（市田良彦）も生まれることになりますが、それは〈68年〉からは随分と時間が経って、しかも――不幸なことに――、京大人文研からは遠く離れて、のことでした。その〈ポスト68年〉の後日談については別の機会に立ち返ることを期して、私の話をとりあえず締めくくります。

IX

偶像の曙光
――イギリス「新左翼」についての小論

布施 哲

1 セレブ大統領

〝リベラル左派〟への、右翼からではなく古典的、尖鋭的左翼からの攻撃は、その当否は措くとして、どうやらすっかり時流に乗っているようだ。世界中の大方のメディアや評論家たちが予想もしていなければ望んでもいなかったドナルド・トランプの大統領就任からほどなくして、ペリー・アンダーソンもまた、オバマ前大統領の執政を振り返る論考をまとめたが、それは、オバマや民主党に個人的な怨恨でもあるのかと思わず訝らせるほどに辛辣なものであった。地球温暖化問題では、二酸化炭素の排出量取引に関する法案を議会で通すことができず、移民問題では歴代大統領で最高水準にあたる二〇〇万人を優に超す不法移民の国外退去を実施、人種間の経済的格差も一向に縮まることはなく、アフリカ系住民は白人中間層の一三分の一ほどの所得しか得られない状況が放置された。「〝ブラック・ライブス・マター（Black Lives Matter：黒人たちの命こそが問題なのだ）〟運動は、ホワイトハウスからのしみったれた同情以上の何かを受け取ることができたのだろうか」[*1]とアンダーソンは憤りをあらわにした。他方、外交・軍事面でも、九・一一全米同時多発テロ事件以来続くイラク、アフガニスタンへの軍駐留は延長され、とりわけアフガニスタンにおける軍の規模は三倍にまで増強された。パキスタンやソマリアでは無人機を用いた容赦ない爆撃により一般市民が多数死傷、さらにリビア・カダフィ体制の転覆、シリア、サウジアラビア、カタール、イエメンへの冷淡な〝死の商人〟ぶりにいたっては、彼の「馴染みの客引きであったニューヨークタイムズさえをも尻込みさせた」[*2]。プラハでの希望に満ちた約束のゆえにノーベル平和賞まで受賞した核軍縮案件でさえ、実際の削減量はブッシュ父子やクリントンよりもはるかに見劣りするという有様であった。「総じて」とアンダーソンは総括する、

オバマ政権の手腕は、レーガン以来、最もアメリカの大統領らしいものであるようだ。国内では然《さ》して代わり映えするものがなく、国外では帝国の責務を全うすべく邁進していた——実際のところ、ほとんどが従来どおり、新自由主義的資本主義と軍事外交的拡張主義の受託管理業務である。[*3]

こうした政治的無能は、彼の容姿が醸し出すあやしいカリスマによってしばらくのあいだ覆い隠されていた、とアンダーソンはいう。ホワイトハウスの主《あるじ》の肌の色が米国史上はじめて〝チェンジ〟した衝撃にくわえ、細身で物腰が柔らかい彼の外見は、粗暴な類人猿のような前任者にうんざりしていた有権者を、一定期間、虜にすることができたというわけだ。その後の成り行きは周知のとおりであり、国内外での相次ぐ失政が有権者の疑念と不満を徐々に鬱積させ、中間選挙での敗北と議会における民主党の大幅な議席減などを招くにいたった。ところが、本来であれば手痛い大失態であるはずのそれら一連の躓きは、彼の行動パターンに変化をもたらすことはなかった。有権者にかけられた魔法がかなりの衰えを見せた後も、オバマは大統領としての職責から切り離された自身の個人的な魅力を「無傷のままにすべく、批判にさらされかねない記者会見を避け、代わりに、ぺこぺことへつ

らうトークショーの司会者たちとの歓談や〔……〕国家行事でポップチャートのスターたちに囲まれることの方を好んだのであった」[*4]。オバマのやることなすことのすべてが気に入らないといった具合のアンダーソンは、皮肉と軽蔑の念を込めて、彼を「セレブリティ大統領[*5]」と呼んだ。

たしかにオバマ政権の数々の失敗に関しては、アンダーソンの糾弾を待つまでもなく多くの指摘するところであり、とりわけ個別政策面での批判については妥当なものが少なくない。しかし、そこにまったく救いがなかったわけではもちろんない。たとえば「オバマケア」と呼ばれた医療制度改革の場合、原資を調達するための増税が没落の一途をたどる中間層にとって短期的にさらなる痛手となることは確実であるとはいえ、ちょっとした医療処置さえ施せば助かる数多の命と目先の経済的損失とを天秤にかけることはできない、とする国家元首の判断や大局的展望が間違っていたとはいえない。核軍縮に関しては、前任者たちによる一定数の削減に続いてなお、以後も削減される個体数が累乗的に増え続けることを期待するのは、国際情勢との絡みを考慮に入れればなおのこと、いささか酷な話ではあったろう。むしろ、広島への訪問（核）や、インド、中国に対するパリ協定への批准要請（環境）、ドット・フランク法の制定（金融）など、それまで不可侵、もしくは甚だ介入が困難とされてきた領域に手をつけたことの意義はけっして軽視されるべきものではなく、それらはいずれも、彼が象徴的な〝セ

＊1 Perry Anderson, "Passing the Baton", *New Left Review* 103, 2017, p. 45. "Black Lives Matter" は、二〇一三年に黒人の高校生が警官に射殺された事件をきっかけに全米に広がった反黒人差別運動である。
＊2 *Ibid.*, p. 47.
＊3 *Ibid.*, p. 49.
＊4 *Ibid.*, p. 50.
＊5 *Ibid.*, p. 49.

レブ〟であったからこそ成し得たといえなくもない。

オバマがかつて掲げた政治的理念、そしてもとより彼の大統領就任自体には解放的な側面がたしかにあった、少なくとも有権者たちはそのように受けとめていた、という事実に、アンダーソンはほとんど政治的価値を認めていないように見える。彼のそうした姿勢は、しかし、長年の *New Left Review*（以下NLRと略記）の読者であれば、それほど驚くべきものであるとは考えないかもしれない。それは実際のところ、一九六二年に彼がNLRの編集主幹に着任した頃から良くも悪くもなんら変わっていない。〝良くも〟というのは、彼の政治的、理論的構えが半世紀以上を経ていささかもぶれることなく、現状に対してしばしば非常に鋭利な批判的洞察を可能にしているからであり、〝悪くも〟というのは、まさにその構えが、標的に据えられたものを完膚なきまでにこき下ろすあまり、時として熟考に値するものまでもかなぐり捨てさせているように思われるからである。

引き続き、同じ論考からアンダーソンのオバマ評の一部を採りあげてみよう。それはオバマのLGBT政策に関する彼の酷評である。そこでアンダーソンが毒づいたのは、社会的諸権利をめぐる当事者たちの主張そのものではなく、LGBTの活動家を支援すべく彼／彼女らをホワイトハウスに招いたオバマの思惑と、そして彼／彼女らを取り巻く外部状況に対してであった。

ホワイトハウスは虹色でいっぱいに照らされ、歴史的進展について大いに語られた。人口に占める割合はとても小規模だが、おおむねとても金持ちの少数派のために、そして、（同様にオランドやキャメロンを見ればわかるが）経済的にも社会的にもコストがかからず、誰も損することのない大義のもとで、である。[*6]

まるでリベラル左翼の欺瞞を罵る右翼ポピュリストのような論調だ。アンダーソンはここで、いわば真の〈大義〉が「誰も損することのない大義」にすり替えられていると主張している。右翼ポピュリストにとってその

〈大義〉とは国家や〝国益〟だが、アンダーソンにとってそれは社会主義であり、第一義的には経済的平等である。

LGBTのコミュニティは全人口の約三・八%、アフリカ系アメリカ人は一三・二%と推計される。LGBTの億万長者は一九人いるが、アフリカ系アメリカ人ではただ一人——オプラ・ウィンフリーのみだ。[*7]

セクシュアリティは人間の生き方の核となる部分のひとつであり、多数者、少数者の別なく、道徳的、倫理的、法的等あらゆる観点から最大限に尊重され、その自由は保障されねばならない、というリベラルデモクラシーの〝政治的正しさ〟にアンダーソンは賛意を示すことをためらわない。しかし、そこでの彼の真の関心事は、セクシュアリティを含めた生き方の多様性それ自体ではなく、少数者が被る不平等、不公正、諸々の抑圧的実態、そしてなかんずくそれらの告発の方であった。つまり、多様性の肯定というよりは、その抑圧の否定に彼は肩入れをする。したがって、意図的であるか否かにかかわらず、その少数者が社会主義の〈大義〉に仇なす側に近接しているのであれば、彼／彼女らの諸権利の要求と、そして何より、途方もない経済的格差の問題を棚上げにしたまま彼／彼女らを擁護することで殊更に寛容さを前面に押し出そうとする為政者たちの身振りは、〝多様性〟を食い物にして肥えてゆく消費文化の、つまりはグローバル資本主義の片棒を担ぐことと同義となるのである。こうした批判的立ち位置は、いまとなっては尖鋭的左翼がリベラル左翼や文化左翼を論難する際の紋切り型となっている感もあるが、筋金入りのトロツキストにしてイギリス「新左翼」——労働運動を主体とした古典的イギリ

＊6　*Ibid.*, p. 46.
＊7　*Ibid.*, p. 46, n9.

ス左翼との差別化を図るべく自らをそのように称していた――の大御所たるアンダーソンは、これを初期NLRの時代からずっと維持してきたのであった。

たとえば、一九七九年のサッチャー政権誕生による新自由主義の隆盛に危機感を覚えたNLR周辺の「新左翼」陣営は、戦後のイギリスにおいては反核運動と並んで最も大きく、かつ最も尖鋭的でもあったフェミニズム運動との連携を本格的に模索し始めていた。その際、フェミニスト側はNLR編集部の半数を女性にすることやNLRを〝マルクス主義的フェミニズム雑誌〟と位置づけることなどの過激な要求を提示したが、アンダーソン率いるNLR編集部は資本主義打倒の〈大義〉をあくまで唯一の旗印とすることを譲らず、ほかならぬ左翼陣営内部に性差と経済の不平等があるかぎり連帯は不可とする彼女らの主張と折り合いをつけることを拒んだといわれている。[*8] 政治理論家のトム・ネアンとともに古くからアンダーソンの〝盟友〟であったラルフ・ミリバンド――二〇一〇年から二〇一五年までのあいだ、第二三代労働党党首を務めたエドワード・ミリバンドの父親である――の考えは、その理由を簡潔に言い表している。

女性労働者や黒人労働者、あるいはゲイの労働者たちが、自らの存在の最深部・核に関し女性として、黒人として、ゲイとして自身を定義づけ、かつそのように自己定義されたものとして搾取や差別、そして抑圧を経験している、というのはあり得る話である。彼／彼女らがそのように感じとっているという事実は最大限に重視すべき事柄ではあるが、しかしだからといって、そのことが現実〔reality〕を正確に表象しているのだ、などと解釈することはできない。〔……〕ジェンダーに階級を対置して、ジェンダーや人種、あるいは何でもよいが他のものをもってきて、それをもって〝社会的存在〟を定義づける基準に仕立て上げ、階級という事実を無視したり見くびったりするのは、労働者階級内に存在する分断を深めるのに一役買ってしまうことになるのである。[*9]

アンダーソンならびに彼と〈大義〉を共有する者たちからすれば、「セレブリティ大統領」は局所的な闘争を飼い馴らすことで大局を忘却させる、最も質《たち》の悪いイデオローグということになる。活動家たちをホワイトハウスに招く政治的身振りは、たしかに少数者の社会的地位向上にはつながるかもしれないが、〝階級〟と呼ばれるあの社会的亀裂を修復することにはつながらない。同性愛のCEOが増えたところで貧困は消えない。歪《いびつ》なルールに守られた社会の在り方が間違っている傍らで、どうしてその社会への〝自由〟で〝平等〟な進出・参画やら、その社会からの承認やらを手放しで祝福することができようか——。

アンダーソンの〝多様性〟擁護批判は、当然ながら、ジェンダーやセクシュアリティの問題にかぎったものではない。たとえば移民問題でも、彼はEUに向けて同様の論理でもって批判的な姿勢を示しているが、意図や目的とされるものはまったく異なるにせよ、そこでの論調は結果的に、やはりどことなく右翼ポピュリストたちの〝排外主義〟を一瞬想起させるかもしれない。

> 文化的多元主義は〔……〕ヨーロッパで機能的な変化を遂げたのだ。文化の意味が習俗から信仰体系へと横滑りしたことにともない、文化的多元主義は主に間‐民族的〔inter-ethnic〕というより間‐信仰的〔confessional：告解的〕な諸価値をめぐる教義となったのである。こうした動きが内包する後退〔regression〕について強調されるべきことはほとんどない。急進的で社会主義的な運動に関してはいうに及ばず、〈啓蒙〉が超自然的な信仰を消し去ってくれるものと期待されていたヨーロッパで、当局やリベラル左翼の意見は、いまやその拡大を寿《ことほ》ぐようになった。それはあたかも、より多くの宗教があればより良い、とでもいわんば

＊8　Duncan Thompson, *Pessimism of the Intellect? — A history of New Left Review*, Merlin Press, 2007, p. 126.

＊9　Ralph Miliband, "The New Revisionism in Britain", pp. 9-10, *New Left Review* I/150, Mar-Apr, 1985.

かりである。[*10]

アンダーソンは文化的多元主義、とりわけリベラル左翼によるイスラム教排斥批判や宗教的寛容が「後退」であるという。彼自身の「教義」によれば、国家も宗教も、共同性の在り方としては原理的には克服されねばならず、したがって宗教的コミュニティの保存を前提とする彼らの「多元主義」は、それがどれほど慎ましやかなものであっても、ある種の前近代的、前啓蒙的な〝本質主義〟を捨てていないとアンダーソンの目には映るからである。他方、右翼ポピュリストはそれを国家にわざわざ危機を招き入れる偽善的で亡国的な「イデオロギー」として非難する。あるいは中道右派であれば、宗教を最優先する集団を近代国家の内部に囲うのは、あくまで人道主義的な理由からであって、それはすべからく限定的かつ例外的な事例としてのみ処理されるべきである、などというかもしれない。いずれにせよ、より大きな枠組みであると信じるそれぞれの〈大義〉を掲げて、左右両極が奇しくも同じ標的を攻撃するのである。両者にとってはセクシュアリティも移民問題も各論に過ぎない。〝ナショナル〟なものへの後退か、それとも宗教的価値の実体化への後退か——どちらかを選択することが期待されているとき、アンダーソンであればどちらの選択もしないだろう。しかし、有権者たちが前者の「後退」を後退であるとみなすことが稀《まれ》であるように、彼らがどちらも選択しないという選択をするのは稀である。

2　政治と理論

イギリスの左翼思想史において、アンダーソンらかつての「新左翼」が〈大義〉にこだわったのには理由があった。一八世紀にはすでに大規模工業化の道をたどっていたイギリスは、どこよりも早く労働問題を顕在化させ、したがって、どこよりも早く本格的な労働運動を経験していたがゆえに、左翼思想はつねに労働者の救済を唯一かつ代替不能な目標として掲げ続けてきた。散発的ではあるが一九世紀初頭から近代的な労働組合はすでに形成されており、のちにマルクス主義者たちが〝階級意識〟などと呼んだものを労働者たちは早くから持ち合わせていた。それらは、しかし——当然ながら、というべきか——、現実の過酷な労働環境への応答であって、日々の安定した糧とそれを得る手段の保証を要求する以上のものではなく、抽象的な革命の〈大義〉からはいまだ程遠いままであった。「いまだ」とはいうものの、こうした〝組合主義〟や〝労働者主義〟こそが、現在にいたるまで「社会を総体として理解する試み」[*11]である社会科学の理論的蓄積を妨げている、とアンダーソンは主張していた。アンダーソンがNLRの初代編集主幹であったスチュアート・ホールやエドワード・トムスンらと袂を分かった理由もここにある。後者は労働運動を含む民衆の歴史的経験や文化的経験から革命の萌芽を見出しつつ、それをマルクスの理論と接合させようとしたが、前者はそうした局所的、土着的経験への肯定的参照を似非経験主義と呼んで突き放した。アンダーソンにとって、マルクス主義理論がイギリスの地にほとんど根づかなかったという事実、ただその事実のみが、否定的に参照され得る苦い〝経験〟であったのだ。

イギリスには、実際、〝弱く〟〝底の浅い〟マルクス主義の伝統しかなく、二〇世紀になって、ただ一人の主要なマルクス主義思想家をも輩出していない。さらには、マルクス主義が相異なるいくつもの変形をともないつつ、数多の作家や学者たちにとって標準的な知的総意の一部をなすという意味では、イギリスにそうしたマルクス主義の文化があったためしもない。[*12]

＊一〇　Perry Anderson, *The New Old World*, Verso, 2011, p. 530.

＊一一　Perry Anderson, "Socialism and Pseudo-Empiricism", *New Left Review* I/35, 1966, p. 22.

「〝ブリティッシュ〟マルキシズムなどというものがあるだろうか――われわれは躊躇なくジャーマン、イタリアン、あるいはフレンチ・マルキシズムについて語ることができるというのに」[*13]。アンダーソンはオバマのLGBT擁護に階級意識や階級間格差の蔵匿を嗅ぎつけてこれを攻撃したが、それは母国イギリスにおける「マルクス主義文化」の不在に対する彼の苛立ちと相似形をなしていた。真の〈大義〉へと収斂されない〝変化《チェンジ》〟の要求が大枠での現状追認以上のものになり得ないのは、労働党が革命政党ではあり得ないのと同じであるというわけだ。

むろん、イギリスにおいて労働者や彼らの指導者たちが目先のパンを得るためだけの闘争に終始していたわけではないことを確認するのに、労働運動史の分厚い研究書を熟読する必要などない。イギリス社会主義――〝マルクス主義〟ではないにせよ――の嚆矢となったロバート・オーウェンを思い起こせば十分だろう。自身の工場を従業員のための協同組合として再組織化、私財を投げ擲ってアメリカに渡り「ニュー・ハーモニーヴィレッジ」なる理想郷を建設、帰国後も本国や周辺国で続けられた労働者・児童向け教育実践、各種組合の統合と再組織化、児童労働禁止に関する法整備支援等々、ミュール紡績機の開発などで起業家としての才能を開花させて資本家にまでのぼりつめたオーウェンのプロジェクトは、通常意味される〝慈善〟や〝ユートピア〟――ところで、エンゲルスがオーウェンやサン゠シモンを評して使った〝空想的社会主義〟は、彼らを嘲るためのものではまったくなかった――とは一線を画する現実の制度的遺産を、連合王国のみならず世界中に定着させる道筋を確実につけた。それでもアンダーソンは、初期プロレタリアートがオーウェンのような人物によって主導されたことが「悲劇」であったという。

最初期のプロレタリアートにとって悲劇であったのは、しばしばいわれてきたような、それが未成熟〔immature〕であったことにあるのではない。むしろ致命的な意味において、プロレタリアートが早産

〔*premature*〕であったということが悲劇的だったのだ。その熱狂と叛乱が最高潮に達していたとき、ひとつの構造化されたイデオロギーである社会主義の利用可能性は折しも最低の状態であった。その結果、（イギリスの）プロレタリアートは先駆者としての代償を支払うことになった。単純な技術的‐教育的理由から、一九世紀社会主義思想の発展は、圧倒的に多くの場合において、非労働者階級の知識人たちによって担われていたのだ（オーウェンのユートピア的社会主義などは、もちろん、まさにこれであった）。かくして、あらゆる場面で、社会主義思想は外部からプロレタリアートのもとにやってきたのである。[*14]

『資本論』の英訳版が世に出たのは、ドイツ語の初版から遅れること二〇年、オーウェンの死後三〇年近くを経た一八八七年であった。もしもオーウェンが『資本論』や『グルントリッセ』を手に、その内容を労働者に嚙み砕いて聴かせることができたなら、彼は首尾よく社会主義の〈大義〉を労働者たちに刷り込んで彼らを組織化し得ただろうか──アンダーソンの答えは明確に〝否〟であった。なぜなら、オーウェンは成功した起業家であって、「外部」からやってきた「非労働者」だからである。マルクスの理論とそこで分節化された〝鉄の法則〟がなければ、それがどれほど現実的な諸成果をもたらそうとも、あらゆる社会主義の萌芽は浮ついた「ユートピア」の烙印を押され、それを支援しようとする「知識人たち」の諸言説はけっしてプロレタリアートの階級意識

＊12　*Ibid*. p. 26. 同論文はトムスンとの有名な論争の渦中で書かれていた。より詳しくは、拙稿「勝敗の彼岸──戦後イギリス「新左翼」の一断片を小さな鏡として」（『〈ポスト68年〉と私たち「現代思想と政治」の現在』所収、市田良彦・王寺賢太編、平凡社、二〇一七年）を参照されたい。

＊13　*Ibid*. p. 25.

＊14　Perry Anderson, "Origins of the Present Crisis", *New Left Review* I/23, 1964, p. 8.

をいま以上に尖鋭化させることのない高言、衒学、知的意匠にすぎないということになる。一方でイギリスが「ただ一人の主要なマルクス主義思想家をも輩出していない」ことを嘆きながら、他方で「思想家＝非労働者」をプロレタリアートの「外部」に位置づけるこうした傾向は、アンダーソンと彼が主導する第一期NLRには顕著に見られるものである。彼の論敵であったトムスンが〝理論〟なき労働運動を過小評価しがちなNLRに対して「輸入代理店」と呼んで揶揄したのも、それが硬直した理論的枠組みに収まらない諸々の運動や出来事群を軽視する割には、大陸という「外部」から「やってきた」新手の諸理論を次々に消費してはそれらの妥当性を早々に見限ってきたこと――トムスンにはそのように映っていた――への批判を含んでいたのであった。[*15] 諸理論の可能性を、それが根づくより先に流産させ続けているのは、ほかならぬ「輸入代理店」なのではないか、ということである。

古典的マルクス主義の〝継承〟と銘打たれる〝新・新左翼〟に対しては、もはやいわずもがなのことであった。アンダーソンは、たとえば、八〇年代半ばに「ポストマルクス主義」などとも呼ばれるようになっていたエルネスト・ラクラウのヘゲモニー論を歯牙にもかけぬ様子であったが、反人種差別運動や同性愛擁護運動等々に従事するとりどりの活動家たちからラクラウが注目を集めだすと、アンダーソンを代弁するかのように、〝旧・新左翼〟たちは論駁をはじめた。やはり先に触れたミリバンドの見解が最も率直なものだろう。

伝統的な産業部門の衰退と、さらにおびただしさを増したホワイトカラーや流通、サービス、技術諸部門の膨張にともない、近年、労働者階級が加速化された再編成過程を経験してきているというのはまったく確かなことである。(しかし)そうした現象には特に目あたらしいものなどないのだ。ある形態のものであれ別のものであれ、とりわけ二〇世紀において最も顕著なことだが、労働者階級の巨大な部分を占めていた農作業従事者のまさに劇的な消滅を経て、それは資本主義の歴史を通じて進展してきたことなのである。しかしいずれの場合であっても、労働者階級の再編成と、それがひとつの階級として消滅することとは、いかなる意味においても同義ではない。[*16]

これは活動の担い手が多様化したことを強調するラクラウ——彼の英国定住を支援したエリック・ホブズボームや〝アソシエティヴ・デモクラシー〟のポール・ハーストらもそこでは標的にされていたが——への反論である。しかし、ラクラウ自身は「階級」という概念を捨て去っていたわけではない。彼は、九〇年代初頭まで互いにとっての最大の理解者でもあったスラヴォイ・ジジェクとともに、階級概念を「亀裂（fissure）」として、つまり、それを絶え間なく補填しようとすることで社会がひとつの完結した空間として成立しているかのように見える〝不在の中心〟として、あらためて捉え直していた。そうした試みの賭け金となっていたのは、しかし、階級概念の「消滅」ではなく、むしろ階級闘争論の幅を広げることであった。経済は確かに基底的な条件ではあるが、分析の俎上にのせるべきは、経済的な収奪と搾取によって鬱滞した人々／人民の不満がどのように噴出するのか、それがどのような〝症候〟となって発現するかである。すなわち、重要なのは基底ではなく表面、深層ではなく表層なのだ——。理屈だけ採りあげれば、いまでは使い古された感じさえするこの〝ポスト階級闘争論〟を、ミリバンドは「新・修正主義」と断じた。

新・修正主義にあっては〔……〕狭量な草の根の地域主義〔grassroots localism〕が導かれてきたのだが、それはちょうどレイモンド・ウィリアムズが「武闘派的個別主義〔militant particularism〕」と呼んだものと同類で

＊15　前掲拙稿「勝敗の彼岸」、とりわけ第三章を参照されたい。

＊16　Miliband, "The New Revisionism in Britain", *op. cit.*, p.9.

あって、個別性を超越するあらゆるものを極端に疑う立場だ。これはしばしば左翼を侵してきた集権主義的傾向の対応物である。しかし草の根の地域主義は変形態でもあり、集権主義より魅力的ではあるものの、高度に集中化した権力システムに効果的に対抗することはできない。〔……〕「ひとつの地域性における社会主義」は、社会主義者たちが介入を迫られる国政の代替物ではまったくないのである。[*17]

この論考がNLRに掲載されたとき、ラクラウはシャンタル・ムフとの共著[*18]を上梓する直前であったが、二人はそれ以前にもすでに「個別性を超越する」と称されてきた古典的マルクス主義の経済決定論、基底還元主義批判を他の雑誌で展開していたこともあって[*19]、ミリバンドはそうした批判への再反論をおこなったのである。しかしそこでは、個別的目的も大義もそれぞれに異なる「草の根の地域主義」同士の合従連衡をめぐるラクラウ＝ムフの考察――二人の主たる関心事はまさにそこにあった――がほぼ等閑視されていた。局所的な諸々の「草の根地域主義」が共闘へと舵を切るいかなる必然性をも欠いたまま、しかしどうしたわけか互いに接合して巨大な覇権的ブロックを形成してしまうという政治的現実についての考察である。この点に関するラクラウの基本的認識は、すべてアルゼンチンでのポピュリズム、否、〝ボナパルティズム〟に由来していた。広大な土地を占有する少数の大規模地主たちによる事実上の〝連邦制〟もしくは寡頭制を支持する既得権受益者層や伝統主義者たち、そうした遺制を排除して〝普通の国家〟を目指すナショナリスト、そして共産主義者たちまでもが無節操に連帯と離反を繰り返していた二〇世紀初頭のアルゼンチンの政治状況に、当時、まさに階級闘争論を奉ずる活動家であったラクラウは、ある種の落胆と驚きの念を抱きつつ身を置いていた。彼をとりわけ失望させたのは、〝プロレタリア革命を成就させる準備段階としてのブルジョア革命完遂〟を名目に、共産主義者たちが大量の農産物の輸出で蓄財する親ヨーロッパ的〝自由主義者〟、そしてナショナリストや教会勢力等の〝反動的〟諸力とさえ積極的に手を結んでいたという事実であった。[*20]ブエノスアイレスの街中に溢れかえる浮浪者たちや実質的な奴隷状態にあって極端な貧困にあえいでいる小作農たちを横目に、当人たちは必要な高等戦術を採っているつもりでいたが、ラクラウにしてみれば、それは腹立たしい羊頭狗肉、〝インテリ〟たちのきわめて悪質な狡知――とりわけ現状追認のための――以上のものではなかった。そこでは共産主義者たちの政治的言語は現実からあまりに乖離していただけでなく、いかなる種類の解放的イメージを喚起するものでも、また、将来の約束を〝人民〟に果たすべく提示されたものでもなかった。

ラクラウを心底驚かせたのは、しかし、同種の空疎な政治的言語を、まさにその空疎さのゆえに、すべてを包み込む巨大な風呂敷のように駆使して魑魅魍魎を統合、ついにはクーデターを成し遂げてしまったアルゼンチンの〝ボナパルト〟、ファン・ペロンの登場であった。いったい、なにゆえ教権主義的（clerical）な反自由主義者たちがペロンの登場を契機に親ヨーロッパ的グローバル資本主義者たちと手を結ぶようになったのか。なにゆえ「最も貧しい者たちをも資本主義の抑圧から守るために、より高い生活水準を希求する」[*21]などという言辞を、当の資本家たちまでもが歓喜して受け入れるようになったのか。ペロンは「民主主義」という語を頻繁に用いたが、この「民主主義」こそが彼の大風呂敷に付与された名前であり、無原則、無節操な諸力の不可解な接合、連帯、団結を可能にした呪文である、とラクラウは診断した。無内容な「民主主義」はひとりのカリスマ的軍人と彼の

＊17　*Ibid.* p. 24.
＊18　Ernesto Laclau and Chantal Mouffe, *Hegemony and Socialist Strategy: Towards a Radical Democratic Politics*, Verso, 1985.
＊19　Ernesto Laclau and Chantal Mouffe, "Socialist Strategy: Where Next?", *Marxism Today*, January 1981.
＊20　こうした当時のアルゼンチンの国情ならびにラクラウの分析については、彼の *Politics and Ideology in Marxist Theory: Capitalism, Fascism, Populism* (Verso, 1977) を参照されたい。
＊21　ペロン自身による演説の一節。ラクラウの *Politics and Ideology* (p. 189) から引用。

美しい妻エビータによって魔法の言葉に化けたのだ。

その後のラクラウの理論的展開の是非は措くとして、彼の胸に焼きついた政治的光景は、政治の舞台でつねに起こっている不条理と場当たり的連帯、そして暴力にまみれたものであり、それは優れた観察者たち——非常にしばしば、内省を重ねて哀れなほどに神経を研ぎ澄ませてきた哲学者たちだ——がはるか昔から延々と真向かってきたものでもあった。ラクラウの記述と観察は、しかし、アンダーソンやネアンにとって、むろんミリバンドにとっても、けっして想像力を刺激するものではなかったようだ。彼らはいずれも、「浮遊するシニフィアン」やら「結節点」やら、あるいは「言説」やらの〝流行語〟——彼らの目にはそのように映っていた——にばかり気をとられ、即座に目につくそれら着色部分に舌なめずりしてはその安っぽい味をあげつらい、最も栄養価の高い部分を切り捨てていたかのようであった。

3 〈68年〉

先述のとおり、因習的な組合主義、労働者主義を蔑視していた初期NLR周辺の「新左翼」知識人たちが、実際の労働運動に参画したり、あるいは特定の運動を支援すべく大々的なキャンペーンをおこなったりすることはなかった。大所高所に立った「理論家」としての矜持もあってか、彼らはいわば高踏派然とした姿勢を貫いていたのである。六四年の総選挙で労働党のハロルド・ウィルソンが首相に就任した前後こそ、労働党ならびに組合と「新左翼」との距離はいくぶん縮まり、労働党員がNLRに寄稿することもあったが、その後、おおむね両者のあいだには疎遠な状態が続いた。たとえばイギリス史上最大規模ともいわれるヨークシャーの炭鉱労働者による蜂起以降、七〇年代前半、毎年のように各地で起こった大規模なデモやストライキも、それらがNLR誌上で話題として採りあげられることはなかった。既存の経済システムを前提とした労働環境の改善や賃上げ要求には革命の潜在性がない、という判断は依然として変わらなかったのである。しかし、NLRが唯一、大きく特集を組んで賛辞を惜しまなかった出来事があった。〈68年〉の〈出来事〉だ。〈五月革命〉は、自国でいわば〝栄誉ある孤立〟を保っていた彼らに、革命は確かに起こるという信念と、そして知識人の役割についての確信をあらたにさせた。

〈五月革命〉は完全に予期せぬ新しいものであり、西欧の慣習的「現実」を打ち砕いたのであるが、その〈革命〉がまとった諸形式は古典的なものであったということを忘れるべきではない。叛乱の可能性が確かなものとなるや否や、〈革命〉の筋書きは正統派的なものとなって、過去の経験を繰り返したのである。部分的には、おそらく、〈五月革命〉のこの古典性は、まさにその新しさゆえのものである。〔……〕二〇世紀後半以後ずっと、共産主義運動はそれ自身の外部にあるマルクス主義や諸々の革命的組織を破壊するためのあらゆる取り組みをしてきた。〈1968年5月〉は、抑圧されたものの回帰をみたのだ。〈ボリシェヴィキ革命〉の過去は、その過去を完膚なきまでに抑えこみ、当のロシアにあって記憶を欠いた社会に重篤な病を生み出している法定相続人たちに対して、復讐をなしたのである。学生運動内部でフランス共産党はいかなる指導的役割をも果たすことができず、マルクス主義思想の全領域や毛沢東主義者、トロツキー主義者、情況主義者といった、マルクス主義の外郭思想、無政府主義思想さえをも代表する他の諸潮流や組織へと指導者性は移行したのである。[*22]

＊22　New Left Review, "Introduction to Special Issue on France May 1968", *New Left Review* I/52, 1968, pp. 5-6.

〈革命〉がドーバー海峡を越えてイギリスに飛び火すると、オックスフォードやロンドン大学などで学生が蜂起、NLRの知識人たちも珍しく〝還俗〟して活動に加わった。ネアンなどは当時レクチャラーとして在籍していたホーンジー芸術大学(Hornsey College of Art: 現ミドルセックス大学)の占拠に参加して職を失った。「産業プロレタリアートは先進資本主義の革命階級[*23]」であり、プロレタリアートと知識人たちとの「連携はまさに〈5月〉の衝撃的な爆発を生みだす化学式であった[*24]」という従来どおりの信念にもかかわらず、彼らは炭鉱ではなく街頭が、工場ではなく大学やアメリカ大使館前のグロヴナー広場が、デモと叛乱の喧騒に包まれた事実を熱狂とともに迎え入れたのである。

街頭ではタリク・アリ——いわゆる〝第四インターナショナル〟の幹部で、ジョン・レノン、オノ・ヨーコ、あるいはマルコムXらとも親交があった大物——なども加わり、運動は広がりを見せるかにも思われたが、結果的には〝学生たちの暴動〟というかたちで収束するにいたった。一〇〇〇万人もの労働者や芸術家、相異なる諸領域の活動家らが加わったフランスとは対照的に、イギリスでは労働者たちのみならず、世間一般の目もきわめて冷淡なものであった。「学生の武装蜂起に対する一般の反応は、実際には、おおむね困惑したものであったり敵意に満ちたものであったりした。それらの反応はいずれも、ほとんどあらゆる方面の報道によって支援され、けしかけられていた。〔……〕そうした報道のあり方は、自ら〝法と秩序〟を愛しており、また読者たちもまた〝法と秩序〟を愛していることを知る新聞が、〝フーリガン〟や〝凶悪犯〟等々の言葉を振り回しながら暴力という話題をくどくど論じるのに非常に適していたのである[*25]」。まさにアンダーソンとNLRが労働運動をはじめとする〝非革命的〟諸力から批判的距離を保っていたように、労働者らの〝非革命的〟諸力と、そして彼らの日々の労働によって生活を成り立たせている大多数の市井の人々もまた、同様に「新左翼」から自らを切り離していた。イギリスでは「新左翼」もまた、「復讐」されたのである。

負け試合の腹いせにところ構わず暴れるフーリガン、あるいは、しらけきった観客を前に虚しく雄叫びをあげるロックバンド――。イギリスで学生たちの叛乱がこんな具合に受け取られ、不発に終わった理由を、相変わらず社会主義思想の未定着や理論的蓄積の不在に求めるほど、アンダーソンは滑稽ではなかった。実際、〈五月革命〉に接しての彼の観察は、「基底還元論」のアンダーソンとは相反するとまではゆかずとも、力点の置き所がかなり異なる解釈を含んでおり、彼がトロツキー主義一点張りの頑迷な思想家ではなかったことを匂わせている。「マルクス主義の外郭思想」や「他の諸潮流」の合流が、富が相当程度に蓄積された「先進資本主義」においてはなおのこと必須であることを、アンダーソンは六〇年代末期の段階ですでに気づいていた。二一世紀に入っても彼がグラムシにこだわり続け、NLRへの寄稿論文[*26]のみならず、八〇歳を目前にしてグラムシ論を一冊の本[*27]にまとめあげたのも、その証左のひとつであるだろう。彼がかつてホールやホブズボーム、あるいはラクラウのような人たちに共感を示さなかったのも、サッチャー政権下で急激に進展した〝市場原理主義〟の台頭にあって、ホールの文化研究やラクラウ的グラムシ解釈などが〝文化左翼〟へと堕しつつ、そうした世界経済の流れに知らぬ間に与する可能性を察してのことだったのかもしれない。そして世紀が変わってひと世代が過ぎ、グローバル資本主義がもたらす深刻な問題に誰もが気づき始めた時点で、あらためて階級闘争論の敷衍についての整理を彼は試みたのだ、などと考えるのは、いささか好意的に過ぎるだろうか。

〈革命〉はその新奇さにおいて古典的であったとする述懐もまた、反スターリン、反モスクワを掲げ、なおか

＊23 *Ibid*. p. 7

＊24 *Ibid*. p. 7

＊25 Anthony Arblaster, "Student Militancy and the Collapse of Reformism", *The Socialist Register*, vol.7, 1970, p. 141.

＊26 Perry Anderson, "The Heirs of Gramsci", *New Left Review* 100, 2016.

＊27 Perry Anderson, *The Antinomies of Antonio Gramsci*, Verso, 2017.

つ組合や労働党など主要な国内左派とも非妥協的な立場を維持してきた孤高の社会主義者ならではの哲学的洞察といえるかもしれない。そこに付け加え得る言葉があるとすれば、それは——実は「抑圧されたものの回帰」によって同じことがいわれているのだが——革命劇は必ず失敗して幕を閉じるということだ。革命はそれが成就するや否や、新体制の構築へと切り替わる。革命勢力は体制側となり、したがって〝反革命分子〟を鎮圧する〝反動〟となる。ベンヤミン流にいえば、神話的暴力、もしくは法措定的暴力が行使されるわけだ。その瞬間、革命としての革命は失敗というかたちで終わりを告げ、入れ替わるようにして政治が始まる。革命はその新奇さとともに、その失敗においてもつねに古典的なのである。かくして、蜂起／叛乱、革命、そして政治／反革命の円環は、革命史のイデアのようなものとなる。もっとも、俯瞰的に語られるそうした〝永続革命悲劇論〟の陳腐さは、闘争の直中に置かれている者たちには何の意味もなさないだろう。もはやそんなことを意識することさえないほど、〈大義〉をして自らに同一化せしめ、それを一身に背負う彼らは、確かに、現実的に悲劇的な行為者たちである。リウィウスのローマ史解釈を通じてマキアヴェッリが注意深く記述したように、政治はかつての〈大義〉を狡知とともに裏切り、また、裏切ることで悲劇の再演を阻止しようとする。その政治的企ては上手くゆくこともあれば下手を打つこともあるが、仮に上手くいったとしても、政治は自らの狡知、裏切りのゆえに、いずれ必ず、あらたに〈大義〉を掲げる悲劇的行為者たちによって「復讐」されるのである。

さらに言及すべきいまひとつの重要点があるとすれば、それはおそらく、そうした「行為者」をめぐる問題系であるだろう。諸々の個別的運動が体制転換に迫る衝撃をもたらすものであるためには、好むと好まざるとにかかわらず、彼らを束ねる頭目が必要となる公算がきわめて高い。ラクラウはペロンのカリスマを脱人称化することで疑似グラムシ的なヘゲモニー論を形式化したが、それだけではあきらかに足りないのだ。実践において要請されるのは非人称ではなく人称であり、〝シニフィアン〟ではなく〝ペロン／エビータ〟である。観察者たちがそれを偶像や虚像と見なして非難しようがしまいが、あるいはその人物が党に属していようがいまいが、そんなことは非常にしばしば当の行為者たちにとってはどうでもよいことである。観察者と行為者とのあいだのそのような視差を含め、政治的現象としてのカリスマは、〝Left〟にとって――あるいはむしろ、政治哲学にとって――変わらぬ分析対象であり続けるだろう。アンダーソンによれば、二〇一七年のフランス大統領選で大きく支持を広げたジャン＝リュック・メランションは、遡ること二〇一三年にアルゼンチンでラクラウ＝ムフに邂逅して以来、二人の仕事に深く影響され、そこから自身の選挙戦略のための着想を得たとされている。「〈屈しないフランス〉は会合に臨む際、赤い旗を禁止してトリコロールを、〝インターナショナル〟を禁止してラ・マルセイエーズを採用したが、そうすることで第五共和政の腐敗した秩序に立ち向かうべく、階級や年齢にかかわらず、すべての愛国者たちに訴えかけたのである」[*28]。ポピュリスト的ともいえるこの種のアソシエーショニズムは、しかし、巧妙なレトリックを駆使してテレビ討論などで勝ちとったメランション自身への支持をもってはじめて成立し得た。彼は結局〝セレブ〟にはなれなかったが、彼の選挙戦での結果的な敗北は、〝セレブ〟を不相応な権力を手にしたアマチュア政治家として小ばかにするだけでよい理由にはならないだろう。〈68年〉に「マルクス主義の外郭思想、無政府主義思想さえをも代表する他の諸潮流や組織へと指導者性が移行した」ことに歓喜したアンダーソンは、その半世紀後、「潮流」や「組織」ではなく、「まったくあたらしい運動を創出した」[*29]メランションその人の「指導者性」に熱い期待を寄せていたのである。

＊28　Perry Anderson, "The Centre Can Hold", *New Left Review* 105, 2017, p. 19.
＊29　*Ibid.* p. 18.

X

〈68年〉のドン・キホーテ

市田良彦

1　追悼――二人の「ブント」：塩見孝也と今泉正臣

ご案内のとおり、発表タイトルを「〈68年〉のドン・キホーテ」とさせていただきました。数カ月前のことになりますが、それを知った何人かの人――そのなかには今日のゲストである絓秀実さんも含まれています――は、赤軍派のことか、その議長・塩見孝也のことかと思ったそうです。とりあえず、その通りです。ちょうど塩見さんの訃報を聞いたばかりでした。東京と京都で追悼集会が企画されており、都合がつかず参加できなかったのですが、京都の集会には私も誘っていただきました。もし参加できていれば、そこで話したかったことの一部を今日はお話しさせていただこうと思います。今日の登壇をお引き受けしたときから、そのつもりでいました。だからこれからの話は、生涯、「元赤軍派議長」の肩書を背負って社会的発言を続けられた塩見孝也「先輩」――そう呼ばせてもらいます――に捧げたいと思います。

しかし、今日の話を捧げたい物故者がもう一人おられます。この五月二五日に亡くなられたばかりの今泉正臣さんです。ここにおられるほとんどの方はご存じないかもしれません。塩見さんとは異なり、私も直接の面識はありません。もう少し上の世代の方で、生涯をハンセン病患者の救済に捧げられ、いくつかの国立ハンセン病療養所の所長を務められました。つまりある世界では名前をよく知られた医師です。私との間接的因縁は七〇年代後半の一時期、木屋町にあった「チボーの家」というスナックです。そこはブント系の元活動家たちが作った一種の「たまり場」だったのですが、今泉さんはそこの出資者の一人でした。そして私は、「チボーの家」が閉鎖されるきっかけになったかもしれない、とある「事件」において意図せざる関係者になりました。「事件」のことは今日の話とは関係ないので触れません（『情況』二〇一八年秋号所収の拙論「『俺が党だ』――ポスト〈68年〉の理論的悲哀」を参照）。ここで今泉さんの名前を持ち出すのは、塩見‐今泉という二つの固有名詞をあえて並べてみることによって感じ取ってもらえるかもしれない落差こそ、私が話したいと思うテーマの背景としてピッタリではないかと思ったためです。

今泉さんは一九五九年に、先立つ五一年の「天皇訪学」事件によって解散させられた全学自治会同学会を仲間とともに再建されました。再建宣言に同学会議長として署名されています。数カ月後の一二月には、先ほど説明抜きに名前を出したブント、正式名称を「共産主義者同盟」という党派の京大細胞の結成宣言にも名前を連ねておられます。塩見さんについては今更紹介するまでもないでしょう。六二年に京大文学部に入学し、京都府学連の書記長を務めたあと、六〇年代後半には東京に出て、六九年に共産主義者同盟赤軍派を旗揚げされます。同年一一月のいわゆる「大菩薩峠」事件――武装蜂起を企てた同派が軍事訓練のため山梨県の山小屋「福ちゃん荘」に集結していたところ、警察によって一網打尽に逮捕された事件です――の際には、現場にいなかったため逮捕されずにすみますが、その後同派が計画した、飛行機をハイジャックする「フェニックス作戦」――いわゆる「よど号」事件です――にからみ、事件直前に逮捕されてそのまま二〇年近くを獄中で過ごされます。

2 実在しない「党」の実在するフラクション
：「ドン・キホーテのどこが間違っているのか？」

私は一九七〇年代末に二期（二年間）同学会委員長でした。そのときの同学会は六〇年代末にいったん途絶えたあと、七二年に再建された同学会でしたから、今泉さんが再建された同学会を直接の前身とはしていません。それでも、五九年の再建同学会との連続性を強く意識していました。七〇年代の同学会も紛れもないブント系であったからです。当時、ブントはもう組織としては存在していませんでした。多数のブント「××派」を名乗る組織が乱立しており、互いに連絡がないどころか敵対していました。塩見さんは獄中にあり、彼を中心にした「赤軍派（プロレタリア革命派）」という小組織はこの京大にも、熊野寮にBOXをもつという程度の足掛かりをかろうじて残していました。歴史上よく知られる「連合赤軍」事件――一九七一～七二年にかけて起こります――のあと、ブント系諸党派は、いったいなにを理由に分裂したのか当事者以外にはもはや分からないぐらい、多数乱立していました。それでも、注意していただきたいのは、すべて「共産主義者同盟××派」を名乗っていたことです。つまり、党がないのに党内フラクションだと自らをみなしていた。そのメンバーはみな、実在しない党の党員であったわけです。ブントはそういう亡霊のような存在として認知されていた。だから、系譜的にブント系であることは間違いない同学会の役職を務める私も、実体的にはどのブントとも関係がないのに、一種の「ブント」であることを引き受けざるをえなかったわけです。そして、その「ブントである」ことの中身が、私の場合、ある一定の「路線」であると同時に、あるいはその「路線」以上に、今泉正臣と塩見孝也という二つの固有名詞によって表現されるなにかでした。当時それほど二人を意識していたわけではありませんが、「ブント」はけっして塩見孝也の名前に象徴される存在だったわけではない。世間的には無名だけれども知る人ぞ知る人であり、差別される弱者に気持ちだけでなく職業を通して寄り添い続ける医者も、「ブント」の名前は包含しており、そういう地道な実践者たちを、「俺たちは明日のジョーだ」といって飛行機をハイジャックするグループの首魁と共存させてこそ、ブントはブントでした。「どちらが」ではなく、「どちらも」であり、「どちらか」を切り捨てては党派性そのものを失ってしまう党派の、私は一員であったかもしれません。幻の党の一員。

ゆえに、ドン・キホーテとは、塩見先輩以上に、私自身のことです。塩見さんにはまだほんとうの「組織」があった。彼は実在した「共産同赤軍派」の実在する議長でした。彼がドン・キホーテ的であるのは、「組織」がなくなってからもずっと、それが存続しているかのように「議長」を名乗り続けたからです。「元議長」以外の社会的人格をもとうとしなかった。対する私は、なんの組織的裏付けもないのに、「世界一国同時革命」の党から大学自治会に派遣されていたようなものです。ずっと後になってですが、私は実際、ドン・キホーテの名前を自覚的に自分に結び付けました。九〇年頃でしょうか、矢作俊彦という作家が『スズキさんの休息と遍歴』という小説を発表します。実在する有名な自動車雑誌の編集長をモデルにしているのですが、そこでの「スズキさん」はまさにドン・キホーテ。学生運動の元闘志で、空想と現実の区別がついていません。しかし彼は妄想に支配された狂人ではなく、「ぼくにはドン・キホーテのどこが間違っているのか分からない」と語ることもできる正常さをもっているのです。彼はたんに空想と現実の区別がついていないのではなく、ついていないことを理解している。自分がドン・キホーテであることを知っている。そのうえで、ドン・キホーテは正しいと思っている。学生時代の自分と重ね合わせずにはいられませんでした。今だから白状しますが、当時の私の愛読書に、川崎ゆきおという漫画家の『猟奇王』という作品があり、私はそれに触発されて現実の闘争方針を出したことがあります。親しい友人にしか、触発されたことは口にしませんでしたが、「猟奇王」の口癖――「ここらで一発、猟奇に走ろう」――の精神で、突拍子もない方針を提起し、実現させました。かかわった人たちの神経を逆なでしてはいけないので、どの行動のことであるのかは伏せておきます。言い訳めいて聞こえるかもしれませんが、私は自分の空想によって周りを振り回すようなことばかりしていたわけではありません。今泉さんを尊敬する私の一面は、今日でいうボランティア活動のようなところにも私の足を踏み入れさせました。

3 連合赤軍の「狂気」と鳴海清の「愚かさ」の違いは?

それも含んで、私の空想的「ブント」時代はおよそ三年続きます。その間の私はたしかに恒常的に一種の躁状態にあったかもしれません。とにかく忙しく走り回っていた。砂漠の向こうに「世界一国同時革命」の扉を凝視しつつ、です。しかし同時に、著しく冷めてもいた。実在するブント諸派のビラやパンフを読み、さかのぼって「連合赤軍」関係の文書類にも目を通し、こんなものではもう戦えない、とはっきり自覚していました。それらのなかには、およそ読み手の理解や共感というものを拒むかのような、ただ決意の強さを仲間内で競っているだけのような、「ブント」を自覚する私にすら呪文か「お経」のようにしか響かないものも多かった。たとえば「権力は銃口から生まれる」というテーゼがあります。革命の暴力性を突き詰めた表現としては理解できます。しかし、「銃との一体化」、「唯銃主義」とはなんでしょう。「自分が銃になる? ヤクザの鉄砲玉か?」です。「連合赤軍」事件によって流行語化した「総括」という言葉には吐き気すら覚えました。「総括」の挙句に同志殺しに手を染め、さらにまたその過ちを「総括」しようなどという態度は、ただの泥沼としか思えなかった。活動家としての自分の立ち位置を明確にするために、そうした文書にも目を通し、吐き気を典型とする身体感覚を立ち位置の確実な指標にしたかったわけです。そうした冷静さの一方で、当時の私のヒーローの一人には、鳴海清がいました。ご存じでしょうか。山口組三代目組長を銃撃したあげく、庇ってくれるはずの仲間に惨殺された究極の「鉄砲玉」です。誰に命令されたわけでもないのに一人で「決起」して、特殊な功名と自らの死を交換した男。私には、つねに生き残る『唐獅子牡丹』の高倉健や、「美」に殉じた三島由紀夫はもはやヒーローたりえず、愚かさの権化のような鳴海のほうが輝かしく思えたのです。まさに「ドン・キホーテのどこが間違っているのか」と思っていたわけです。

「総括」を否定して「鉄砲玉」に憧れるというのは典型的な行動主義かもしれません。たしかに「めんどうくさい議論はやめようぜ」ですから。しかし私は当時の表現でいう「単ゲバ」——単純なゲバルト=実力行使でものごとを解決しようとする——を軽蔑していました。「単ゲバ」はかんたんに「単ゲバ」と「総括」されてしまうものでしかない。それが私の立ち位置でした。その立場から、あるゲバルト作戦を止めさせたこともあります。行動に走りたい当人にしてみれば、「おまえが組織防衛を口にするか？」だったでしょうし、実際、あとからそのように難詰されました。つまり他人の眼には、私の「行動主義」は首尾一貫性を欠いたものと映っていたでしょうし、私も自分の「行動主義」と「単ゲバ」の違いを探している状態にあったにすぎません。そのことを私は知っていました。「ドン・キホーテは狂っているのかいないのか」という問いを立てるのと同じかもしれません。

4　運動／政治の「うち」かつ「そと」にある「党」

もう少し一般化してお話ししましょう。「共産主義者同盟××派」を名乗る党派のみならず、ブント系であることを自覚する人間にとって、ブントをどう再建するのかしないのか、再建された「党」はブントなのか、はつねに突き付けられている問いでした。キャンパスのなかで日常的に緊張関係にあった共産党系の活動家からは、お前ら「党」もないくせに、と度々なじられましたし、「革共同中核派」がそろそろ「日本共産党」を名乗るかもしれないという噂が——ガセネタだったでしょうが——一定の衝撃をもって駆け巡ったこともあります。共産党に対抗する左翼反対派諸党派にとって、いつ主流派になるのか、主流であるとは、唯一の前衛党であるとはどういうことかは、いわば最低限の答えをつねにもっておかなければならない問いです。七〇年代の後半になってなおそんなことを考えていたのか?と訝られる方もおられるでしょう。なにしろ、全共闘運動の高揚は終わっていたのですから。運動に対する党的「指導」に事実上の破産宣告をした運動そのものがすでに遠い過去になっていたのですから。そんな時代に「党」を考えることこそドン・キホーテ的だといっていいでしょう。

けれども、「党」問題が提起されない、あるいは「党」を積極的に否定する主張が出てくるのは、大衆運動の高揚期です。高揚期には、「党」なんてなくとも運動だけでやっていけるように思えるからです。もちろん、ここでその「運動」とは、権力に抗い、それを転覆し、あわよくば奪おうとする質をもった運動です。権力者へのお願い運動とは違う。ここでいう運動が上り坂にあるときには、そのまま上っていきさえすればいいのであって、どう上るか、他人をどう引っ張り上げるかなんて考える必要がない。頂上の風景、頂上から見える下界の風景は、頂上に達してから見ればいいのです。そうした大衆運動が挫折したり停滞したりする時期にも、「党」を否定する議論は出てきます。挫折や停滞は「党」が存在したからだ、と考えるわけです。六〇年安保闘争の直後にはそんな、「党」を否定する党派も実際に生まれました。全共闘運動の高揚の中心に「ノンセクト」がいたことは思い出すまでもありません。けれども、運動が完全な無風状態に陥ると、「党」はいわば問題として取り残されることで逆説的に、忽然と問題化します。あの高揚に「党」はどうかかわったのかということが、次の高揚をどう準備するのか、もうなにもしないのかということとないまぜになって問われはじめるのです。その「党」が唯一の前衛党であるかどうかは、そのときもはや副次的問題です。そのときにはまた、「党」なんてもういらないと積極的に考える立場さえ、「党」的な立場です。

要するにここでいう「党」とは、「運動」に対する内的かつ外的な視点の別名です。運動のなか、あるいはそばにいなければ、「党」を考える必要はまったくない。というか、考えないでしょう。政治は職業政治家に任せておけばよく、たまの投票に限定された政治参加をすればいいだけ。けれども逆に、運動から一定距離を保つ外部にいなければ、「党」には存在する意味がない。目の前にある、あるいはない運動をどうするのか、という

「方針」を、その運動に向かって発する場所が「党」だからです。運動がなくとも人々を運動に向かって挑発するのが「党」というものです。この二重性こそ「党」を存立させるとすれば、それは、いかに「党」を作るか、再建するかという段になるや、可能な解決策を引き裂きます。運動のなかから「党」を作るか、それともまずその「中央委員会」を作ってしまうか、です。「党」が視点の別名であるのと同じように、ここでは「中央委員会」もカテゴリーにすぎません。「党」に対し、さらに内的かつ外的な二重の関係に立つ場所の名前です。同じ種類の関係が二つ並ぶのだからそこに矛盾はないと思えるかもしれませんが、「党」が存在しないとき、二つの立場は両立しません。外部に向かってそれぞれの場所から発せられる言葉は両立しないのです。運動のなかから「党」を作ろうとする者は、人々に向かって一緒に「党」を作ろうといわねばなりません。「党」はある、といってはいけない。「党」はあくまで運動の先にある。運動が求めるものとして、「党」は運動に舞い降りる。どこからでしょうか。それをまじめに考えるのが、「中央委員会」から出発する立場です。求められたときに求めに応じられるよう、準備しておく立場。「中央委員会」から「党」を作る立場から出発するときには、「党」はつねにすでにある、といわねばならない。実際の名前は「再建準備委員会」でもなんでもよく、ことによればたんなる「私党」を自称してさえかまわないけれども、やがて人々から「党」と認められ、党員が増えていく「党」は、然々の「綱領」と当面の「方針」をもった組織としてここにある、といわねばならない。あくまで、「この指とまれ」と「党」はいわねばならない。

5　「政治過程論」（一九六一）の「党」

運動を政治と言い換えてみれば、赤軍派を生む母体になった俗称「関西ブント」が、「党」と運動ないし政治のこうした股裂き状態を初発から運命づけられていたこともよく分かります。一九六一年の京都府学連大会に提出され、やがて「政治過程論」と呼びならわされていく安保闘争の総括文書によって、です。そこに含まれる「思想」が赤軍派を生むことになったと同時に、「党」がなくとも「ブント」が存続し続け、今泉さんや私のような人間までそこに包含される根拠を、この文書はよく示しています。「政治過程論」は独特の「党‐政治」観を結果として「ブント」の歴史に持ち込んだように思えるのです。

「政治過程論」は安保闘争を文字通り「政治過程」として振り返ります。平和を求める市民的政治運動、労働組合の経済闘争、学生運動等々、それまでばらばらであった諸運動が、安保条約反対のスローガンによって一つにまとまり、「政府打倒」にまで深まった「政治過程」として、安保闘争を反省する。ごくありふれた総括方法のように思えるかもしれませんが、この「深まり」そのもの、運動の質的変化／転換／飛躍そのものを固有の「政治過程」とみなし、運動の連続的で階段状の移行を実現する「戦術」を固有の「政治」とみなしているのです。弁証法的かつ技術論的な「政治」観です。そこでの「政治過程」は、それすなわち「永続革命」ですから、その特殊性はおのずと明らかでしょう。議会制民主主義に代表される意思決定システムや、共通利害、利害関係、力関係の調整や管理といったものと、「政治」はもはや関係がない。「〜に反対する」運動をそれに終わらせないための「戦術／技術」が「政治」です。したがってそれは、「〜」への賛成と反対を深層において規定している「階級闘争」の言い換えでもありません。通常理解される政治とは別のところに政治の概念を移しているわけです。安保闘争はブントの「小戦術」によって「デモ」から「政府打倒」にまで深まる／高まることができたけれども、当のブントが「政府打倒」を「権力奪取」に移行させる「大戦術」をもたなかったために敗北した――それが「政治過程論」による総括の趣旨です。「戦略」とはいわずに「大戦術」といっている点がポイントです。「戦略‐戦術」の対は、「戦略」に「戦術」を包含させます。「戦術」はあくまで「戦略」に従属します。「戦略」あっての「戦術」です。ところが「政治過程論」はこの区別を採用せず、「小戦術」の延長線上に「大戦術」を位置づけている。「大戦術」を「小戦術」にむしろ従属させている、あるいは戦術一般の連続性のなかに「権力奪取」としての「革命」を置いている。そしてこの連続的過程に掉さす技術者集団として「党」を定義している。

6 「革共同」と「東京ブント」の「党」

こうした政治観と「党」観は、他派の六〇年安保闘争の総括と対比してみたとき、その独自性が際立つでしょう。安保後にブントから多くの活動家を吸収することになった革共同は、要約すれば、「プロレタリアートの党」がなかったから闘争は敗北したと総括します。革共同の「党」観は、「プロレタリアートの」というところがポイントです。「プロレタリア性」によって規定されるのです。革命後に社会の主人公となり、やがて階級を廃止する「人間」の「党」。来るべき「共産主義社会」を内部に先取りしているのが革共同の「党」です。つまりこの「党」は一つの共同体として存在しており、内部の共同性をそとに拡張していくことが彼らにとっての革命運動であり、政治です。党勢の拡大が第一義となる。彼らにとって「党」のそとは、非政治的な場所です。したがって「党員」でなくなることは即、政治からの脱落、引退です。革共同を辞めた人はだいたい政治的に沈黙しています。辞めたあとも革共同について語ることが、彼らには政治的発言であるようです。元ブントの人々の天真爛漫さとは大きく異なる。とにかく、元ブントと比べて元革共同はよくいえば律儀でまじめ、悪くいえばじいじとして暗い。

関西ブントから見たとき、「東京ブント」はまた違った総括をします。「東京ブント」などという言い方を実際の東京の同盟員はしなかったでしょうが、「革通派」といわれた人たちが、関西から見たときの「東京ブント」におおむね相当します。彼らは安保闘争の敗北を、ざっくりいって、ブントには独自の「帝国主義」論がなかったからだと考える。どういう「帝国主義」論であれば闘争に勝てたのかはよく分かりませんが、とにかくブント的「世界革命論」の前提になる情勢論としての「帝国主義」論が、色々な学説の寄せ木細工、継ぎ接ぎであったことはたしかです。それをすなおに認めた「革通派」は、安保後に「経済学」への傾斜を強める。来るべきブントの政治方針を新しい「経済学」から導こう、そういう意味で政治をあらためて「経済＝下部構造」に決定させようとしたのです。そこに含まれる「党」観は、どこまで意識されていたかは別にして、「党＝道具」でしょう。歴史の必然性に仕える道具。歴史的な「〜せねばならない」という命題を背負う存在です。党員は歴史的現在からの命令に応えるブツですから、そこには個人の意志はおろか技術が技術として自立する余地も、それ自体の共同性もありません。

7　三つの「党」のアマルガムとしての「連合赤軍」

党とは技術か、道具か、共同体か――私にはこの三つぐらいしか、可能な「党」観はないように思えます。当時も今も。そのうえで申しますが、現実のブント系諸党派はこの三つの「党」のアマルガムとして存在したと思います。典型が「連合赤軍」です。彼らは自分たちに権力奪取ができるとは必ずしも考えていなかったでしょう。彼らにとって武装蜂起は、永続革命のプロセスを前進させる「戦術」だったはず。「過渡期世界」における「攻撃型階級闘争」の必然性がこの「戦術」を要請すると考え、自らが立てた「戦術」の道具たる「銃」になろうとした。そして互いを「銃」へと高めるために、部隊を「共産主義化」しようとした。ただし、たんなるアマルガムではありません。「戦術」に他の二要素を従属させたのです。塩見さんが定式化したといってもいい「攻撃型階級闘争」の理論は、「過渡期世界」論という「経済学」に政治方針を基礎づけさせたように見えて、実のところ、関西ブント的政治観を「経済学」に正当化させて野放図に解放したのです。戦術的エスカレーションを追求すれば大衆は付いてくるだろう。いくらエスカレートさせてもかまわない、機動隊の武力を銃で突破すれば、大衆は付いてくるだろう。それこそが「過渡期世界」の特性だ、現代だ、というわけです。この考え方を引き継いだ「連合赤軍」は、「銃による一点突破」に全精力を傾けるべく部隊を「共産主義化＝物（ブツ）化」しようとした。

私には、彼らが暴力を内に向けて同志殺しに陥ったのは、武装蜂起があの時点で「大戦術」たりえないと知っていたからだと思います。「政府打倒」さえ現実的日程に上っていないときに蜂起しても、付いてくるはずの大衆、デモの隊列へと個体化した大衆はもういない。「大衆」は抽象的な存在へと散ってしまっている。武装蜂起はもう「小戦術」にさえなりえないと知っていたから、振り上げた拳が行き先を失ってしまった。自分で自分を消滅させたのです。いわば、ドン・キホーテになれなかった。喜劇と悲劇が境を接するところで、純粋な悲劇のほうへ舵を切ってしまった。マルクスに敬意を払っていえば、ブントの歴史においてこの悲劇を笑劇（ファルス）として繰り返したのが、私あるいは七〇年代の同学会であり、出獄後の塩見先輩であったかもしれません。さらに、無数の「スズキさん」であったでしょう。

8　政治過程のなかの「国家」あるいは唯名論的政治

「連合赤軍」は、権力奪取の運動としての政治に対し「うち」かつ「そと」にある「党」というジレンマを、集中的に体現して見せてくれました。彼らは、彼らに付いてくるはずの大衆から孤立するどころか孤絶するぐらい、政治の「そと」に出た。しかし彼らは、政治の「道具＝ブツ」となって自滅するぐらい、政治の「なか」にもいた。「唯銃主義」も部隊の「共産主義」化も、彼らの場合、内部化を求める意思の極限です。彼らはある意味、全共闘と命運をともにしたのではないでしょうか。彼らと全共闘とでは、姿の消し方が違っていただけではないでしょうか。権力奪取の過程に掉さすという、「政治過程論」が規定した「党」のあり方を、彼らは愚直に演じただけのように思えます。たとえ悲劇に終わったとしても。つまりドラマトゥルギーは結末を定めていなかったと思います。だからこそ、そんないいかげんな「政治」はもうごめん、という結論を引き出すことはかんたんですし、そう思ってあらゆる政治から身を引いたり、事実上転向したりした元ブントの人も多くいます。けれども私はある一点において、彼らは肯定的な教訓を残してくれたと思っています。兵士に「死刑」を科した「連合赤軍」は、戯画的にとはいえ国家そのものです。「共産主義化」の実態は国家化です。権力奪取の決意は自らが国家権力になる意思と覚悟を含んでいなければならなかったでしょうし、彼らは「党」を来るべき国家の先取り、ひな型にしようとしたにすぎません。彼らはまさに国家になろうとした。だとすれば、「政治過程論」は国家論でもあるのではないでしょうか。国家のあり方にかかわる理論ではなく、国家の生成、創設をめぐる理論です。

失敗した「連合赤軍」と現実の国家を対比し、国家とは成功した「連合赤軍」であるといいたいのではありません。逆です。国家も実は「国家になる」ことに失敗しているのではないか、と、「政治過程論」的に「連合赤軍」を見たときに思えてくるのです。現実の国家は、「連合赤軍」と同じくらい、「大衆」から隔絶していないか。現実の国家は、「連合赤軍」と同じように、人を殺す権力によって人々の「なか」にいないか。制度を別にすれば、国家にかんして現に「ある」のは、理想的であったり我慢できる程度であったりする国家を「あらしめよう」とする人々の努力だけでしょう。そして制度ぐらい、「連合赤軍」も「隊内規律」としてもっていたではないか。「政治過程論」はつまり、権力奪取を目的にした政治論でありながら、目標たる権力なるものを唯名論的に見ることを可能にしてくれるのです。国家権力は実在しない、と考えさせてくれる。実在しないから幻だとか重要でないとかいいたいのではありません。それを政治の前提として受け入れ、守ることから出発しないでもいい、という意味です。「連合赤軍」事件は「政治過程論」的に見れば、政治の目標たる「権力」まで過程のなかの過渡的存在性しかもたない、と示唆しているわけです。というか「権力」の不安定な過渡性こそを、彼らとその出生証明たる文書からは学ぶべきだと思います。七〇年代の「関西ブント系」諸派と個人は、「関西ブント系」たることの自覚を通じ、事実上そのように「政治過程論」を読んでいたのではないでしょうか。「ブント」は今、国家権力と同じようにあり、かつない、と。過程の時間を共有する者として、今泉正臣も塩見孝也も私もいた。ブントが幻の党なら、国家もまた幻であるとひとまずみなすべきです。

9 おわりに――歴史のなかの「はじまり」あるいは「直観」の政治性

この唯名論は「関西ブント」の専売特許であるどころか、歴史的に何度も出現したことのある理論です。政治を自立的な過程とみなすこと自体は、経済によって決定されない叛乱としての〈68年〉に直面した様々な思想が積極的に引き受けようとした立場です。フランス現代思想はそこからはじまったとさえいっていいかもしれません。もちろん、はじまったあとの立場は色々でした。そうした分岐については、ここ人文研で行われた共同研究「現代思想と政治」の二つの成果報告書を参照いただければ幸いですが、私が今日の話の最後に強調しておきたいのは、〈68年〉というはじまりさえ、歴史的に何度目かのはじまりであったという点です。たとえばルソー。国家のはじまりを「社会契約論」によって説明しようとした彼は、結果的に、まさにそのはじまりを唯名論化してしまわなかったでしょうか。契約は実際には立法者＝創設者によって先取りされるほかないことを彼はよく知っていました。契約主体たる「人民」など実在しない、と。そしてこの先取りを実際に行おうとしたフランス革命は、「連合赤軍」どころではない内部テロルを現出させた。また、マキァヴェッリはルソーより二世紀もはやく、創設者の絶対的孤独を語っている。「持続する国家」というマキァヴェッリ的君主に課される問題は、国家の実在を恒常的に過渡的と見る視点を要求します。こうした例は、歴史のなかからいくらでも拾ってくることができるでしょう。

ほんとうの最後に、著者不明の赤軍派の文書のなかから、私がいまなお普遍的意味をもつと信じる命題をご紹介しておきましょう。何十年と記憶のなかにとどまった命題です。文書そのものはとうの昔に捨ててしまったので、記憶にしたがって引用します。「武装蜂起は、誰もがわけのわからない状況で行う戦術である」。圧倒的に正しいと思います。「わけのわからない状況」になったら、「武装蜂起」のような無茶こそが効く。「状況」はわけがわからないわけですから、「武装蜂起」を正当化する要素も「状況」には実はない。わけがわからないから蜂起する――それこそわけがわかりません。それをわかっていて「武装蜂起」を方針化したことに、読んだ当初は衝撃を受けました。というか、笑いました。「過渡期世界論」などという大げさな理屈を一瞬にして吹き飛ばすように思えたからです。「なんだ、要するに直観か?」です。ですが、命題に表明されている直観は深く理論的であるように思えました。なにかが政治的に「効く」、有効であることについて、とても重要なことを語っているように。少なくとも、政治的有効性についてわかったふりをすることがいかに危険かという戒めを、命題は私の心に刻みました。この懐疑もまた、政治をめぐる唯名論を導くことはいうまでもありません。判断基準を支える実在的なものはない、と肯定的にあきらめるわけですから。したり顔で有効／無効を解説するよりは、わけがわからないときは、わけがわからないことを実践したほうがまし、と強く思います。「情報通」ほど政治的に始末の悪いものはない、とも。彼らはたいてい、わけがわからないからなにもするな、というメッセージを携えてやってくる。絶対的非暴力を説く宗教者と変わりません。そうなっては、同じように無根拠な暴力によって創設された国家の暴力性を不問に付してしまう。そんなふうに考える点では、私は今もってドン・キホーテ主義者であるかもしれません。ご清聴ありがとうございました。

あとがき

はじめのアイデアは、いささか趣の異なるものだった。

二〇一七年一一月二三日から二六日にかけて、京都大学人文科学研究所が主催し、京都文化博物館にて催された「人文研アカデミー2017 連続レクチャー上映会『ロシア革命百周年記念映画祭――映像に刻まれたロシア革命』」は、連日立ち見が出るほどの盛況だった。ゴーリキーの同名の小説にもとづくプドフキンの『母』や、エイゼンシュテインがリアルに革命を再現した『十月』の映像をとおして、一〇〇年前の革命を遅れて目撃しにやってきた観客たちの熱気に圧倒された私は、いま思えばいかにも短絡的だが、こう独りごちたのだった――これだ、来年の〈68年5月〉五〇周年は映画で盛り上げよう、われわれのそばには廣瀬純がいるし、いざとなれば王寺や私でも一本や二本の映画に沿って気の利いたレクチャーを添えるくらいのことはできるだろう、と。

……だが、もちろん、映画の世界はそれほど甘くない。「五月」までに残された時間は半年足らず。「ロシア革命百周年記念映画祭」並みの本数（計七本）の映画を、権利関係の細々した手続きをクリアしつつ、ラインナップするのは、とりわけふだん映画の世界につてのない私たちにとって、あまりにもハードルの高い目論見であることがすぐに分かってきた。では、どうするか。二〇〇八年にニコラ・サルコジが「〈5月〉の清算」を口にし、かの出来事たちをおおっぴらに「なかったこと」にしたがる勢力が一気に可視化されたことに、不安とも失望とも憤懣ともつかぬ苦い思いを抱かされた記憶から、その一〇年後に何もせず、〈68年5月〉がますます「なかったこと」にされてしまうのを手をこまねいて見ているという選択肢は、やはり私たちにはなかった。それなら――と、王寺と私が思いついたのは、いわば私たちの「ホーム」に立ち戻り、そこにある知的・人的・物的資源を（再）活用することだった。

二〇一一年度から一五年度にかけて、市田良彦班長・王寺賢太副班長のもと、人文研にて組織された共同研究「ヨーロッパ現代思想と政治」では、まさに戦後のヨーロッパ「思想」と「政治」の結節点（もしくは／かつ切断点）としての〈68年5月〉が、たえず注目され、検討され、参照され続けた。いや、「市田班」（と、この共同研究班は通称されていた）の主役は、じつはフーコーでもアルチュセールでもドゥルーズでもなく、ほかならぬ〈68年5月〉だったのだ。そこには、もちろん、これら六〇年代の「思想の師＝巨匠 maîtres à penser」に思い思いの角度からアプローチすることで、ともすれば拡散しがちになるこの共同研究の焦点を、ひとつの定点に絞り込んでゆこうとすると、これ以上に適したテーマが見当たらなかったという事情もある。だが、そうした事情を顧みずとも、〈68年5月〉はそれじたい、いわば現代世界という舞台に屹立する、巨大で、幾重にも魅力的なキャラクターなのだ。そこから、西川長夫先生の『パリ五月革命　私論』を私たちの共同研究に縫い込むかのように企画された市田班・人文研共催の人文研アカデミーシンポジウム「日本から見た68年5月」（二〇一二年二月）にはじまり、公開シンポジウム「ポスト68年の思想と政治――〈階級闘争〉から〈社会運動〉へ？」（二〇一四年二月）、国際ワークショップ「「権力－知」か、「国家装置」か――〈68年5月〉後のフーコーとアルチュセール」（二〇一六年三月）を経て、市田・王寺編『現代思想と政治』（平凡社、二〇一六年一月――ここでも〈68年5月〉はひとつの核になりモーターになった）および『〈ポスト68年〉と私たち』（平凡社、二〇一七年一〇月）の二書に結実する一連の企画と成果報告が生まれていった。それだけではない。一二年二月のシンポジウムがご縁となり、人文研は、西川長夫・祐子ご夫妻所蔵の貴重な〈68年5月〉関連資料コレクション（「パリ五月革命文庫」）の寄贈を受ける幸運に恵まれたのである。

市田班のこの旺盛な「〈68年5月〉研究」というべきものの所産を人文研において受け継ぐのは、小泉義之班長のもと二〇一七年度新たに発足した共同研究「フーコー研究――人文科学の再批判と新展開」をおいてほかにない。市田班のたんなる延長ではなく、テーマもメンバーも入れ替えて組織し直されたこの「小泉班」は、しかし市田班とのあいだに明らかな連続性をもち、市田班の少なからぬメンバーがここに流れ込んだ。とすれば、これらのメンバーに呼びかけ、〈68年5月〉のためにもう一肌脱いでもらうのをためらう手はない。王寺と私が安んじて逢着したのは、このアイデアだった。ようするに、七年前からひとつの研究ユニットとして活動してきた「仲間《カマラード》=同志」に、こういってよければその友愛に、縋ったのである。こうして実現したのが、二〇一八年五月一〇日、一七日、二四日、三一日、および六月九日に全五回、計一〇人のレクチャラー（加えて、最終回には絓秀実氏をゲストにお迎えした）のあいだでリレーされた人文研アカデミー2018連続セミナー「〈68年5月〉と私たち」であり、それと並んで、「西川長夫・祐子旧蔵パリ五月革命文庫」収蔵資料の一部をパネル化し、連続セミナー会期中に人文研エントランス・ホールにて行われた展示だった。ここから先の経緯については、もはや長々しく説明を加えるまでもあるまい。連続セミナーの初回に来聴し、その内容を活字にしてくれた『週刊読書人』の明石健五さんが、さらにセミナー全体を一冊の書籍にまとめ、そこに「西川文庫」収蔵の写真資料を添えることを提案してくれたのだ。幸いなことに、文科省から京都大学に下りた国立大学経営改革強化推進補助金の一部を獲得できたことで、資料篇の頁を拡充するゆとりも生まれた。追い風だった。

だが、次のことだけは明記しておきたい。「出来事」後の五〇年を記念するからといって、私たちのうちには〈68年〉へのセンチメンタルな回帰《ノストス》、そのユートピア的で詩的な時空間の知的再現といったものへの傾斜はいささかもなかった。これは私たちの――「市田班」時代からの蓄積の上に立つなら、あえて口に出すまでもないという意味で――暗黙の了解事項だったといってよい。では、メモリアル・イヤーに何を打ち出せばよいだろうか？　答えは、セミナー初回を飾った佐藤淳二と小泉義之のレクチャーを通じて、自ずから導き出されたように思う。奇しくもこの二人が強調したのは、フランスの〈5月〉が、今日から振り返ると東欧社会主義政権の崩壊を想起させずにはおかないような、国権の停止という究極の例外状況の寸前にまで及んだこと、そして、一九七〇年代初頭の日本の左翼活動家たち（この点では共産党も新左翼も同じだった）が、米国及び日本政府との戦争をリアルに予期せざるをえないほどの状況、その意味ではやはり革命の一歩手前というほかない状況に立ち至ったことだった。これらの極度に張り詰めた状況を何と呼ぼう——真に「トラウマ的」と名指すのでないとしたら？　トラウマとしての〈68年5月〉。あるいは、控えめにいっても、〈68年5月〉のなかのトラウマ。そのように定式化できる何かが、私たちの連続セミナーの、それゆえ本書の、基調となり、通奏低音になったように思う。実際、これらの状況のトラウマ的本性に比べれば、いまやシャネルやグッチによってすらノスタルジックに反復される〈68年5月〉のイマージュ、すなわち、若者たちのよくいえば無垢な反抗、悪くいえば怖いもの知らずと、街頭で紡がれ、建物の壁に書きなぐられた無数の詩句のポエジーとに代表されるイマージュなど、フロイトのいう「スクリーン記憶」、すなわち、トラウマに被せられる安手のヴェールにすぎない。〈68年5月〉後の政治が何よりも「防衛的」（もちろん精神分析的な意味をこめてそう呼ぶのだが）であらざるをえないのも、まさに同じ理由からだ。ようするに、トラウマから治らないがゆえに、それにたいして身構えなくてはならないのである——たえず、そして過剰なまでに。私たちがトラウマを忘れないのではなく、トラウマが私たちを忘れないのだ。

　さて、本書の刊行に追い風が吹いたことは述べたとおりだ。だが、それだけではこの一冊が誕生するまでにはとうてい至らなかった。私たちの連続セミナーには、毎回、七〇から八〇名ほどの——しかも各回のテーマに応じてそのつど微妙に雰囲気の異なる——聴衆が詰めかけ、私たちを守り立ててくれた。「五回すべて出席しました」と、最終回の終了後に声をかけてくれた熱心な初老の紳士には頭が下がった。この場をお借りして、まずこれらのみなさんに厚くお礼申し上げたい。一方、時間を少し遡ることになるが、人文研が西川夫妻からご寄贈を受けた「パリ五月革命文庫」の品々を電子化し、ウェブ上にArchives.Mai68(http://www.zinbun.kyoto-u.ac.jp/~archives-mai68/)を立ち上げる作業に当たってくれたのは、現・京都工芸繊維大学の玉井啓介さん。そして、このように電子化された写真や資料から作製されたパネルを、上記の展示のために、王寺の指揮のもとで設置してくれたのは、京都大学文学研究科の院生、柴田秀樹さんと草野善太さんだった。ここに玉井さん、柴田さん、草野さんへの感謝を記すことができるのも、本書が刊行される意義のひとつであるように思う。もっとも、本書の資料篇「〈68年5月〉の原光景」がたんなるアルバム以上のものに仕上がったのは、ひとえに王寺賢太の功績だ。もはや大学の思想研究者の域を越え、本人曰く、秘密警察の(!)画像分析官のような緻密さと執拗さで、写真に写り込んだ通りや場所を次々に割り出していく手腕には、ふだんから彼の抜きんでた知力を知る同僚ながら、私も目を丸くした。なお、その王寺の作業の出発点には、本書への収録に向けて「パリ五月革命文庫」の写真資料全体をいまいちど整理し直して下さった西川祐子先生の甚大なご助力があった。そのことをここに明記し、西川祐子先生への感謝とオマージュに代えさせていただければと思う。

本書の文字どおりの生みの親は、『読書人』の明石健五さんだ。いつも飄然と、しかし着実に作業を進めてくれる明石さんのお仕事ぶりに、私たちは大いに助けられた。本書の編集にはもうひとり、航思社の大村智さんが協力して下さった。装丁をお願いした前田晃伸さんとともに、本書のテーマを汲み取りつつ、それにふさわしい美観を整えてくれたのは大村さんだ。最後になって恐縮だが(last but not least !)、明石さんと大村さん、そして前田さんに心からの感謝と敬意を表したい。

二〇一九年一月二九日、
日本の〈68年〉を別のやり方で飾った橋本治氏の訃報が届いた日に

立木康介

編者・執筆者紹介

王寺賢太（おうじ　けんた）編者
一九七〇年、ドイツ生まれ。パリ西大学博士（文学）。現在、京都大学人文科学研究所准教授。専攻、社会思想史／フランス文学・思想。主な著作に、*Éprouver l'universel*（Kimé、共著）、「一般意志の彼方へ」（『思想』二〇一三年一二月号）、『現代思想と政治』（市田良彦と共編、平凡社）などがある。

立木康介（ついき　こうすけ）編者
一九六八年、東京都生まれ。パリ第八大学博士（精神分析学）。現在、京都大学人文科学研究所准教授。専攻、精神分析。主な著作に、『精神分析と現実界』（人文書院）、『露出せよ、と現代文明は言う』（河出書房新社）、『狂気の愛、狂女への愛、狂気のなかの愛』（水声社）などがある。

佐藤淳二（さとう　じゅんじ）
一九五八年、東京都生まれ。東京大学大学院人文社会系研究科博士課程修了。博士（文学）。現在、京都大学人文科学研究所教授。専攻、フランス文化論・思想史。主な著作に、「ルソーの思想圏」（『現代思想』二〇一二年一〇月号）、「主体についての逆説」（『思想』二〇一三年一二月号）などがある。

小泉義之（こいずみ　よしゆき）
一九五四年、札幌市生まれ。東京大学大学院人文科学研究科博士課程退学。現在、立命館大学大学院先端総合学術研究科教授。専攻、哲学・倫理学。主な著作に、『倫理学』（人文書院）、『生と病の哲学』（青土社）、『ドゥルーズと狂気』（河出書房新社）、『あたらしい狂気の歴史』（青土社）などがある。

佐藤嘉幸（さとう　よしゆき）
一九七一年、京都府生まれ。パリ第一〇大学博士（哲学）。現在、筑波大学人文社会系准教授。専攻、哲学／思想史。主な著作に、『権力と抵抗』『新自由主義と権力』『脱原発の哲学』（田口卓臣との共著）（以上、人文書院）、『三つの革命』（廣瀬純との共著、講談社選書メチエ）などがある。

廣瀬純（ひろせ　じゅん）
一九七一年、東京都生まれ。パリ第三大学博士課程中退。現在、龍谷大学経営学部教授。専攻、映画論、現代思想。主な著作に、『絶望論』（月曜社）、『アントニオ・ネグリ』（青土社）、『暴力階級とは何か』（航思社）、『三つの革命』（佐藤嘉幸との共著、講談社選書メチエ）などがある。

上尾真道（うえお　まさみち）
一九七九年、福岡県生まれ。京都大学大学院人間・環境学研究科博士後期課程修了。博士（人間・環境学）。現在、京都大学非常勤研究員。専攻、精神分析・思想史。主な著作に、『ラカン　真理のパトス』（人文書院）、『発達障害の時代とラカン派精神分析』（共編著、晃洋書房）、「フロイトの冥界めぐり」（『人文学報』一〇九号）などがある。

田中祐理子（たなか　ゆりこ）
一九七三年、埼玉県生まれ。東京大学大学院総合文化研究科博士課程修了。博士（学術）。現在、京都大学白眉センター特定准教授。専攻、哲学・科学史。主な著作に『科学と表象』（名古屋大学出版会）、「臨界・生成・われわれの知――「微細な生」が与えるものについて」（『現代思想』二〇一六年六月臨時増刊号）などがある。

布施哲（ふせ　さとし）
一九六四年、東京都生まれ。エセックス大学 Ph. D. 現在、名古屋大学文学部人文学研究科准教授。専攻、政治哲学、政治理論。主な著作に、『希望の政治学』（角川学芸出版）、「末人たちの共和主義」（『情況別冊 思想理論編』第三号）、「新結合をめぐって」（『思想』二〇一五年九月号）などがある。

市田良彦（いちだ　よしひこ）
一九五七年、西宮市生まれ。京都大学大学院経済学研究科博士後期課程修了。現在、神戸大学大学院国際文化学研究科教授。専攻、フランス現代思想。主な著作に、『アルチュセール　ある連結の哲学』（平凡社）、『革命論』（平凡社新書）、『存在論的政治』（航思社）、『ルイ・アルチュセール』（岩波新書）などがある。

〈68年5月〉と私たち

「現代思想と政治」の系譜学

2019年4月20日　初版第1刷発行

編者――――――――王寺賢太・立木康介
発行者――――――――黒木重昭
発行所――――――――株式会社 読書人
〒101-0051 東京都千代田区神田神保町1-3-5
tel. 03-5244-5975　fax. 03-5244-5976
http://dokushojin.com/
email: info@dokushojin.co.jp
編集――――――――明石健五
編集協力――――――航思社
装丁・口絵デザイン――前田晃伸
印刷――――――――モリモト印刷株式会社
製本――――――――加藤製本株式会社

ISBN978-4-924671-37-9
C0010